W0074858

rororo

ro
ro
ro

Daniel Westland

500
junge Ideen, täglich die Welt zu verbessern

Herausgegeben von
Shary Reeves
Jan Hofer
Prof. Dr. Dieter Kronzucker

Rowohlt Taschenbuch Verlag

Alle in diesem Buch gemachten Angaben sind
von Herzen gut gemeint, aber dennoch ohne Gewähr
und gänzlich unverbindlich.

Die nicht namentlich gekennzeichneten Beiträge
in diesem Buch hat Daniel Westland geschrieben.

Alle im Buch genannten Internet-Adressen sowie
die offizielle Facebook-Fanpage zum Buch sind online
unter www.weltverbessern.net zu finden.

2. Auflage August 2013

Originalausgabe
Veröffentlicht im Rowohlt Taschenbuch Verlag,
Reinbek bei Hamburg, Juni 2011
Copyright © 2011 by Rowohlt Verlag GmbH,
Reinbek bei Hamburg
Lektorat Svenja Hoffmann
Illustrationen Lennart Andresen
Innengestaltung Katja Jaeger
Umschlaggestaltung any.way, Barbara Hanke/Cordula Schmidt
(Umschlagillustration: Hermera/thinkstock.de)
Satz ITC Officina Sans (PostScript), InDesign,
bei KCS GmbH, Buchholz bei Hamburg
Druck und Bindung GGP Media GmbH, Pößneck
Printed in Germany
ISBN 978 3 499 21502 5

Inhalt

Vorwort Shary Reeves ★ 7
Vorwort Jan Hofer ★ 10
Vorwort Prof. Dr. Dieter Kronzucker ★ 13

Natur & Umwelt ★ 17
Schule ★ 49
Spenden & Gutes tun ★ 65
Familie, Freunde, Miteinander ★ 85
Computer & Internet ★ 121
Ich ★ 141
Kaufen & Verkaufen ★ 185
Haushalt & Alltag ★ 203
Reisen & Verkehr ★ 233
Zukunft ★ 251

Nachwort ★ 287
Dank & Grüße ★ 289
Personenregister ★ 291
Sachregister ★ 296

Vorwort ★ Shary Reeves

Hallo & herzlich willkommen!
Grün, sagt man, ist das neue Schwarz. Ich bin überzeugt, das stimmt – und mir soll's recht sein. ;-)

Die «New York Times» allerdings hat übermäßige Information zu Umweltproblemen bereits als «grünes Rauschen» bezeichnet – eher störend als informativ. So weit sind wir schon.

Dieses Buch ist eine Art «Spickzettel» für all diejenigen unter uns, die gern Gutes tun, aber ihre Doktorarbeit lieber über etwas anderes schreiben wollen. Wir wollen das «grüne Rauschen» nicht durch noch mehr Info-Gejammer vergrößern, sondern dicht gepackt konkrete Vorschläge liefern. Schließlich wissen wir alle inzwischen, wenn die Welt toll bleiben soll, muss jeder mitmachen. Bloß wollen wir uns dabei den Spaß nicht nehmen lassen!

Die Welt auch nur ein wenig besser zu machen ist sowieso weit mehr als Umweltschutz. Die Welt wird besser, wenn ich sportlich bleibe (ich laufe regelmäßig Marathon), statt der Krankenkasse auf der Tasche zu liegen, die dann weniger Geld für echte Notfälle hätte. Die Welt wird besser, wenn ich morgens beim Brötchenholen lächle, statt muffig meine Münzen auf den Tresen zu knallen. Die Welt wird besser, wenn ich nach den Sternen greife und tue, was ich kann, in jedem Bereich.

Und wenn ich mir auch mal eine Schwäche leisten darf, weil ich mich geborgen weiß in der Gemeinschaft.

Ganz ehrlich, vor dem Lesen hatte ich befürchtet, je mehr ich weiß, desto größer wird mein schlechtes Gewissen – und desto schwieriger würde es, wirklich einen vernünftigen Beitrag zu leisten. Das Gegenteil ist eingetreten, darüber bin ich sehr erleichtert. Mein schlechtes Gewissen ist kleiner, weil ich gemerkt habe, dass ich mehr tue, als ich dachte – und dass ich ohne allzu großen Stress noch weit mehr beitragen kann.

Die Welt besser zu machen heißt schon lange nicht mehr, kratzige Wollpullis zu tragen oder sich nackt an Bäume zu ketten (obwohl das ja auch ganz lustig sein kann). Die Welt besser zu machen heißt vor allem, genau hinzusehen, aufmerksam zu werden oder zu bleiben. Und dann natürlich entsprechend zu handeln. Dieses Buch ist knallvoll mit Ansatzpunkten, und darüber freue ich mich sehr. Jetzt kann keiner mehr sagen: Das habe ich nicht gewusst. Oder: Was kann ich schon ausrichten?!

Wir sind diejenige Generation, für die schon vieles auf dem Spiel steht – die es aber wie keine zuvor in der Hand hat, das Blatt zu wenden. Was wir tun, ist entscheidend, denn unser Handeln prägt die Welt. Wir sind Vorbilder für die nachfolgenden Generationen – aber auch (und das hat es so noch nie gegeben) für die Älteren. Stück für Stück und Schritt für Schritt können wir zeigen, was geht.

Die Welt wird besser, je mehr von uns mitmachen. Wir können die Helden unseres eigenen Alltags werden! In diesem Sinne ist vielleicht nicht mehr nur Grün das neue Schwarz, sondern Bunt. Auch das soll mir recht sein. ;-)

Im Fernsehen gelte ich bereits als «Klugscheißerin», weil wir in unserer Sendung «Wissen macht Ah!» immer alles ganz genau wissen wollen und nichts einfach so hinnehmen. Darf ich euch mal was verraten? Klugscheißen macht oft richtig Spaß! Und, ehrlich gesagt, Bescheid zu wissen auch. Nun kommt als nächstes Schlagwort noch «Weltverbesserer» dazu.

Oder «Weltverbesserin»? Macht eine gute Ausdrucksweise die Welt auch besser? Wie auch immer: Das Etikett gefällt mir, ich trage es mit Stolz. Denn ich habe die unschätzbare Gelegenheit, dabei mitzuhelfen, etwas zu erreichen, was wir uns doch alle wünschen: eine bessere Welt. Du musst ja nicht gleich zum Klugscheißer werden – aber vielleicht zum Weltverbesserer? Ich freue mich auf deinen Beitrag!

Viel Spaß beim Lesen – und beim Mitmachen, eure
Shary Reeves

Mein Lieblingsvorschlag: Nr. **9**
Besonders interessant: Nr. **250**
Mache ich schon: Nr. **442**

Vorwort ★ Jan Hofer

Liebe Leserinnen und Leser,
«500 junge Ideen, täglich die Welt zu verbessern» – warum nicht nur 100? Oder 200? Und warum gleich «täglich»? Sind uns da nicht von vornherein Grenzen gesetzt? Man kann schließlich nicht jeden Tag eine Hilfsorganisation gründen oder mit dem Schlauchboot vor Grönland Robbenbabys retten. Machen wir die Welt am Ende mit all unseren Bemühungen vielleicht gerade mal ein kleines bisschen besser?

Ja – und genau das ist das Ziel dieses Buches. Weil das Leben eine Politik der kleinen Schritte verlangt. Es wäre schön einfach, könnten wir mit ein paar dramatischen Umstellungen die Welt retten. Das aber gelingt leider nur in Spielfilmen. Viele Menschen, denen ich begegne, denken, dass ich als Chefsprecher der «tagesschau» fast automatisch der Meinung sein müsste, alles wäre ganz, ganz schrecklich. Und zugegeben: An manchen Tagen jagt auch wirklich eine schlechte Nachricht die nächste. Doch ich sehe meine Aufgabe anders. Wir bemühen uns in der Nachrichtenredaktion, die Abläufe der Welt korrekt zu erfassen und nachvollziehbar darzustellen. Doch wie groß die Probleme auch immer wurden, bisher hat die Menschheit doch immer einen Weg gefunden. Wir haben nicht nur das Rad erfunden, das Telefon, die Demokratie und das Internet. Wir haben auch die schrecklichsten Kriege überwunden, Diktaturen gestürzt, die Apartheid und die Sklaverei abgeschafft, Kinderarbeit geächtet und zu ökologischer Landwirtschaft zurückgefunden.

Veränderung, das zeigt mir mein Arbeitsalltag, ist nicht nur unvermeidbar, sie ist auch gezielt möglich. Noch vor hundert Jahren durften Frauen nicht wählen – heute haben wir eine Kanzlerin. Die Umweltschützer der siebziger Jahre haben die aktuelle Politik aller Parteien maßgeblich beeinflusst. Ich bin ein fortschrittsfreudiger und zukunftsgläubiger Mensch. Mein Auto beispielsweise habe ich nicht gekauft, sondern auf Zeit geleast. Nicht, weil das finanziell günstiger wäre, sondern weil die technische Entwicklung rasant vonstattengeht und ich in drei Jahren einen weit sparsameren, intelligenteren Wagen fürs gleiche Geld bekomme. Recyclingpapier ist bei uns im Haus der Standard, und vor kurzem habe ich ein mit dem «Energy Star» ausgezeichnetes Drucker-/Scanner-/Faxgerät gekauft, statt einen ganzen Gerätepark Strom fressen zu lassen.

Und doch ist die Entwicklung noch lange nicht zu Ende. Im Gegenteil: Je weiter wir als Menschheit gekommen sind, umso größer ist unsere Verantwortung gegenüber jenen, die auf dieser Reise auf der Strecke zu bleiben drohen, aber auch gegenüber dem Planeten insgesamt und allen seinen sonstigen Bewohnern. Niemand hat je behauptet, es wäre einfach, die Welt zu verstehen. Jeden Tag bemühe ich mich mit meiner Redaktion aufs Neue darum, Informationen auch einzuordnen. Keiner allein muss alles wissen, und niemand kann heutzutage ein Universalgelehrter sein. Mehr denn je brauchen wir deshalb Quellen und Informationen, auf die wir uns verlassen können. Deshalb hat das Team dieses Buches 500 Ideen zusammengetragen, um die Welt besser zu machen – eure Welt, meine Welt, unsere Welt; im Großen, aber auch im Detail. Von handfest und wissenschaftlich bis zwischenmenschlich. Denn es gibt keine «One size fits all»-Lösungen mehr.

Nicht alle Vorschläge sind von jedem immer umsetzbar. Aber wenn jeder von uns tut, was er oder sie kann, dann werden wir den Traum meiner Generation wahr machen können – und die Welt als einen besseren Ort hinterlassen, als wir ihn vorgefunden haben.

Ich danke euch fürs Mitmachen, auch im Namen meiner Familie, euer

Jan Hofer

Mein Lieblingsvorschlag: Nr. **34**
Besonders interessant: Nr. **10**
Mache ich schon: Nr. **492**

Vorwort ★ Prof. Dr. Dieter Kronzucker

Warum dieses Buch – und warum jetzt?

Tortuguero ist ein unansehnlicher Ort im ärmlichen Süden Mexikos, gebaut auf den Trümmern einer alten Mayasiedlung. Eine der dort gefundenen Säulen, als Monument VI nummeriert, erregte das Aufsehen der Archäologen. Sie entdeckten in den Inschriften das Äquivalent der Jahreszahl 2012 – danach hatten sie im gesamten Mayareich zuvor vergeblich gesucht. Im Langzeitkalender der Maya dauert ein Weltzeitalter exakt 5126 Jahre; sein Anfang konnte auf das Jahr 3114 vor Christus unserer Zeitrechnung zurückdatiert werden. Aber ein Hinweis auf das angekündigte Ende 2012 fand sich erst auf Monument VI in den Trümmern von Tortuguero.

Konnten die altamerikanischen Sterndeuter wirklich in derartigen Dimensionen denken? Wussten sie, dass das Sonnensystem alle 28 500 Jahre genau auf die Mitte der Milchstraße zielt – das nächste Mal und für die Menschheit wohl das erste Mal zur Wintersonnenwende am 21. Dezember 2012? Zeitgleich mit dem Ende des Mayalangzeitkalenders!

Anlässlich des Spatenstichs für das neue Touristenzentrum von Cancún im Jahre 1970 reiste auch ich jene damals unwegsame Küste entlang, die heute Riviera Maya heißt. Von dem archäologischen Fund in Tortuguero war mir nichts bekannt. Aber in den wenigen Siedlungen, in denen noch direkte Nachkommen der Maya leben, erzählten die Curanderos, die Wunderheiler, von Ereignissen kosmischer Urgewalt, die jenseits des zweiten Jahrtausends stattfinden würden. Dann würde die Sonne das Loch in der Mitte der Galaxis ausfüllen, würde die Erde verändern und die Menschheit in eine neue Phase führen. Doch damals lagen diese Ereignisse noch in ferner Zukunft, und so machte der Fund von Tortuguero kaum Schlagzeilen in der Welt.

Nachrichten von politischen Umwälzungen und geographischen Entdeckungen reisten damals allerdings nicht sehr schnell. Ihre Geschwindigkeit richtete sich nach den Transportwegen, es konnte Tage dauern, auch nur das nächste Telefon zu erreichen. Bilder von Putschen und Katastrophen gelangten erst zwei bis drei Tage nach den jeweiligen Ereignissen in die Fernsehstudios, weil es kaum Direktübertragungen und keine Digitalkameras gab. Doch das Zeitalter der Mikrochips begann und sorgte für eine rasante Beschleunigung der Kommunikation. Ich habe das selbst erfahren. Im Juni 1970 gewann Brasilien die Fußballweltmeisterschaft in Mexiko. Wir filmten die Rückkehr der Stars um Pelé und die Begeisterung in Rio de Janeiro. Eine Guerillagruppe nutzte den Freudentaumel für die Entführung des deutschen Botschafters Ehrenfried von Holleben. Er wurde nach 124 Stunden wieder freigelassen im Austausch gegen 30 inhaftierte Guerilleros. Mein Team und ich verbrachten die Wartezeit vor den Toren der deutschen Botschaftsresidenz, und ich hatte mit dem Presseattaché ein erstes Interview unmittelbar nach der Rückkehr des Botschafters ausgehandelt. Damit rasten wir zum Flughafen, um den schnellstmöglichen Filmtransport nach Hamburg zur «tagesschau» zu organisieren. Das sollte immerhin zwei Tage dauern. Leider führten die brasilianischen Kollegen gleich nach uns ein Gespräch mit Ehrenfried von Holleben ... und schickten es per Satellit nach Deutschland, zwar in Schwarzweiß und minderer technischer Qualität, aber es war das Ende der traditionellen Berichterstattung und der Anfang von «Instant-TV», der Direktübertragung.

Heute sind Fragen nach Sinn und Unsinn zurückgekehrt, Inhalt wird wieder wichtiger als Tempo, und die Wissensgesellschaft bekommt einen neuen Stellenwert. Davon zeugt nicht zuletzt der Boom hochkarätiger Wissenssendungen für Erwachsene, aber gerade auch für Kinder und Jugendliche im TV. Die nachfolgende Generation hat bereits verinnerlicht: Wer mehr weiß, kann mehr gestalten!

Übrigens sind wir jetzt viel näher dran als damals an der Wintersonnenwende 2012 und der angekündigten Umwälzung – vielleicht war das nicht nur eine fixe Idee? Der Erfolg von Roland Emmerichs Weltuntergangsdrama «2012» zeigt, wie sehr uns das Thema berührt. Natürlich wissen wir nicht, ob die Prophezeiung der Maya eintreten wird oder nicht. Aber Jahrestage sind ein genauso guter Denkanstoß wie Daten und Fakten. Wir stehen heute einem Berg von Daten und Fakten gegenüber, denen wir uns nicht entziehen können. Es ist unser gesammeltes Wissen über die Welt und ihre Zusammenhänge. Es liegt bei jedem von uns, die Konsequenzen zu ziehen und umzusetzen. Sie ganz selbstverständlich zu leben, jeden Tag. Wir müssen die Zeit nutzen. Und dabei soll dieses Buch helfen!

Dieter Kronzucker

Mein Lieblingsvorschlag: Nr. **133**
Besonders interessant: Nr. **117**
Mache ich schon: Nr. **485**

In diesem Buch verwendete Symbole für besonders überzeugende oder überraschende Aspekte einer Idee:

 Geistesblitz   spart Zeit

 spart Geld   gut für die Umwelt

Natur & Umwelt ★

Zeig Zivilcourage in Sachen Umwelt

1 «Mir persönlich ist es völlig unmöglich, ein Stück Abfall auf der Straße fallen zu lassen. Schade, dass viele Eltern ihre Kinder nicht so konditioniert haben. Es sollte jedem Menschen in Fleisch und Blut stecken, ein Stück Verpackung so lange in der Hosentasche aufzubewahren, bis man an einem Mülleimer vorbeikommt. Respekt vor dem eigenen Lebensraum ist meiner Meinung nach eine Grundvoraussetzung. Wenn ich also sehe, wie jemand etwas achtlos fallen lässt, dann mache ich GANZ FREUNDLICH darauf aufmerksam. Bei einem freundlichen ‹Ich-Satz› (‹Ich fänd's toll … Ich bitte dich … Ich wünsche mir …›) kann kaum jemand widerstehen, da kein Vorwurf gemacht wird. Bei einem gereizten Satz wie ‹Mann, tu doch deinen Müll in den Mülleimer› erntet man nur Trotz.

Probiert's aus, die Reaktionen sind erstaunlich. Übrigens bewirken diese ‹Ich-Sätze› auch im allgemeinen Miteinander wahre Wunder!

PS: Eine weggeschnippte Zigarettenkippe verseucht beim nächsten Regen mehrere Liter Wasser. Also auch besonders da: Traut euch! Mund auf!»

★ **Nina Vorbrodt** ist Schauspielerin («Sechserpack», «Doctor's Diary»)

Kosmetik ohne Tierversuche

2 «Ich glaube, wir können unsere Erde verbessern, indem wir auch unsere Tiere mehr achten und respektieren. Das heißt keine Tierversuche mehr für Kosmetik, keine Massentierhaltung oder das Halten von Tieren für Unterhaltungszwecke (zum Beispiel Delphin- oder Robbenshows). Den Tieren steht ein freies Leben zu, so wie uns Menschen auch! Das können wir erreichen, in-

★ **Annemarie Eilfeld** ist Sängerin («Animal Instinct»); sie belegte 2009 den dritten Platz in «Deutschland sucht den Superstar»

dem wir bewusster einkaufen; also keine Kosmetikprodukte kaufen, die an Tieren getestet wurden (eine Liste der ‹sauberen› Kosmetik gibt es beim Tierschutzverein PETA, www.peta.de), indem wir weniger Fleisch essen, und das nur aus Bio-Haltung, und indem wir derartige Shows nicht besuchen.»

Lass Tiere fühlen, dass Menschen denken

3   «Mahatma Gandhi vertrat die Meinung, man könne die Größe und den moralischen Fortschritt einer Nation daran messen, wie sie Tiere behandelt. Maxim Gorki verspürte nach Gesprächen mit Menschen oft den Wunsch, einen Hund zu streicheln, einem Affen zuzulächeln und vor einem Elefanten den Hut zu ziehen. Und Pythagoras

★ **Dagmar Hoßfeld** ist Schriftstellerin (u. a. «Carlotta», «Meine Freundin Conni», «Laura»)

war der Überzeugung, dass alles, was der Mensch den Tieren antut, auf den Menschen wieder zurückfällt.

Jeder kann etwas tun, damit unsere Welt ein kleines bisschen menschlicher und vielleicht auch besser wird. Der Tierschutz gehört in meinen Augen dazu. Denn: ‹Solange Menschen denken, dass Tiere nicht fühlen, müssen Tiere fühlen, dass Menschen nicht denken.› (Verfasser unbekannt)

Meine Idee für eine bessere Welt: Engagiere dich! Zum Beispiel im Tierschutz. Die ‹Tierschutz-Jugend› spricht speziell junge Menschen an und gibt Informationen und Tipps ab, wie und wo Jugendliche in Deutschland selbst aktiv zum Tierschutz beitragen können.»

Jugendportal des Deutschen Tierschutzbundes:
www.jugendtierschutz.de

Die Natur wieder Wunder wirken lassen

4 «Der Mensch betrachtet die Meere als alles schluckende Müllkippe und vergisst dabei, dass sie es sind, die das Weltklima im Gleichgewicht halten. Unter Wasser herrscht ein buntes, faszinierendes, unendlich vielfältiges Leben – die Natur wirkt dort Wunder! Das habe ich als Taucher oft erleben dürfen und bekomme nicht genug davon.

★ **Christof Lang** ist Redaktionsleiter und Moderator des «RTL Nachtjournal»

Deshalb kann ich auch nicht fassen, wie konsequent wir daran arbeiten, dieses empfindliche Netzwerk zu zerreißen. Was Umweltverschmutzung angeht, sind wir ja enorm einfallsreich, und früher oder später landet fast alles in den Meeren. Aber auch rücksichtslose Überfischung zerstört Nahrungsketten, an deren Ende wir selbst sitzen.

Also lasst uns mit zwei ganz simplen Dingen anfangen: Nie was ins Wasser werfen, was dort nicht hingehört. Und sich einen Fisch-Einkaufsführer besorgen – er sagt, welche Fische man nicht kaufen sollte, weil ihr Bestand vor dem Kollaps steht. Es gibt ihn zum Beispiel beim WWF im Internet.»

«Mini-Einkaufsratgeber 2010: Fische & Meeresfrüchte» online beim WWF als PDF-Download im Brieftaschenformat: http://www.wwf.de/ fischratgeber; oder zu bestellen mit frankiertem Rückumschlag bei WWF Deutschland, Frau Sandra Martin, Rebstöcker Str. 55, 60326 Frankfurt.

Tag am Meer

5 Einen Ausflug an die See wolltest du doch bestimmt schon lange mal wieder machen. Tu's im September – am «International Coastal Cleanup Day» (Datum und Infos unter www.oceanconservancy.org/icc; auf Englisch). Sammle eine Tüte Plastikmüll am Strand, stopf das Zeug in den Mülleimer an der Strandpromenade und genieße den Rest des Tages. Oder mach weiter, wenn du noch Lust hast. Du kannst dich auch vorab registrieren lassen und dich mit anderen Freiwilligen an einem See, Fluss oder Meer treffen. 2008 haben immerhin 400 000 Menschen in 100 Ländern 3,5 Millionen Kilo Müll gesammelt – es war die größte derartige Aktion der Welt.

Das Umdenken erkaufen

6 «Das Meer färbt sich rot vom Blut der Delphine, Seevögel sitzen mit verklebtem Gefieder auf ölverschmierten Stränden, der Regenwald muss riesigen Rinderfarmen weichen. Manchmal übermannt einen die Ohnmacht, nichts dagegen tun zu können. Gar nichts? Man kann: Wir haben die Macht

★ **Matthias Klimsa**
ist Schauspieler («Die Pfefferkörner»)

des Konsumenten. Wenn keiner mehr die Produkte kauft, die so produziert werden, verlieren die großen Konzerne ihr Geld und damit ihre Macht und müssen umdenken, wie sie in Zukunft ihre Produkte herstellen.»

Pinkel in die Dusche

7 Morgens ist die Blase voll. Die meisten Menschen gehen daher nach dem Aufstehen direkt auf die Toilette, pinkeln, spülen – und duschen danach. Wenn du sowieso duschst und dabei Wasser lässt, sparst du täglich sechs bis neun Liter Trinkwasser (das sonst in die Kanalisation läuft und erneut aufbereitet werden muss). Macht bei täglicher Durchführung gut 4000 Liter Wasser im Jahr. Mittlerweile fordert sogar die brasilianische Umweltorganisation SOS Mata Atlantica, auf diese Weise Wasser zu sparen, um den Atlantischen Regenwald zu retten.

Wasser reinhalten

8 Abgelaufene oder nicht verbrauchte Medikamente nicht ins Klo schütten oder in den Müll schmeißen. So oder so landen die Wirkstoffe im Wasserkreislauf (bei der Müllverbrennung über den Umweg des Rauchs, auf den Regen fällt), weil weder Wasser- noch Rauchfilter sie zu fassen bekommen. Und so reichern wir letztlich unser Wasser mit immer mehr Chemikalien an – in den USA konnten bereits Spuren von Medikamenten in Trinkwasser und Tafelwasser nachgewiesen werden. Bring den Arzneimittelmüll deshalb in die Apotheke zurück oder zum Recyclinghof.

Auch anderer Müll – von Essensresten bis zu Tampons, Kondomen und Make-up-Pads – gehört nicht in die Toilette. Diese Dinge verstopfen die Abflussrohre (= teurer Klempnerbesuch) und müssen später in der Wasseraufbereitungsanlage aufwendig (= teuer) ausgefiltert werden. Essensreste können zudem (in seltenen Fällen, wenn man regelmäßig Reste ins Klo entsorgt) Ratten aus der Kanalisation bis in eure Kloschüssel locken.

Werft auch Einmal-Kontaktlinsen («Tageslinsen») in den Müll und nicht ins Waschbecken oder die Toilette. Weil sie so klein sind, können sie durch Wasserfilter rutschen und sogar im Meer enden. Weitsichtige bemerken sofort: Gilt natürlich entsprechend auch für Monatslinsen und reguläre Haftschalen.

Keine Plastiktüten mehr aus dem Supermarkt

9 Du kannst mit dem Rad zum Supermarkt fahren und dort nur Bio-Food kaufen – wenn du an der Kasse noch ein oder zwei Plastiktüten aufs Band legst, um deine Einkäufe nach Hause zu schaffen, machst du alle deine Öko-Bemühungen zunichte. Plastiktüten brauchen bis zu 1000 Jahre, um zu verrotten – selbst die bioverträglichen Alternativangebote benötigen immerhin 15 Jahre. Pro Jahr und Einwohner werden in Deutschland immer noch 65 Plastiktüten hergestellt und benutzt – im Schnitt lächerliche 30 Minuten lang.

Plastiktüten stellen ein besonders großes Müll- und Umweltproblem dar, weil sie auf Müllhalden die Abbauprozesse be-

hindern, die Luft- und Wasserzufuhr abschneiden und den übrigen Dreck praktisch konservieren. Und in der Verbrennungsanlage setzen sie Chemikalien frei. Besonders tragisch ist es, wenn Tüten durch die Gegend wehen und von Tieren gefressen werden. Die können daran sterben – und das Aas wird (samt Tüten) dann wieder von anderen Tieren verspeist ... Die Meere sind mittlerweile voller Plastikmüll, der zu Kleinstteilen zerrieben und spätestens dann von Walen, Schildkröten und Fischen aufgenommen wird.

Deshalb: Bring Tüten, Körbe oder eine Fahrradtasche mit. Wenn du die doch mal vergessen hast oder mehr gekauft hast, als du wolltest, wähle eine Papiertüte oder eine Leinentasche. In der Obst- und Gemüseabteilung wenn möglich Papiertüten wählen, sie hängen oft unter den dünnen Plastikbeuteln. Oder nimm das Obst einfach ohne Tüte mit (gewogen wird heute sowieso meist an der Kasse). Und wann immer du nur eine Kleinigkeit kaufst: Keine Tüte nehmen, sondern einfach in die Handtasche oder den Rucksack stecken.

Bitte meide auch Einweg-Kugelschreiber und Einweg-Feuerzeuge – sie sind bloß Plastikdreck, der nie verrottet. Jeden Tag werden weltweit 14 Millionen Kugelschreiber verkauft – und die sind in 50 000 Jahren immer noch da. Also: Schreib deine Stifte leer und wähle welche, deren Minen auswechselbar sind. Lehne Einweg-Plastikkram (wie z. B. Kugelschreiber) als Werbegeschenk ab!

Schluss mit (unadressierten) Werbewurfsendungen

10   Jedes Jahr landen ca. 33 Kilo unadressierte Werbewurfsendungen in einem durchschnittlichen deutschen Briefkasten. Kleb (wenn deine Eltern einverstanden sind) einen Zettel drauf: «Bitte keine Werbung!» Oder, wenn euch das nicht chic genug ist, bestelle einen kostenlosen Anti-Werbe-Aufkleber unter www.kaufda.de/umwelt/bitte-keine-werbung-aufkleber (kommt per Post, was die Umwelt aber immer noch weniger belastet als der Werbeberg, der dadurch abnimmt).

Anfangs wandert die nicht ausgelieferte Werbepost natürlich in den Müll (oder, hoffentlich, ins Altpapier). Auf die Dauer aber wird die Anzahl der gedruckten und verschickten Sendungen abnehmen. Und man muss die Dinger nicht wegwerfen oder gar lesen und sich in Versuchung führen lassen.

- Tragt euch (und eure Eltern, wenn die einverstanden sind) auf der Robinsonliste (www.robinsonliste.de) ein. Seriöse Unternehmen werden dann nicht mehr ungefragt Werbung schicken oder mailen oder euch beim Abendessen anrufen.
- Viele Unternehmen schicken noch Jahre nach einer einzigen Bestellung dicke Kataloge oder monatliche Werbebriefe. Statt die ungelesen ins Altpapier zu werfen, mach dir die Mühe, dem Absender eine Mail zu schicken (oder dort anzurufen) und die Infos abzubestellen. Der Versender spart Geld und muss die Preise nicht erhöhen, und ein paar Bäume bleiben auch stehen. Nur die Post geht dabei leer aus.
- Wenn du manchmal Bestellungen zu deinen Eltern ins Büro oder zu deiner Oma oder sonst wohin hast liefern lassen, kann es vorkommen, dass du Versandhauskataloge an alle Adressen geschickt bekommst, an die du je bestellt hast. Aber niemand braucht zwei- oder gar dreimal denselben Winterkatalog. Per Telefon oder Mail abbestellen!

11
Dreck plus eins

«Kümmert euch um euren eigenen Dreck – plus eins. Überall sieht man Müll, den andere fabriziert haben. Die Idee ist folgende: Anstatt die Augen zu verschließen, kümmert man sich jeden Tag nicht nur um seinen eigenen Sch***, sondern auch um einen kleinen Teil Fremd-Müll, den man wahrlich nicht verursacht hat. Verhältnis 99:1. Wenn das alle machen, müsste es eigentlich bald besser aussehen. Echter, handelsüblicher Müll ist hier durchaus auch gemeint.»

★ **Gepa Hinrichsen** ist Werbetexterin und unterrichtet an der Miami Ad School of Europe

Zu cool für Müll

Holt euch beim Eismann keinen Becher (aus beschichteter Pappe oder gar Plastik), sondern Eis in der Waffel.

Qualität bringt Probleme

Taschentücher werden z.T. damit beworben, «durchschnupfsicher» zu sein und, falls sie versehentlich in die Waschmaschine geraten, nicht in tausend kleine Fetzen zu zerfallen. Sie sind viel reißfester als noch vor ein paar Jahren – sehr praktisch. Das heißt aber auch: Wenn du ein Taschentuch unterwegs in die Hecke schmeißt, zersetzt es sich nicht, sondern hält und hält und hält. Darum Taschentücher immer mitnehmen bis zum nächsten Mülleimer.

Schmink es dir ab, immer geschminkt sein zu müssen

12 Es gibt Frauen, die gehen nicht ungeschminkt aus dem Haus. Der Kassiererin im Supermarkt ist es aber echt total egal, ob du Lippenstift draufhast oder nicht. Kein Make-up mehr zum Einkaufen am Wochenende (oder wenigstens nicht mehr nachschminken beim Shoppingausflug), schon hast du mehr Geld für Bio-Lippenstifte. Spart außerdem Ressourcen und Verpackung. Und wenn du dich mit Freundinnen zum Kaffeeklatsch triffst, muss es auch nicht die volle Ladung Chemie im Gesicht sein – die mögen dich auch so.

In der Regel umweltfreundlich

13 Bio-Tampons und -Slipeinlagen sind aus ökologisch angebauter Baumwolle (= weniger Chemie beim Anbau) und ungebleicht (= weniger Chemie bei der Herstellung). Gibt's in Biomärkten und immer mehr Drogerien.

Immer wieder schön glatt

14 Zwei Milliarden Wegwerfrasierer landen allein in den USA jedes Jahr im Müll, eine unfassbare Menge Plastik. Wofür du deinen Rasierer auch nutzt, wähle einen mit Wechselklingen. Ist anfangs teurer, langfristig aber preiswerter – und auf alle Fälle umweltschonender. Die Stiftung Warentest hat zudem ermittelt: Mehrwegrasierer rasieren besser und reizen die Haut weniger.

Klare Sache: Brillen schützen die Welt

15 Eine Brille zu tragen ist aktiver Umweltschutz. Kontaktlinsen müssen nach jedem Tragen chemisch gereinigt und dann in einer Flüssigkeit aufbewahrt werden. Das bedeutet: mehr Chemie, mehr Verpackungsmüll, mehr Transportwege. Nutzer von Tages-Kontaktlinsen werfen jeden Morgen zwei kleine Plastikbehälter, in denen die Linsen waren, in den Müll. Eine Brille hingegen nutzt man mehrere Jahre lang.

Recycling lohnt sich doch

16 Immer wieder hört man, Recycling würde sich gar nicht lohnen. Falsch! Ein Marmeladenglas zu recyceln spart Energie (im Vergleich zur Neuherstellung eines neuen Glases) für 8 Stunden Betrieb einer 50-Watt-Energiesparlampe. Eine Tonne (1000 Kilo) Papier zu recyceln rettet 17 Bäume, spart 26 000 Liter Wasser, knapp 1500 Liter Öl, 270 Kilo CO_2, 4077 Kilowatt Strom. Eine Aludose spart den Strom für drei Stunden Fernsehen. Nicht, dass ausgerechnet drei Stunden vor der Glotze

die Belohnung für den unermüdlichen Umwelteinsatz sein sollten ;-) ...

Mehr Recyclingpapier, weniger Plastik

17 «Ich bin gerade in Nordamerika am Pazifik, um für ein neues Buch zu recherchieren. Was mir auf dem Weg zur Küste sofort ins Auge fällt, sind die vielen Kahlschläge, große Wunden in der Landschaft. Dabei muss ich daran denken, dass ein Großteil unseres Papierbedarfs genau aus diesen Wäldern bestritten wird – Hunderte Jahre alten Wäldern –, die für die hier ansässigen Indianer alles bedeuten: Lebensraum, Legenden, Rohstoff für ihre Kunstwerke, ein Ort, um Kraft zu schöpfen.

Es ist gar nicht so schwer, jeden Tag ein wenig dazu beizutragen, dass viele dieser alten Bäume weiterwachsen können, statt in einer Papiermühle zu landen. Das Zauberwort ist: nachhaltiger Papierkonsum. Es gibt Schulhefte und Schreibblöcke mit dem Blauen Engel, zu 100 Prozent aus Altpapier hergestellt. Das ist wesentlich umweltverträglicher, weil für die Herstellung

15

von Recyclingpapier weniger Energie und Frischwasser verbraucht werden. Außerdem hat es inzwischen eine wirklich gute Qualität – keine Angst, die Tinte verläuft nicht. Also: Kauft Schulhefte und Schreibblöcke mit dem blauen Engel. Bittet eure Eltern beim Einkauf darauf zu achten, dass Toilettenpapier, Küchenpapier und Taschentücher aus Recyclingpapier hergestellt sind. Und ein kleiner Tipp am Rande: Einseitig beschriebenes oder bedrucktes Papier kann umseitig noch als Notizzettel herhalten.

18 Inzwischen bin ich viele Kilometer am Pazifikstrand entlanggewandert, und da ist mir noch etwas anderes ins Auge gefallen: Plastikmüll. Die Pazifikküste ist rau,

★ **Antje Babendererde**
ist Schriftstellerin
(«Indigosommer»)

einsam und wunderschön, der Pazifik immer in Bewegung. Am Strand türmt sich Schwemmholz, aber es gibt auch viel Plastikmüll. Irgendwo da draußen, hinter dem Horizont, sammelt sich Plastikmüll aus der ganzen Welt auf einer Fläche, die so groß ist wie Mitteleuropa. Zwei Drittel des Meeresmülls besteht aus Plastik. Wale, Robben, Seevögel und Meeresschildkröten halten Plastiktüten oder -stücke für Nahrung und ersticken daran.

Die Produktion von Plastiktüten verschlingt Öl, Energie und Wasser – Rohstoffe, die zunehmend knapper werden. Mein Tipp: Wenn ihr shoppen geht, nehmt einen Stoffbeutel mit und verzichtet beim Einkauf auf die Plastiktüte. Und überhaupt: Plastik ist sehr nützlich, meistens aber auch hässlich. Gebrauchsgegenstände aus Keramik, Glas und Holz sind oft sehr viel schöner anzusehen. Da lohnt es sich, ein paar Euro mehr auszugeben – ihr tut der Umwelt einen großen Gefallen damit.»

CDs und DVDs recyceln

19 CDs und DVDs sind keine Verpackungen (sondern Verpackungsinhalt) und bestehen auch aus anderen Kunststoffen als die meisten Verpackungen. Daher dürfen sie nicht in den «gelben Sack» bzw. die «gelbe Tonne» geworfen werden.

Dennoch sind sie im Recycling besser aufgehoben als im Restmüll, da sie aus wertvollem Kunststoff bestehen. Sammelbehälter für CDs und DVDs stehen in vielen Computerfachgeschäften. Auch die meisten Recycling- und Wertstoffhöfe nehmen CDs und DVDs an. Noch besser: Wenn Musik, ein Film oder Programme drauf sind, schenke die Datenträger interessierten Freunden oder Bekannten zu Weihnachten.

Haufenweise Vorteile

20 Kompostieren, wenn ihr einen Garten habt. Spart Müll und Müllgebühren, ergibt guten Dünger. Satte zwei Drittel der Dinge, die üblicherweise im Hausmüll landen, könnten kompostiert werden, darunter: Gras, Blätter, Tee(beutel), Obst- und Gemüseschalen, Obst- und Gemüsereste (aber keine Reste gekochter Mahlzeiten – zieht Ratten an!), Kaffeesatz.

Beim China-Imbiss Bäume retten

21 Für China werden vor Ort über 45 Milliarden Einweg-Essstäbchen pro Jahr gefertigt – aus 25 Millionen Bäumen. Weitere 15 Milliarden Wegwerf-Essstäbchen werden nach Japan, Südkorea und in den Rest der Welt exportiert. Selbst wenn dein China-Imbiss oder Sushi-Shop die Essstäbchen anderswo bezieht – sie sind trotzdem ein Umweltübel. Kauf dir ein schönes Paar Essstäbchen zum Waschen und Wiederbenutzen und weise bei Bringdienst-Bestellung darauf hin, dass du keine Stäbchen benötigst. Und wenn du am Imbiss isst, verwende wenigstens nicht Stäbchen *und* Besteck.

All together now

22 «Ich glaube, dass es die vielen kleinen alltäglichen Dinge sind, die am Ende das Große ausmachen. Das doch oft anstrengende Trennen von Müll, der Austausch der alten 60-Watt-Glühbirne gegen eine umweltfreundliche Energiesparlampe ... die Anschaffung einer Regentonne zum Bewässern des Gartens und ... und ... und. Wenn wir alle mitmachen, wäre diese Welt ein Stück weit besser. Und zu guter Letzt: nie den Glauben und den Mut verlieren, dass wir es schaffen.»

★ **Patrick Bach** ist Schauspieler und Synchronsprecher

Unaufhörlich große Wirkung

«Es sind drei Dinge, die meine Familie schon nicht mehr hören kann, weil ich sie unaufhörlich predige. Aber sie sind so mühelos zu realisieren und würden in der Masse so große Wirkung erzielen.

23 Fernseher, Radio, Computer immer ganz ausmachen – der Stand-by-Modus kostet viel zu viel Energie – für nix.

24 Wasserhahn zudrehen während des Zähneputzens – spart verblüffend viel Wasser.

★ **Barbara Hahlweg** ist Moderatorin der Nachrichtensendung «heute»

25 Plastiktüten nur im Notfall mitgeben lassen – zu Hause hat man ohnehin immer viel zu viele davon.»

Wir verschwenden in der Bundesrepublik aufgrund von Leerlaufverlusten elektrische Energie in einer Größenordnung von vier Milliarden Euro jährlich – das entspricht dem Stromverbrauch einer Großstadt wie Berlin. Pro Haushalt und Jahr ließen sich so laut WWF 72 Euro sparen.

Unschädliches Unkrautvernichtungsmittel

26 Wasser im Wasserkocher sprudelnd kochen lassen. Mit nach draußen nehmen. Auf Unkraut gießen. Dabei Ausguss dicht über den Boden halten und Wasser langsam fließen lassen, um präzise arbeiten zu können und sich nicht selbst anzuspritzen. Billig und völlig chemiefrei. Unkraut mit tiefsitzenden Wurzeln wächst manchmal nach, dann ausstechen und kochendes Wasser in das Loch gießen, sodass die verbliebenen Wurzeln absterben. Hilft auch gegen Ameisen.

Alternative gegen die kleinen Krabbler: Schüttet kleine Häufchen Maismehl (auch «Polenta» genannt, gibt's billig im Supermarkt) auf die Ameisenstraße. Die Tiere fressen es und tippeln wieder in den Bau, können es dann aber nicht verdauen und sterben daran. Dauert ein paar Tage, dann seid ihr die Plage los.

Macht die Welt schön

27 «Für mich fängt es schon bei den kleinen Dingen an, die helfen, unsere Welt besser zu machen. Verzichtet auf Plastiktüten und nutzt Energiesparlampen. Dreht den Wasserhahn beim Zähneputzen ab und schaut weniger fern. Geht raus in die Natur. Verschenkt jeden Tag ein Lächeln und ver-

★ **Nela Panghy-Lee** ist Moderatorin bei Pro7 («taff») und Nick

bringt die freie Zeit mit Familie und Freunden. Das sind die Dinge, die die Welt und das Leben für mich schön machen.»

Hunde-Gold glänzt leider nicht

28   Sammelt den Kot eures Hundes auf. In Hundekot befinden sich manchmal Eier des Rundwurms, die dann in die Erde übergehen und dort bis zu zwei Jahre überleben können.

Das wäre ja noch nicht so schlimm. Dummerweise können die Biester jedoch im menschlichen Körper schlüpfen und dann Leber, Lunge und Augen schädigen und sogar zu Blindheit führen. Kinder, die in Parks spielen, sind logischerweise besonders gefährdet. Außerdem ist es eklig, in einen Hundehaufen zu treten. Also: Haufen ins Tütchen, zuknoten, in den nächsten Mülleimer schmeißen.

Biofleisch gegen Superviren

29   Biofleisch ist nicht nur unmittelbar gesünder für denjenigen, der es isst. Sondern auch indirekt für uns alle. Damit die in Massen gehaltenen Tiere nicht krank werden und wegsterben, bekommen nämlich viele vorsorglich Antibiotika (in den USA werden bereits über 40 Prozent der produzierten Antibiotika an Tiere verfüttert). Doch die werden am Ende von den Tieren (oder uns Menschen) ausgeschieden – und tragen zum Entstehen von «resistenten Stämmen» bei, also Krankheitserregern, die gegen die Arzneimittel immun sind. Ein weiterer Grund, in organische Aufzucht zu investieren.

Kleiner ist besser

30   Rein rechnerisch hätte jeder Mensch weltweit 1,8 Hektar Produktivfläche zur Verfügung (also nutzbaren Boden, keine Wüste und kein ewiges Eis). Der «ökologische Fußabdruck» zeigt, wie viel Platz wir aufgrund unseres Konsums brauchen – im Schnitt belegt ein Deutscher 4,5 Hektar. Das heißt: Wir verbrauchen Ressourcen, die anderen dann nicht mehr zur Verfügung stehen. Wenn du wissen willst, ob du persönlich eher auf großem Fuße lebst, ermittle deinen individuellen Wert auf dem sehr präzisen Rechner www.mein-fussabdruck.at. Erschreckend – und hoffentlich auch motivierend!

Werde Naturschutz-Mitglied

31 «Gib deiner Meinung eine Stimme, werde Mitglied in einer Jugendorganisation für Natur- und Umweltschutz. Such dir einfach eine Organisation aus, deren Ziele dir gefallen, frage nach Mitgestaltungsmöglichkeiten und werde Mitglied. Jugendmitgliedschaften sind meist sehr günstig (Jahresbeitrag wie einmal ins Kino gehen inkl. Popcorn) und können doch einiges bewirken. So kannst du gleich mehrfach etwas erreichen: Deine Mitgliedschaft macht die Organisation und deine Ziele stark, und du kommst in ein spannendes Netzwerk aus engagierten jungen Menschen, mit denen du viel erreichen kannst. Manchmal entstehen daraus auch Freunde fürs Leben. Schau doch mal unter www.naju.de»

★ **Johannes Stahr** ist Forstwirt und NAJU-Bundesjugendsprecher

Die «Naju» ist die Jugendorganisation des Naturschutzbundes NABU.

Einzelstücke ohne Billiglohn

32 «Vieles, was ich besitze, habe ich auf Flohmärkten, in Trödelläden und in Secondhandshops gekauft. Bücher, Möbel, Schallplatten, Klamotten ... viele Einzelstücke, die nicht jeder hat. Und das Gute daran ist: Für meine Einkäufe müssen keine neuen Rohstoffe, keine neue Energie verbraucht

★ **Alexandra Schalaudek** ist Schauspielerin (u. a. «Verbotene Liebe», «Lammbock», «Rosamunde Pilcher»)

werden, und ich unterstütze damit auch nicht die Billiglohnpo-
litik in vielen Ländern. Fast alles, was ich brauche, gibt es
schon!»

Wissen schenken

33 Verschenke bei der Weihnachtsfeier in der Schule oder im
Sportverein ein umweltfreundliches Produkt. Und lege einen
Zettel dazu, der die Philosophie hinter dem Präsent erläutert.
So schenkst du noch ein wenig Wissen obendrein.

34
Vertraue auf die anderen

«Die Problematik der Erderwärmung ist ähnlich gelagert wie
das atomare Wettrüsten im Kalten Krieg: Nur durch eine Abkehr

vom globalen Misstrauen kann das Weltklima bewahrt werden. Deshalb gilt eine Art goldene Regel des Klimaschutzes für Individuen wie für Gemeinwesen: Reduziere deine Treibhausgas-Emissionen, so gut du kannst, in der festen Annahme, dass alle anderen ebenso handeln werden.»

★ **Prof. Hans Joachim Schellnhuber**
ist Direktor des Potsdam-Instituts für Klimafolgenforschung (PIK) sowie Vorsitzender des Wissenschaftlichen Beirats der Bundesregierung Globale Umweltveränderungen

Energie muss teurer werden

«150 Jahre lang sind die Bruttolöhne und die Arbeitsproduktivität Hand in Hand angestiegen, um einen Faktor von 20. Ganz toll. Kläglich zurückgeblieben ist hingegen die Energieproduktivität. Kein Wunder: Die Energie ist im Vergleich zur Kaufkraft immer billiger geworden, und jetzt haben

★ **Prof. Dr. Dr. hc. Ernst Ulrich von Weizsäcker**
ist Naturwissenschaftler; 2008 bekam er den Deutschen Umweltpreis

wir den Ärger mit dem Klima, den versiegenden Ölquellen, dem Atommüll usw. Was tun? Ich schlage vor, die Energiepreise jedes Jahr um so viel anzuheben, wie die Energieproduktivität im Vorjahr angestiegen ist. Das tut nicht weh, aber es ist ein klares Signal für Erfinder, Produzenten und Verbraucher: Wer jetzt noch Energie verschwendet, zahlt drauf, und wer immer effizienter wird, gewinnt! Wenn dann in 50 Jahren so etwa eine Verfünffachung erreicht ist, sind die meisten Klima- und Umweltprobleme wie weggefegt.»

Ein kleiner Schritt in die Zukunft

«Wir Menschen sind wunderbar, aber auch verblüffend. Wir können zum Mond fliegen, aber unendlich viele Menschen leben auf unserem eigenen Planeten in Armut. Vielleicht das beeindruckendste Beispiel ist der Klimawandel: Er ist ein direktes Nebenprodukt unseres modernen Lebenswandels, verfügt aber über das möglicherweise unumkehrbare Potenzial, in wenigen Jahrzehnten ein Gleichgewicht ins Wanken zu bringen, das sich in 4,6 Billionen Erdjahren eingestellt hat. Und dennoch tun wir weitgehend so, als wäre das einfach nicht wahr. Dabei übersehen wir, dass die Erderwärmung, wenn wir ihr nicht Einhalt gebieten, zu politischen und sozialen Verwerfungen führen wird, die am Ende sogar die gegenwärtige Finanzkrise in den Schatten stellen werden.

★ **Dr. Andrew McGonigle** ist ein schottischer Physiker (Universität Sheffield; Arbeitsschwerpunkt Vulkane) und Preisträger des «Rolex Award 2008»

Die Temperaturen steigen schon, die verwundbarsten Ortschaften sind bereits von Überflutungen und dem steigenden Meeresspiegel betroffen. Wir können diesen Kampf nur gewinnen, wenn wir schnellstmöglich den Kohlendioxidausstoß reduzieren. Sobald wir den Klimawandel wirklich selbst zu spüren bekommen, ist der Konflikt bereits verloren, die Kraft der Erderwärmung wäre dann auch durch schnelles Handeln nicht mehr aufzuhalten.

Welche konkreten Schritte können wir unternehmen? Ein entscheidender Akt bestünde darin, zu einem Stromanbieter zu wechseln, der statt fossiler Brennstoffe (einer der größten Quellen von CO_2-Ausstoß) erneuerbare Energien einsetzt – und das ist mit einem kurzen Anruf getan. Als Konsumenten haben wir eine weit größere Macht, durch unsere Entscheidungen am Markt die Regierungen zu beeinflussen, als wir uns je träumen lassen würden. Wenn alle diesen Wechsel durchführten, würden die zahllosen kleinen Schritte für eine massive Reduktion des Kohlendioxidausstoßes sorgen, und ein donnernder Tsunami unserer Meinung erreichte unsere Politiker und würde sie wissen lassen, dass wir neue Energien und eine neue Umweltpolitik brauchen, und zwar sofort!»

Im Internet gibt es zahlreiche Strom/Ökostrom-Vergleichsrechner, u. a. www.verivox.de/power/ (einziger bei Stiftung Warentest mit dem Urteil sehr gut; 2008), www.stromeffizienz.de.

Energie-Konkurrenz senkt die Preise

«Energie sparen! Das kann jeder: Auf energieeffiziente Elektrogeräte umsteigen, Stand-by-Modus ausschalten, Energiesparlampen kaufen, Gas- und Stroman- ★ **Dr. Joachim Pfeiffer,** bieter wechseln, mit Verstand kochen, CDU, ist Mitglied des öffentliche Verkehrsmittel nutzen, voraus- Deutschen Bundestages schauend und überlegt Auto fahren, Energieverbrauch durch intelligente Stromzähler optimieren … All das schont Umwelt und Geldbeutel. Nebenbei fördert es den Wettbewerb auf dem Energiemarkt, und Konkurrenz belebt bekanntlich das Geschäft und führt zu günstigeren Preisen.»

Strom sparen ist sogar besser als Ökostrom

«Als Ökostromanbieter versorgen wir unsere Kunden mit Strom aus erneuerbaren Energien, sprich Energien, die uns unendlich zur Verfügung stehen. Dazu gehören Wind- und Wasserenergie, aber auch Sonnenenergie und Erdwärme. Die Ressourcen der sogenannten fossilen Energien, sprich Stein- und Braunkohle sowie Erdöl und Erdgas, sind begrenzt und werden irgendwann aufgebraucht sein.

★ **Dr. Christian Friege** ist Vorstandsvorsitzender der LichtBlick AG

Auch im Alltag können wir immer wieder erneuerbare Energien, wie die aus Sonne und Wind, nutzen, statt Strom zu verbrauchen. Die Kraft der Sonne kann uns zum Beispiel helfen, Lebensmittel aufzutauen, und die des Windes, Wäsche zu trocknen. Und auch bei der Zimmerbeleuchtung können wir Geld und Energie einsparen, wenn wir das vorhandene Tageslicht optimal nutzen. Dazu gehört es zum Beispiel, die Zimmerfenster freizuhalten und die Gardinen tagsüber wegzuschieben. Bei ausreichendem Tageslicht sollten wir immer daran denken, die Lampen komplett auszumachen.»

★ **Stefan Weil** ist Geschäftsführer Kreation der Werbeagentur Atelier Markgraph

Mal richtig abschalten

«Fahrrad fahren, Treppen steigen und Abkehr vom Stand-by-Modus. Das Erste ist das Fortbewegungsmittel für die Stadt schlechthin, schnell von A nach B, das Zweite ist die Abkehr von ständigem Aufzugfahren. Treppensteigen hält fit, und es ist auch viel dynamischer, als wartend vor einer Stahltür zu stehen. Und bedachter die ‹Devices› nutzen: Die Heimelektronik braucht nicht den ganzen Tag in Bereitschaft zu sein, und auch für die Kommunikationsdevices schadet ein bedachter Umgang keinesfalls. ‹Always on› – warum denn?»

Mehr Power für weniger Geld

35 Wiederaufladbare Batterien hatten früher wenig Kraft und wurden schnell zu unbrauchbarem Sondermüll, weil sie nach wenigen Ladevorgängen den Geist aufgaben. Jeder, der ein Handy hat, weiß, wie gut Akkus inzwischen sind. Nur viermal aufladen, dann hat sich die Anschaffung der Akkus und des Ladegeräts bereits gerechnet. Für die Umwelt ist es auch besser, weil viel weniger Chemikalien entsorgt werden müssen. (Qualitativ hochwertige Produkte sind teurer, refinanzieren sich aber noch schneller, weil sozusagen «mehr Strom in jede Batterie passt» und der Ladevorgang effizienter durchgeführt werden kann – im Elektromarkt beraten lassen.)

Und wenn doch mal eine Batterie entsorgt werden muss oder ein Akku hinüber ist: Bitte nicht in den Hausmüll (ist auch verboten, aber daran halten sich viele nicht). Sondern in die Sammelboxen in Drogerien, Supermärkten oder Technik-Kaufhäusern. Giftige Bestandteile wie Quecksilber und Cadmium werden dann korrekt entsorgt, wiederverwertbare Stoffe wie Nickel und Zink werden recycelt. Das gilt nicht nur für herkömmliche Batterien, sondern auch für Knopfzellen. Denn die enthalten besonders viel Quecksilber – eine einzige von ihnen kann über 800 000 Liter Wasser (so viel wie in einem 25-Meter-Schwimmbecken) verunreinigen!

Schön kuschelig

36 Pullover statt Heizstrahlern auf Balkon oder Terrasse. Die heizen vor allem die Luft.

Der Zugluft heimleuchten

37 Zünde eine Kerze an und teste, durch welche Türen und Fenster es bei euch zu Hause zieht. Am besten geht das natürlich an einem windigen Tag. Weise deine Eltern darauf hin und biete an, beim Aufkleben von Dichtungsband (wo das möglich ist) zu helfen. Das lohnt sich auch finanziell, in älteren Häusern entweicht ca. ¼ der Wärme durch die geschlossenen Fenster und Türen.

Der richtige Dreh

38 Betritt und verlasse Gebäude, wenn möglich, durch Drehtüren. Die sparen Energie, weil weniger Luftaustausch stattfindet – die kalte (oder heiße) Luft bleibt draußen, die aufwendig klimatisierte Luft bleibt drinnen.

39
Alte Handys guten Gewissens schnell loswerden

Statt dein altes Gurkenhandy mühsam auf eBay einzustellen und dann doch nur ein paar Euros dafür zu bekommen – oder es verboten und unökologisch in den Müll zu schmeißen –, kannst du das Teil mühelos an «GreenerSolutions» (www.handyverkaufen.de) verkaufen. Bringt auch nur wenig Kröten ein, aber das gute Stück wird entweder korrekt entsorgt oder in Entwicklungsländern weiterverwertet. Für ganz alte Dinger gibt's zwar kein

Geld, man kann sie aber kostenlos einschicken und den Erlös an eine Wohltätigkeitsvereinigung spenden lassen.

Recycling per Post

Wenn Handy oder iPod den Geist aufgeben, kannst du die Geräte auch kostenlos in jedem Apple-Shop zur ordnungsgemäßen Entsorgung abgeben, statt extra zum Recyclinghof zu fahren. Apple nimmt Mobiltelefone aller Hersteller entgegen, aber keine fremden MP3-Player.

Hast du keinen Laden in der Nähe, drucke unter www.apple.com/de/recycling/ipod-cell-phone/ ein vorfrankiertes Versandetikett aus, d. h., sogar das Porto ist schon bezahlt.

Du sollst nicht stehlen

40 «Umweltschutz beginnt auch damit, das Mein und Dein zu achten: Innerhalb weniger Monate wurden mir vor der Haustür auf St. Pauli nacheinander vier Fahrräder geklaut. Wenn das so weitergeht, wird die Klimaveränderung schnell zum Super- GAU. Also bitte, liebe Kleingangster, lasst es. Denn ohne Fahrrad muss ich häufiger ins Auto steigen ...»

★ **Ramon Kramer** ist Musikproduzent, Filmemacher und Autor («Ich weißer Mann, Du Indianer gut»); www.ramonkramer.de

Sorg für deinen eigenen Sauerstoff

41 «Pflanze einen Baum! Das ist leichter, als man denkt, macht Spaß, und außerdem garantiert er dir frische Luft. Jeder Baum erzeugt nämlich genug Sauerstoff für zwei Menschen – und das für ihr ganzes Leben. Also raus in den Garten oder auf den

★ **Nina Eichinger** ist MTV-Moderatorin

Balkon, und wenn ihr das beides nicht habt, fragt bei eurer Schule nach oder pflanzt ihn bei Oma und Opa.»

Fünf Minuten gegen dicke Luft

42 «Jeder Mensch atmet pro Stunde etwa 42 Gramm Kohlendioxid und 20 bis 70 Gramm Wasserdampf aus. Lösemittel und Weichmacher entweichen aus Möbeln, Teppichen und Türen. Das gibt dicke Luft im Zimmer!

★ **Meike Ried**
für den Regionalverband
Umweltberatung Nord e.V.,
Hamburg

Was hilft? Einmal kurz das Fenster gaaanz weit öffnen – oder noch besser zwei gegenüberliegende Fenster – regelmäßig oder einfach mal zwischendurch – auch in der Schule. An einem Tag 3- bis 5-mal. Im Winter reichen zwei Minuten, im Frühjahr und Herbst mindestens fünf Minuten. Dann schnell wieder zumachen, damit die Wärme nicht flötengeht.

Das erfrischt! Probier's aus!»

Das Geld hängt an den Bäumen

43 «An Zehntausenden Obstbäumen, -sträuchern und -hecken vergammeln in unserem Land allerfeinste Früchte: bei Nachbarn oder in der Schrebergarten-Siedlung, in Parks oder am Wegesrand. Mach die Augen auf und du findest: Äpfel, Birnen, Kirschen, Quitten, Pflaumen, Walnüsse, Haselnüsse, Brombeeren, Himbeeren, Heidelbeeren, Holunderbeeren und vieles mehr.

★ **Jan Schierhorn**
ist Initiator des Projekts «Das Geld hängt an den Bäumen» (www.dasgeldhaengt-andenbaeumen.de), das Menschen mit Behinderungen eine Perspektive in der Arbeitswelt schaffen will

Nutze, was die Natur uns schenkt: Geh mit deiner Klasse, deinen Freunden oder deiner Familie los und sammle die Früchte, die keiner mehr benötigt. Frag doch einfach mal deinen Nachbarn oder den Schrebergärtner um die Ecke. Sie werden dir die Erlaubnis gern geben.

Das Obst könnt ihr dann zu leckerem Saft pressen, Marmelade kochen, Frucht-Shakes mixen, euch in den Mund stopfen oder die Früchte auf dem Schulbasar zu Geld machen. Denn: Das Geld hängt an den Bäumen.»

41

★ Christina Pum
ist Bundesgeschäftsführerin der
Naturfreundejugend Österreich

Werde Kleintier-Hotelier

44 «Ein ‹Insektenhotel› hilft nützlichen Insekten über den Winter. Dazu wird ein Holzgerüst mit Naturmaterialien wie Zweigen, Rinde, Stroh, Heu und löchrigen Lehm- und Holzstücken befüllt und an einem wettergeschützten Platz aufgestellt.»

★ Rodrigo Medellín
ist Tierschützer, sein Spezialge-
biet sind vom Aussterben be-
drohte Fledermäuse in Mexiko

Freiheit unterm Sternenzelt

45 «Wenigstens eine Nacht pro Monat sollte man draußen schlafen. Nichts befreit die eigene Seele so schnell von Arroganz und Eitelkeit wie der direkte Kontakt mit der Natur.»

★ Thomas Walmrath
ist freiberuflicher
Creative Director

Den Planeten festhalten

46 «Unter einen alten Baum im Park legen, die Arme ausstrecken (Hände nach unten) und den gesamten Planeten gut festhalten, während die Wolken vorbeiziehen. Hilft!»

★ Hannelore Hoger
ist Schauspielerin
(u. a. «Bella Block»)

Gute Gäste

47 «Die Welt ist unser Gastgeber – nicht umgekehrt!»

Bomben zum Blühen

48 Brachliegende Grundstücke oder Industrieruinen lassen sich mit «Samenbomben» verschönern: Fünf Teile rote Tonerde mit drei Teilen Erde oder Kompost und einem Teil Blumensamen mischen. Einen Teil Wasser hinzufügen und zu kleinen Kügel-

chen formen. Ein bis zwei Tage trocknen lassen. Über Zäune geworfen oder in kleine Ritzen im Asphalt gedrückt, fangen sie nach dem nächsten Regen an zu sprießen. Aber Achtung: Das ist natürlich illegal – es sei denn, das Grundstück gehört einem selbst. Zählt daher zum sogenannten Guerilla-Gärtnern. Macht aber Spaß – und wenn man rücksichtsvoll vorgeht, dann greift ohnehin das Prinzip: Wo kein Kläger, da kein Richter.

Immer wieder versuchen

49 «Ich halte nichts von Menschen, die uns immer einreden wollen, dass eh alles zu spät ist. ‹Es wird immer schlimmer – die Polkappen schmelzen, die Eisbären sterben aus, die Menschen bekriegen sich nur noch … es ist alles so schlimm, und es ist eh alles zu spät!›, sagen sie, aber es hilft uns nicht weiter!

★ **Franziska Traub** ist Schauspielerin und Kabarettistin («Ritas Welt»)

Wir können was machen; jeder Einzelne im Großen wie im Kleinen! Pessimismus hilft nicht weiter! Aus kleinen Ideen sind oft große Sachen geworden. Die Menschen sind offen für Veränderungen aller Art, und ich glaube fest daran, dass wir es schaffen, uns einen lebenswerten Planeten zu erhalten, auf dem Menschen, Tiere und Pflanzen harmonisch miteinander leben können.

47

Die Nimmermüden werden weiter daran glauben und nie aufgeben, die Dinge zu ändern und einen ersten Schritt zu wagen.

Ich gebe zu, ich versündige mich tagtäglich an unserem Planeten. Ich fliege mit dem Flugzeug, fahre mit dem Auto herum, obwohl ich eigentlich nur noch wenig fahren will; kaufe Dinge, die kein Mensch wirklich braucht. Ich denke, es geht den meisten von uns so?! Trotzdem sollten wir uns immer wieder an die Nase fassen und aufhören, uns Ausreden zurechtzulegen ... es geht alles auch anders, man muss nur wollen! Und es immer wieder versuchen!»

Schule ★

Lehrer loben

50 «Ich bin die Rektorin der Pädagogischen Hochschule Schwäbisch Gmünd. Das ist eine bildungswissenschaftliche Hochschule mit ganz unterschiedlichen Studiengängen – alle mit engem Bezug zum Thema Bildung. Die meisten Studierenden bei uns wollen Lehrerin oder Lehrer werden. Das ist bestimmt einer der anspruchsvollsten Berufe, die es gibt. Die Anforderungen sind sehr vielfältig, der Berufsalltag erfordert ein ständiges Umschalten zwischen unterschiedlichen Themen und Aufgaben. Ihr persönlich erhaltet durch die Schule besondere Zukunftschancen. Trotzdem sind einige Schülerinnen und Schüler manchmal sogar sehr frech oder beschweren sich zu lauthals über das eine oder andere.

★ **Prof. Dr. rer. nat. habil. Astrid Beckmann** ist Rektorin der Pädagogischen Hochschule Schwäbisch Gmünd

Meine Idee zur Verbesserung der Welt ist: Sagt eurem Lehrer/eurer Lehrerin doch mal, wenn euch ein Unterricht gut gefallen hat. Ihr könnt sicher sein: Das macht glücklich und kommt so vielfach im Unterricht zurück.»

Wer nicht fragt, bleibt dumm

51 «Immer Fragen stellen – und sich niemals mit halbgaren Antworten zufriedengeben. ‹Das geht nicht›, ‹Das ist zu kompliziert für dich› oder ‹Das wird schon irgendeinen Sinn haben›. Nur wer sich mit solchen Antworten nicht abspeisen lässt, kann Großes erreichen – und Kleines. Warum ist die Cola im Supermarkt auf einmal ‹im Angebot›, obwohl sie doch genauso viel wie immer kostet? Woraus besteht das All? Wieso können Roboter noch nicht denken? Nur wer fragt und fragt und fragt, bekommt gute Antworten.»

★ **Prof. Dr. Ursula Gather** ist Rektorin der TU Dortmund

Tolle Noten schaden keinem

52 «Letztens hatte ich mit meinem mittlerweile 20-jährigen Sohn ein längeres Gespräch, in dem er zugab, dass ich damals recht hatte: mit der Schule nämlich. Ich war immer hinterher, dass er alles durchzieht und seinen Weg geht. Damals war er grundsätzlich genervt und hat alles in Frage gestellt, heute sagt er: ‹Es war richtig, was du gesagt hast.› Ich hab das zum Anlass genommen, mal über mich und meine damalige Einstellung nachzudenken – es war beinahe das Gleiche. Ich war immer gegen die Schule, fand alles überflüssig und blöd und dachte: Was soll das denn eigentlich bringen? Heute würde ich vieles anders machen, es hört sich komisch an, aber wenn man mich heute fragen würde, ob ich nochmal zur Schule gehen möchte, ‹Ja› wäre die Antwort. Ich würde mich bemühen, eine gute Schülerin zu sein, und ich würde studieren, das hab ich nämlich nicht getan, und das bereue ich heute sehr. Klar geht man trotzdem seinen Weg, irgendwie, aber man kann ihn ja auch gleich richtig gehen. Und eine gute Ausbildung, ein toller Studienabschluss, das hat noch keinem geschadet. Ich sag immer: Was man hat, das hat man. Und so rate ich allen, die mit sich hadern: Macht doch was draus!»

★ **Steffi von Wolff** ist Schriftstellerin («Ausgezogen», «Ausgebucht»)

Schule ohne Homophobie

53 «Da ich mir wünsche, dass die Menschen vorurteilslos die Vielfalt der menschlichen Lebensweisen wahrnehmen, unterstütze ich die Kölner Initiative ‹Schule ohne Homophobie›. Es wäre schön, wenn Schüler/innen und Lehrer/innen es als Bereicherung empfänden, Lesben und Schwule in ihrer Gemeinschaft zu haben.

★ **Klaus Nierhoff** ist Schauspieler (u. a. «Unter uns», «Marienhof», «Lindenstraße»)

Weiterhin denke ich, dass die Festschreibung des Schutzes vor Diskriminierung aufgrund der sexuellen Identität ins Grundgesetz gehört. In einem erweiterten Artikel 3 Absatz 3 des Grundgesetzes soll es in Zukunft heißen: ‹Niemand darf wegen seiner sexuellen Identität benachteiligt oder bevorzugt werden.›»

Mit Schulheften indonesische Affen retten

54 «Jede Minute werden auf der Welt Waldflächen so groß wie 38 Fußballfelder zerstört. Dabei sind Wälder enorm wichtig für das Weltklima und Heimat unglaublich vieler Tier- und Pflanzenarten. In den Wäldern Indonesiens etwa, auf den Inseln Borneo, Sumatra und Papua, lebt der Orang-Utan,

★ **Eberhard Brandes** ist Geschäftsführer des WWF Deutschland

was in der Landessprache ‹Waldmensch› bedeutet. Trotzdem werden die Wälder Indonesiens in atemberaubendem Tempo abgeholzt. Und der ‹Waldmensch› verliert seinen Lebensraum. Die gefällten Bäume werden zum Beispiel zu Papier verarbeitet – und landen als Buch, Schulheft oder Klopapier bei dir zu Hause.

DU kannst helfen, die Orang-Utans zu schützen: indem du möglichst immer Produkte aus Recyclingpapier verwendest. Recyclingpapier, also Papier aus Altpapier, schont die Umwelt, weil weniger Bäume gefällt werden müssen und bei der Herstellung weniger Energie und Wasser verbraucht werden. Bei den Produkten, wo das nicht geht, benutze Produkte mit dem sogenannten FSC-Siegel. Papierartikel mit dem ‹FSC-Siegel› sind zwar aus frischem Holz, aber dennoch umweltfreundlich, weil ihr Holz auf schonende Weise gewonnen wurde, ohne dass die Wälder in Indonesien und damit die Heimat der Orang-Utans zerstört wird. Wenn du zum Schutz der Orang-Utans beitragen möchtest, achte bei allen Papierprodukten darauf, dass sie am besten aus Recyclingpapier sind oder das FSC-Siegel tragen.»

Tausche Tonerkartuschen gegen Schülerbibliothek

In Deutschland landen jährlich von über 100 Millionen Tintenpatronen und Tonerkartuschen für Drucker, Faxgeräte und Kopierer circa 80 Prozent im Müll. Obwohl sie wiederbefüllt werden könnten – sogar mehrfach! An manche Hersteller oder Händler kann man sie zurückschicken. Oder man bringt sie selbst auf den Recyclinghof.

55 Sogar zweifach Gutes tut man aber mit Hilfe der «Aktion Sammeldrache» (www.sammeldrache.de): Firmen, Schulen oder Kindergärten stellen eine Sammelbox auf für Toner, Tintenkartuschen und kaputte Handys. Ist die Kiste voll, wird sie abgeholt und der Inhalt weiterverwendet. Im Gegenzug erhalten die Schule oder der Kindergarten z. B. Bücher, Spielsachen oder auch Lehrmittel. (Firmen können ihr auf diese Weise gesammeltes Recycling-Guthaben an eine Kindereinrichtung spenden.)

Wenn es an deiner Schule noch keine solche Sammelbox gibt, biete an, eine zu bestellen. Das Gleiche gilt für die Firma, in der deine Eltern arbeiten.

Newsflash

56 Falls es an eurer Schule noch immer Eltern-Rundbriefe auf Papier gibt: Rege einen E-Mail-Verteiler an oder erkläre dich bereit, die Adressen zu sammeln.

Aufpassen statt ausdrucken

57 Die Schrift auf Powerpoint-Slides ist riesengroß – Ausdrucke sind Papierverschwendung. Liefere deshalb möglichst keine Handouts zu deinem Vortrag, sondern bitte die Zuhörer, sich Notizen zu machen. Zusatzvorteil: Wer mitschreiben muss, passt besser auf.

Schöner schwitzen

58 Du schwitzt beim Sport nicht weniger in schicken neuen Klamotten. Also: Trag deine alten Sachen im Unterricht oder Verein auf, statt extra shoppen zu gehen.

Sprich langsam

59 Personen, die langsam sprechen, vermeiden Missverständnisse, denn sie sind leichter zu verstehen. Sie werden als 38 Prozent kompetenter wahrgenommen als diejenigen, die schnell sprechen. So kannst du zugleich mehr aus deinem Wissen machen, denn es reicht länger. Und du kriegst öfter deinen Willen, denn auf kompetente Sprecher hört man.

Richtig essen lernen

60 «Fangen wir doch mal klein und mit einem wesentlichen Bestandteil unseres Lebens an: der Ernährung. Als Koch liegt es

★ **Johann Lafer** ist Sterne-Koch, bekannt auch aus dem Fernsehen, und Buchautor

selbstverständlich in der Natur der Sache, dass ich mich damit beschäftige, wir müssen viel weiter gehen, größer denken! Alle Menschen sollten sich kritischer damit auseinandersetzen, was sie zu sich nehmen, woher die Produkte stammen, wie sich Verzehr von bestimmten

Lebensmitteln auf die Umwelt auswirkt, welche Möglichkeiten wir haben, den Hunger in der Dritten Welt zu stoppen, und so vieles mehr. Die Antworten auf diese Fragen müssen von klein an erarbeitet und gelehrt werden.

In vielen Familien wird heute kein Wert mehr auf frische, gesunde Lebensmittel gelegt, daher sind alle Menschen, denen die Zukunft der Kinder nicht gleichgültig ist, aufgefordert, diese Wissensdefizite zu beseitigen.

Ein erster Schritt könnte mit Ernährungsbildung an Schulen erreicht werden. Damit meine ich nicht hier und da mal ein Spaß-Kochkurs, sondern Unterricht gelehrt von ausgebildeten *Schulökotrophologen*! Dies würde das Bewusstsein im Umgang mit den Schätzen unserer Welt bedeutend schärfen! Vielleicht wäre es auch der Beginn einer neuen, geschmacksreicheren Wirklichkeit!»

Hol die Welt in deine Schulkantine

61 «Hast auch du ein Schülercafé oder eine Schulmensa in deiner Schule und isst du dort immer wieder das Gleiche – Brötchen, Kartoffeln, Frikadellen und so weiter? Bring ein bisschen Abwechslung in deine Schule! Warum sollten nicht die Gerichte deiner Mitschülerinnen und Mitschüler, die

★ **Prof. Dr. Theda Borde**
ist Rektorin der Alice Salomon Hochschule Berlin

sie auch zu Hause mit ihren Familien essen, in den normalen Speiseplan aufgenommen werden? Gemeinsam könnt ihr die Welt in eure Schule holen. Fragt doch einfach ein paar Freundinnen und Freunde, ob sie mitmachen, und schreibt einen Brief an die Schulleitung mit eurer Idee. Vielleicht habt ihr ja schon Gerichte im Hinterkopf, die ihr unbedingt öfter essen wollt? Wie wäre es zum Beispiel mit einer leckeren roten Linsensuppe, der ‹Mercimek çorbası› aus der Türkei, oder mit feinem

Couscous aus Marokko. Vielleicht magst du ja den herzhaften Eintopf Puchero aus Argentinien oder probierst mal zum Dessert süße Blinis mit Vanille aus Russland? Schon jetzt wünschen wir euch: Afiyet olsun, ¡Qué aproveche! oder: Guten Appetit!»

Klassik hören, auf neue Ideen kommen

62 «Kaum zu glauben, diesen Rat von einem Musiker zu bekommen: Höre – auch wenn du nicht die Zeit hast, dich zu konzentrieren – klassische Musik gelegentlich im Hintergrund. Man hört sich ein. Gewisse Wendungen dieser Kunstform werden dich unwillkürlich zu schärferem Hinhören reizen. So gerätst du in die Versuchung, die Wendungen, dann aber auch die Passage und schließlich den ganzen Satz aufmerksam zu verfolgen. Klassische Musik ist hochkomplex, aber dennoch viel leichter zugänglich, als man gemeinhin meint. Du wirst es bemerken: Die Verknüpfungen, kaum wahrnehmbaren Wendungen und Formen werden dein Denken in völlig neue Richtungen lenken und dir eine Gedankenwelt eröffnen, die unendlich vielfältig ist.»

★ **Prof. Martin Rennert** ist Präsident der Universität der Künste Berlin

Nicht für die Schule, für das Leben

63 «Wie oft sehen wir Müll auf dem Boden und laufen dran vorbei, seit ungefähr 2 Jahren tu ich das nicht mehr. Aufheben und in den Müll schmeißen ist wirklich nicht schwer, und ab und zu findest du vielleicht etwas, was gar nicht in die Tonne gehört.

64 Die Schule und die Hausaufgaben können manchmal tierisch nervig sein, aber es ist wichtig zu lernen, um später das zu tun, was dich glücklich macht. Die Welt verbesserst du somit an erster Stelle für dich, denkst du. Aber wenn du das tust, was dich glücklich macht, bist du automatisch ein ganz anderer Mensch. Du strahlst Zufriedenheit, Glück und Liebe aus, was wichtig für deine Mitmenschen ist.

65 Vorurteile hat man leider sehr oft. Mit der Zeit aber habe ich gemerkt, dass das ein ziemlich großer Fehler ist. Mach dir von deiner Umgebung und den Menschen, die du nicht kennst, erst dein eigenes Bild und lass dich nicht von anderen beeinflussen. Damit geht es dir besser, und du gibst anderen Menschen die Chance, sich selbst zu zeigen, und vielleicht hast du bald neue Freunde.»

★ **Lisa Bund** ist Sängerin und war Drittplatzierte der 2007er-Staffel von «Deutschland sucht den Superstar»)

Lerne, um zu verändern

66 «Die Erde ist eigentlich ein schöner Planet. Fast 7 Milliarden Menschen leben auf ihm. Alle suchen ihr Glück. Und haben ein Recht dazu. Die Hälfte von ihnen aber lebt in schlimmer Armut. Haben kein Dach über dem Kopf, keinen Besitz, hungern, sind krank, haben keine Chance, eine Schule zu besuchen, und keine Arbeit, kennen keine politische Freiheit. Jeder kann etwas tun, dass die Welt besser wird. Vor allem kann man selbst Vorbild sein. Ich finde es wichtig, sich selbst fit zu machen, um Armut überwinden zu helfen. Dafür sind Wissen, Erfahrung und Wollen Voraussetzungen. Eine menschenwürdige, nachhaltige Entwicklung fängt in unseren Köpfen an. Also lasst uns lernen, um zu verändern! Damit kann man nicht früh genug beginnen, in der Schule, in der Ausbildung, im Studium, im Beruf. Glück kommt nicht von allein.»

★ **Prof. Dr. Hartmut Ihne** ist Präsident der Hochschule Bonn-Rhein-Sieg

Behinderte Kinder in normale Schulen integrieren

67 «Eine junge Frau aus meinem Wahlkreis, die mit dem Parlamentarischen Patenschafts-Programm des Bundestages ein Jahr in den USA war, berichtete mir von ihrem Aufenthalt in ihrer Gastfamilie. Eine interessante Erfahrung für die Schülerin, und

★ **Andrea Nahles** ist Generalsekretärin der SPD

besonders eindrücklich war für sie eines: Der Sohn der Gasteltern war mehrfach behindert und ging auf die örtliche Highschool. Mit Assistenz, aber gemeinsam mit allen anderen Schülern. Ganz normal. Diese Normalität hat den Schülern das Gefühl vermittelt: ‹Ich bin okay so, wie ich bin!› Die Austauschschülerin war sehr beeindruckt, und durch den Bericht ist mir schlagartig klargeworden, wie eigenartig die Situation bei uns eigentlich ist.

Natürlich gibt es auch bei uns Beispiele von integrierten Schulen und Kindergärten, in meinem Wahlkreis zum Beispiel die Integrative Kindertagesstätte Andernach. Aber es ist noch längst nicht die Regel. Ich denke, hier ist ein politischer Ruck nötig, integrative Erziehung auch bei uns zum Normalfall zu machen. So wird ein selbstverständliches und gleichwertiges Miteinander aller Kinder gefördert. Sie lernen ganz nebenbei, dass es normal ist, verschieden zu sein. Und damit wird auch der Grundstein für eine spätere Integration ins Arbeitsleben gelegt.

Für die Schülerin ist es seit ihrem USA-Aufenthalt jedenfalls normal, dass behinderte und nichtbehinderte Menschen gemeinsam leben, lernen und arbeiten. Ich denke, in diesem Fall sollten wir auch in Deutschland sagen: ‹Yes, we can!›»

Love it, change it or leave it!

68 «Als mein damals 18-jähriger Zwillingsbruder und ich auf Lesereise in den USA waren, haben wir eine Schule in Los Angeles besucht, in der sich die Schüler auf dem Heimweg nicht über die Hausaufgaben Gedanken gemacht haben, sondern wie sie nach Hause kommen, ohne abgeknallt zu werden. Wir haben aus diesem Erlebnis sicher mehr gelernt als die Schüler von uns:

- Unterschätze deinen eigenen Einfluss nicht. Was du tust, was du sagst, sogar was du denkst, prägt deine Umwelt, deine Mitmenschen, deine eigene Zukunft – manchmal mit Konsequenzen für die Ewigkeit! Darum: sei (selbst-)bewusster!
- Du wurdest in eine bestimmte Familie zu einer bestimmten Zeit geboren mit gewissen Stärken und Schwächen. Das konntest du nicht entscheiden. Egal, wie positiv oder negativ diese Voraussetzungen sind: Jetzt liegt es in deinen Händen, das Beste daraus zu machen. Entscheide dich dafür, jeden Tag gleich beim Aufstehen. Behalte die Möglichkeit deines freien Willens im Auge.
- Nicht jammern! Anstatt dich über Dinge aufzuregen, die du nicht ändern kannst, versuche mit einer Einstellung der Dankbarkeit durchs Leben zu gehen. So fokussierst du dich mehr auf das Schöne und Gute, was deine Laune und die der anderen verbessert. Das ist auch gesünder und produktiver. Die Welt verbessert sich, zuerst subjektiv – dann objektiv.
- Sich bei der richtigen Autorität zu beschweren kann enorm viel bringen. Du kannst mehr ändern, als du vielleicht denkst. Werde aktiv. Bleib daran. Hol dir Verstärkung, und wenn's sein muss, gründe eine Bewegung! Jedes Geschehen in der Weltgeschichte hat mit einer Einzelperson angefangen. Und zwar nicht immer nur mit den ‹Großen›.

- Übe dich in kleineren Sachen. Wenn ein Lehrer öden Stoff anbietet und du dich langweilst, weil du schneller vorankommen möchtest, sage es ihm! Schreibe Briefe an Abgeordnete und Medien. Lasse Dienstleister und Firmen wissen, dass wir uns nicht mit halben Sachen zufriedengeben – so bleibt Qualität erhalten. Wenn du nichts sagst, ändert sich auch nichts. Wenn jemand nein sagt, hast du ja nichts verloren. Wenn sie dir aber zuhören – dann hast du bereits ein wenig gewonnen.
- Dasselbe gilt für Privatpersonen. Wenn dich etwas an jemandem stört, sage es ihr oder ihm möglichst selber (wenn auch sensibel). Fehler oder Probleme hinter dem Rücken des anderen zu erzählen hilft niemandem, im Gegenteil, du schadest dem Ruf dieser Person und langfristig auch deinem eigenen.
- Sage, wenn möglich, nicht: ‹Das *Problem* ist, dass ... (dies schlecht ist)›, sondern ‹Das *Potenzial* liegt darin, dass ... (weil es schlecht ist, wir es aber so und so verbessern können)!›
- Man hört so viel Negatives über die heutige Jugend. Vieles davon mag stimmen. Das ist aber auch eine Chance! Denn du kannst so recht einfach Vorurteile widerlegen und dich hervorheben.
- Sei nicht neidisch. Es wird immer Leute geben, die mehr haben und können als du – und auch Leute, die weniger haben und können.

★ **Jyoti** und **Suresh Guptara** sind Autoren der «Calaspia»-Trilogie Übrigens: Ein Jahr später erfuhren wir, dass die besorgten Teenager aus L. A. einen Slum in Brasilien besucht hatten ... und sich plötzlich über ihre eigene ‹hoffnungslose› Lage und die ‹zu geringen› Chancen freuten!»

Fördermittel fürs (Auslands-)Studium beantragen

69 Nichts macht die Welt schneller besser als mehr Bildung für mehr Menschen. Manchmal ist aber eine deutsche Uni nicht die erste Wahl (oder will den Interessenten nicht). Dann geht es ab ins Ausland! Ein Studium woanders ist Gott sei Dank nicht mehr den Kindern reicher Eltern vorbehalten. Wer gute Leistungen bringt, darf z. T. sehr günstig oder sogar umsonst an die Uni. Gute Startpunkte, um sich (rechtzeitig, mindestens ein Jahr vor Studienbeginn!!) zu informieren:
www.studium-ratgeber.de/finanzierung-foerderprogramme.php
www.ausland.hs-mittweida.de/index.php?id=2618
www.eu.daad.de/eu/

Ein abgeschlossenes Studium (fast egal, in welchem Fach) wird heute – weil mehr Bewerber auf eine Stelle kommen – immer wichtiger, ebenso wie Fremdsprachenkenntnisse. Mit einem Auslandsstudium schafft man beides auf einmal.

Demokratie gesund erhalten

★ **Stephan Bayer** ist Gründer von Sofatutor (www.sofatutor.de)

70 «Wenn die Zeit zum Zeitunglesen fehlt: Radionachrichten beim Frühstücken hören. Ohne informierte Bürger keine gesunde Demokratie.»

Faire Abi-Shirts

71 «Lasst eure Abi- oder Schul-T-Shirts aus Fairtrade-Baumwolle herstellen. Auf der Website www.transfair.org/mitmachen/schueler-ecke/aktions-ideen.html findet ihr Muster-Kalkulationen von T-Shirt-Herstellern, damit ihr für eure Planung eine Vorstellung bekommt, wie

★ **Claudia Brück** ist Pressesprecherin des Vereins TransFair

teuer die Shirts sind, und eine Liste mit Händlern von T-Shirts aus Fairtrade-Baumwolle, bei denen ihr Angebote einholen könnt. Vergleichen lohnt sich!

Fairtrade-Süßigkeiten, Fairtrade-Snacks oder andere Fairtrade-Produkte zu verkaufen ist als Schulprojekt eine hervorragende Möglichkeit, etwas über Unternehmensführung und Organisation zu lernen, beispielsweise Dekoration, Musik oder Marketing. Am Ende könnt ihr vielleicht sogar eine Fairtrade-Richtlinie erarbeiten, die für die ganze Schule gilt. Idealerweise wird darin festgelegt, dass es ein Fairtrade-Organisationskomitee gibt, wenn möglich Fairtrade-Produkte verkauft werden und an eurer gesamten Schule jede Klasse das Thema Fairtrade durchnimmt.»

Das «FAIRTRADE»-Siegel erhalten Produkte, deren Erzeuger (z. B. Kaffeebauern) «fair» (also: verlässlich anständig) bezahlt werden. Zugleich ist Kinderarbeit ausgeschlossen.

Apfelmuskuchen für Slumkinder

72 «Als ich in die 5. Klasse kam, haben wir gleich am Anfang des neuen Schuljahres einen Kuchenbasar gemacht. Ich kann mich noch so genau daran erinnern, weil ich damals zum ersten Mal einen eigenen Kuchen gebacken habe, und zwar fast ohne Hilfe (es war übrigens ein Apfelmuskuchen ... mmhm, der war lecker). Das gesammelte Geld hat unsere Klasse dann an eine gemeinnützige Organisation gespendet. Als ich an dem Tag nach Hause ging, war ich richtig stolz, weil ich an dem Tag zum ersten Mal begriff, dass man, egal wie alt oder jung man ist, anderen Kindern, denen es nicht so gutgeht wie uns, helfen kann. Dann lernte ich einige Jahre später meine Freundin Alissa Jung kennen, und wir haben gemeinsam

★ **Janin Reinhardt** ist Moderatorin und Schauspielerin («Lotta in Love»)

im April 2008 die Kampagne ‹Schulen für Haiti› ins Leben gerufen, seitdem backen Kinder Kuchen, bringen diese mit in die Schule, verkaufen sie dort und spenden das Geld an unsere beiden Schulen Fond Peje und Mixte de la Grace in Haiti, wodurch 608 Slumkinder in die Schule gehen können. Und, wäre das eine Idee für dich?»

Sehr unkompliziert bei der Aktion mitmachen könnt ihr über
www.schulen-fuer-haiti.de

Gruß unbekannterweise

73   Hinterlasse vor dem Zurückgeben einen Zettel mit einer fröhlichen Botschaft für den nächsten Leser in einem Schulbuch (geht auch mit anderweitig ausgeliehenen Büchern).

Kommunikation als Früh-Schulfach

74   «Vom Amoklauf bis zur landstrichweiten Ausländerfeindlichkeit: Unzählige Übel unserer schönen Welt lassen sich auch auf mangelhafte oder erst gar nicht stattfindende Kommunikation zurückführen. Ein Problem, das schon in frühen Kinderjahren in Elternhaus, KiTa, Vorschule, Grundschule angelegt wird: Kinder lernen zwar in der zweiten Klasse Englisch, aber Reden, Zuhö-

★ **Constantin Kaloff** ist Texter und Creative Director. Er erfand u. a. (für die Agentur Jung von Matt) den Slogan «Geiz ist geil»

ren, Argumentieren, Konflikte ausdiskutieren oder sogar mit gutem Ausgang zu streiten wird nicht explizit trainiert. Ich schlage vor, ein Vor- oder Frühschulfach Kommunikation einzurichten, vielleicht auch für die weiterführenden Schulen, und träume von viel offeneren Kindern. Bevor sie sich mit dem iPod hinter dem eisernen Vorhang der Pubertät verschanzen ...»

Ganze Sätze in der Schule des Lebens

75 «Wir gründen in jeder großen Stadt in Deutschland eine SCHULE DES LEBENS. Dort lernen Kinder, wie man selbstbewusst mit anderen zusammenleben kann, ohne dem/den anderen zu schaden. Und alle reden in ganzen Sätzen miteinander. Das fördert den gegenseitigen Respekt, die Fähigkeit zum Zuhören wird geschult, die Konzentration aufs Thema geschärft – und wer nicht in ganzen Sätzen spricht, hat die Möglichkeit zu schweigen.»

★ **Barbara Rörtgen** und **Tim Prell** beraten als «Entwicklungshelfer» Firmen und Privatpersonen (www.entwicklungshelfer.com)

Kick it like Beckham

76 «Was gibt es Besseres, als nach dem Schulunterricht Sport zu treiben? Dadurch kann man den Schulstress schnell abbauen und bekommt den Kopf wieder frei. Noch dazu kann man endlich seine Freunde treffen und sich austauschen. Als Jugendlicher und HSV-Fan habe ich viel Fußball gespielt. Dieser Leidenschaft bin ich treu geblieben, und es hilft mir auch heute noch, nach einem arbeitsreichen Tag abzuschalten und mich fit zu halten. Ehrlich gesagt, genieße ich es noch immer, ein Tor zu schießen und mich für einen Augenblick wie ein Kind darüber zu freuen. Wer kennt dieses tolle Erfolgsgefühl nicht? Ich kann nur jedem Jugendlichen empfehlen, Sport zu treiben. Sport hält nicht nur gesund und fördert den Zusammenhalt mit den Freunden, sondern hat vor allem einen großen Fun-Faktor.»

★ **Alexander Otto** ist Vorsitzender der Geschäftsführung von ECE, dem europäischen Marktführer im Bereich Shopping-Center, und Gründer der Alexander Otto Sportstiftung

Spenden & Gutes tun ★

4 Euro für ein Kinderleben

77 «Wir klagen zu oft auf hohem Niveau – und dabei können wir die Welt mit ganz kleinen Mitteln verbessern. Kinder brauchen am meisten Schutz und Unterstützung. In Afrika stirbt alle 30 Sekunden ein Kind an Malaria. Es gibt keine Prophylaxe, der einzige Schutz ist ein Moskitonetz, das mit einem für den Menschen ungefährlichen Insektizid imprägniert ist. Für nur vier Euro kann man so ein Netz bei UNICEF bestellen. Dies ist nur eine von vielen kleinen Möglichkeiten, um die Welt zu verbessern – man muss es nur tun.»

★ **Sabine Christiansen** ist TV-Journalistin

UNICEF (www.unicef.de) ist das Kinderhilfswerk der Vereinten Nationen. Schnellzugang zum Moskitonetz, das UNICEF direkt in Afrika ausliefert – www.unicef.de/4979.html

Die beste Kettenmail der Welt

78 «Ein Schneeballsystem der guten Taten. Zehn Menschen aus unterschiedlichen Ländern verabreden sich, um Gutes zu tun. Das können einfache Dinge sein: Einer gibt zum Beispiel einem Obdachlosen Geld, der andere sammelt Müll auf der Straße auf, ein weiterer kümmert sich um die kranke Nachbarin – was auch immer. Nachdem alle ihre gute Tat vollbracht haben, schicken sie zehn Freunden eine E-Mail mit der Bitte, auch eine gute Tat zu vollbringen. Zu gewinnen gibt es jede Menge Glück und eine bessere Welt!»

★ **Inge Steiner** ist Moderatorin und Redakteurin bei Kabel eins und N24

Pfadfinderweisheit

79 «Mein Vorschlag, den ich seit ein paar Jahren zu meinem Tagesmotto gemacht habe: Jeden Tag eine gute Tat. Das kann ein kleines Gespräch mit einem Obdachlosen sein, bevor man ihm zwei Euro in die Hand drückt, oder man hilft einem Kollegen bei einem Problem, das ihn quält. Gerne kann man auch einer alten Frau über die Straße helfen – aber nur, wenn sie will :). Ich habe festgestellt: Wenn man sich die Pfadfinderweisheit zu Herzen nimmt, wird man generell offener gegenüber den Problemen anderer.»

★ **Milena Preradovic**
ist Journalistin und Moderatorin
(u. a. auf N24)

Hobbys für einen guten Zweck

80 Du kannst mehr Würstchen essen als alle deine Freunde? Oder unheimlich gut auf den Händen gehen? Stelle dein Hobby in den Dienst einer guten Sache! Auf der Website Helpedia (www.helpedia.de) kannst du dich von Freunden, Verwandten, Bekannten oder völlig Fremden sponsern lassen. Du radelst z. B. in den Sommerferien quer durch Deutschland, und jeder Unterstützer zahlt pro Kilometer eine bestimmte Summe. Oder du bittest zum Geburtstag um Spenden statt Staubfänger. Oder eine Schulklasse nutzt ihre Theateraufführung, um für einen guten Zweck zu sammeln, statt Eintritt zu kassieren. Auf dieser Site kannst du kostenlos Werbung für euer Projekt machen und Interessenten finden. 100 Prozent der Spenden werden weitergeleitet (die Anbieter verstehen die Website als Werbung für ihre Internetdienstleistungen).

Unterstütze ein Tierheim in der Nähe

81 «Unterstütze das Tierheim in deiner Nähe. Du kannst mit einem der Hunde spazieren gehen oder dich um eine Katze, ein Kaninchen, ein Meerschweinchen kümmern. Du kannst Futter spenden, Medikamente, Decken, Handtücher, Käfige, Körbe, Kratzbäume, Leinen, Halsbänder, Spielzeug und Geld. Du kannst vorübergehend ein Haustier betreuen, wenn dessen Familie in Urlaub fährt oder der Besitzer krank wird. Du kannst im Tierheim eine Patenschaft übernehmen. So oder so – tritt dem Tierschutzverein bei: allein oder mit der Familie.»

★ **Susanne Lütje** ist Kinder- und Jugendbuchautorin, u. a. «Radieschen & Co.»

Ingmar Ermold von der Website www.tierschutzvereine.de ergänzt: «Die meisten Tierschutzvereine verlangen zwischen 10 und 60 Euro im Jahr. Das ist aber von Verein zu Verein verschieden. Manchmal gibt es auch Rabatte für Jugendliche oder Rentner oder Familienmitgliedschaften – oder einen Mindestbetrag, den man nach Belieben aufstocken kann. Die Beiträge hängen sicher auch von der Gesamtsituation und von der Intention des Vereins ab. Für die Vereine ist nämlich nicht nur die Einnahmequelle wichtig, sondern es ist auch wichtig, möglichst viele Mitglieder zu haben.

Denn je größer ein Verein ist, desto mehr Gewicht hat er z. B. auf politischer Ebene oder im deutschen Tierschutzbund.»

Anderen Kindern helfen

82 «Ich habe selber schon ein SOS-Kinderdorf besucht und hautnah miterleben können, wie Kindern und Jugendlichen, wie ihr es seid, dort ein schönes Zuhause gegeben wird! Damit das möglich ist, könnt ihr hier – zusammen mit der ganzen Clique – helfen und wisst sogar, wem. Zum

★ **Jochen Schropp** ist Schauspieler («Polizeiruf 110») und Moderator

Beispiel kann man kleine Arbeiten in der Nachbarschaft anbieten: Rasen mähen, Schnee schippen, Autos waschen, Laub rechen, Fahrrad reparieren oder den Hund spazieren führen. Den Verdienst (oder einen Teil davon) kann man zum Beispiel dem SOS-Kinderdorf Kotayk in Armenien spenden. Weil das Land klein und unbekannt ist, bekommt das Dorf derzeit sehr wenig Spenden.

Und wie kommt das Geld dann dorthin? Meldet euch bei Susanne Buchner, Tel.: 0800 – 5030600 (kostenlos), E-Mail: anlass@sos-kinderdoerfer.de, sie vereinbart alles Weitere mit euch. Am meisten Spaß macht es natürlich zusammen, vielleicht jeden ersten Samstag im Monat. Das könnt ihr auf Werbezetteln oder z. B. auch in der Lokalzeitung angeben. Die meisten Erwachsenen werden euch gern beschäftigen, weil es ihnen Arbeit abnimmt und sie gleichzeitig ein gutes Werk tun!»

Die SOS-Kinderdörfer geben verlassenen und verwaisten Kindern ein Zuhause. Derzeit gibt es 508 SOS-Kinderdörfer in 132 Ländern. Auf der Internetseite www.meine-spendenaktion.de können eigene Spendenaktionen vorgestellt und Freunde und Verwandte zum Mitmachen aufgerufen werden.

Gründet einen 1-Euro-Club

83 Für einen Euro kriegt man eine Cola. Wenn du ein paar Freundinnen oder Schulkameraden überredest, auch nur auf ein oder zwei Softdrinks pro Monat zu verzichten, hast du schnell 10 bis 20 Euro im Monat zusammen – und ihr könnt gemeinsam überlegen, wem ihr das Geld spendet. Ist zugleich ein netter Anlass, darüber zu sprechen, wie man die Welt besser machen kann, und sich gegenseitig zu motivieren. Zudem kannst du sicher sein, dass 100 Prozent der Spendengelder ankommen.

Bonus: Ihr müsst das Geld nicht jedes Mal an Organisationen spenden, sondern könnt z. B. auch Menschen, die ihr kennt, direkt helfen – wenn das Geld für die Klassenreise fehlt oder unvorhergesehene Kosten drohen.

Herzwald in der Sahara

84 «Tree Nation» will mit Unterstützung der UN mitten in der Sahara einen herzförmigen Wald aus 8 Millionen Bäumen pflanzen. Sinn der Sache: das Vordringen der Wüste und den Klimawandel aufhalten, die besonders arme Wüstenländer hart treffen. Dazu kann jeder einen Beitrag leisten – verschiedene Bäume stehen (zu unterschiedlichen Preisen) zur Wahl, ab 8 Euro geht's los. Zahlung per Kreditkarte oder Paypal. Man kann im Internet sogar aussuchen, wo der eigene Baum gepflanzt werden soll. Die Seite www.tree-nation.com ist auch auf Deutsch verfügbar, einfach die Flagge rechts anklicken.

★ **Titus Dittmann,** Unternehmer und «Vater der deutschen Skateboardszene»

Auf vier Rollen zum Erfolg

85 «500 Ideen zu haben ist gut, aber noch besser ist es, wirklich eine davon umzusetzen. Es muss auch nicht immer eine eigene Idee sein. Viel wichtiger ist, das Umsetzen der Idee mit seiner Leidenschaft zu verbinden (passion to profession). Bei mir war es das Skateboarden, dessen sinn- und identitätsstiftende Kraft ich als Lehrer kennenlernen durfte. Und außerdem die Idee eines Australiers, in Kabul (Afghanistan) eine Skateboardschule aufzubauen, um den vom Krieg gebeutelten Kindern etwas mehr Lebensfreude und Zuversicht zu vermitteln. Seitdem gibt es die Titus Dittmann Stiftung mit skate-aid, die inzwischen zusammen mit Grünhelme e.V. einen Beton-Skateboardpark an einer Schule im Westen Afghanistans gebaut hat. Und das ist erst der Anfang.»

Ausschöpfen der Möglichkeiten

86 «Das kleine Einmaleins der Weltverbesserung kennt heute eigentlich jeder. Der Omnipräsenz unserer Problemzonen kann sich niemand entziehen – hier funktioniert Aufklärung. Trotzdem: Echte Umweltschutz-klassiker à la Energiesparlampen, Mülltren-

★ **Per Günther**
ist Basketball-Nationalspieler

nung oder die guten alten öffentlichen Verkehrsmittel erscheinen heute als ‹alter Hut›.

Es gibt private Solarzellen, Wärmedämmung, und auch Hybridfahrzeuge sind bald reif für den Massenmarkt. Außerdem: Wer will, kann mit seinen Kumpels gegen die Abrodung des Regenwaldes antrinken, sich in humanitären Einrichtungen oder einer Tierschutzorganisation engagieren.

Die Frage ist: Wie groß ist der Rahmen meiner derzeitigen Möglichkeiten? Welche Ressourcen besitze ich? Zeit, Geld, Wissen, Kontakte, oder eine Gitarre und den Wunsch, in Kindergärten Liebe zu säen?

Ein gewisses Potenzial besitzt jeder. Es ist bekannt, worum es geht und wie es funktionieren könnte. Es muss sich lediglich jeder einen Moment lang die Frage stellen, zu welchem Grad er seine Möglichkeiten ausschöpfen möchte.»

Platz schaffen, Freude schenken

87 «Auch wenn ich nur die kleine Umwelt um mich herum verbessere, verbessere ich einen Teil der Welt. Nehmt euch eine Straße vor, einen Platz, den Weg vor der Schule, einen Grünstreifen einer großen Straße. Haltet ihn sauber, befreit ihn von Papier und anderem Müll. Wo wenig Dreck liegt, wird nur wenig weggeworfen. Auch das Beet einer Baumscheibe kann man anlegen und pflegen. Ihr werdet euch über das Wachsen von Pflanzen freuen ... und die anderen erfreuen sich am Anblick gleich mit.

88 Jeder hat so viel Zeug, das er nicht mehr braucht, z. B. altes Spielzeug oder Bücher. Im Internet einfach mal SPIELZEUG VERSCHENKEN eingeben und sehen, wer für eine gerechte Verteilung sorgt. Man schafft Platz im eigenen Zimmer, vermeidet Müll und erfreut andere!

89 Vergesst das DANKE SAGEN und das LOBEN nicht, sei es für das zubereitete Essen, eine Reise, ein Geschenk. Auch Fremden

★ **Klaus-Peter Grap** ist Schauspieler (u. a. «Gute Zeiten, schlechte Zeiten», «Unser Charlie»)

kann man z. B. sagen, wie gut sie aussehen, das wird sie freuen, aber besonders den Leuten, die immer für uns da sind, sollten wir Beachtung schenken.»

Obdachlosenzeitschriften kaufen – und behalten

90 In fast allen Großstädten gibt es Obdachlosenzeitschriften. Sie werden von professionellen Journalisten erstellt, beschäftigen sich meist (auch) mit sozialen Themen und werden von Obdachlosen verkauft, damit diese eine Einnahmequelle haben und nicht betteln müssen. Weit verbreitet ist der gutgemeinte Ratschlag, ein Exemplar zu erwerben – und dem Verkäufer dann zurückzugeben, damit er es ein zweites Mal verkaufen kann. Das ist nett gemeint – aber letztlich nicht nett.

Jens Ade, Geschäftsführer des Hamburger Straßenmagazins «Hinz & Kunzt», erklärt: «Die Verkäufer sind zu Recht stolz darauf, dass sie nicht betteln, sondern eine Ware verkaufen. Schenkt man ihnen jetzt Geld oder nimmt das Heft nicht mit, degradiert man den Verkäufer im Grunde wieder zum Bettler. Lest das Heft ruhig, ihr werdet feststellen, dass es professionell gemacht ist und über Hamburg verdammt gute Sachen zu erfahren sind. Dinge, die man so nicht in den üblichen Hamburger Zeitungen liest. Wer schon ein Exemplar hat, kann gern noch mehr kaufen und an interessierte Bekannte oder Verwandte weitergeben – das erhöht unsere Leserschaft und das soziale Denken in Hamburg. Last not least leben wir unter anderem von der verkauften Auflage – und ‹Hinz & Kunzt› muss sich ohne staatliche oder kirchliche Mittel selbst finanzieren. Und das passiert eben auch durch die verkaufte Auflage.»

Also: kaufen ja, aber nicht zurückgeben, sondern lesen und/oder weitergeben.

Einfach, aber wirkungsvoll

91 «Behandle deine Mitmenschen, wie du selbst behandelt werden möchtest!»

★ **Harald Wohlfahrt** ist mit drei Michelin-Sternen ausgezeichnet und gilt als bester Koch Deutschlands. Er kocht in der «Schwarzwaldstube» im «Hotel Traube Tonbach» in Baiersbronn-Tonbach

★ **Smudo**
ist Texter und Rapper der
deutschen Hip-Hop-Gruppe
«Die fantastischen Vier»

Großzügigkeit vorbereiten

92 «Ich nehme für Fahrten innerhalb der Stadt fast immer die U-Bahn. Und wenn ich zu Fuß im Schanzenviertel unterwegs bin, habe ich immer ein paar Euros dabei für die Obdachlosen, die mir bei meinem Spaziergang begegnen werden.»

★ **Tania Konnerth**
ist Buchautorin («Leben kann
so einfach sein») und
betreibt die Internetseite
www.zeitzuleben.de

Selbermacher

93 «Wir sollten immer genau das, was wir anderen sagen wollen, wie sie die Welt verbessern können, einfach selbst machen.»

Nur Gutes

94 «Wäre es nicht schön, ein Magazin zu haben, in dem nur positive, gute Geschichten stehen? Einen Ort zu schaffen, an

★ **Silvia Meixner**
ist Journalistin und Gründerin
von www.good-stories.de

dem Optimismus, guter Journalismus und das Lächeln wohnen – das war die Grundidee von www.good-stories.de. Ich habe das Projekt 2009 gegründet, ohne Startkapital, alle wunderbaren Autoren arbeiten unentgeltlich, weil es Freude macht. Unser Werbespruch heißt: Klick dich froh! Das tun jeden Tag mehr Leser, und wenn sie lesen und lächeln, sind auch wir froh. Natürlich sollen die Menschen alle anderen Zeitungen auch weiterhin lesen und fernsehen, denn leider gibt es auf unserem Planeten Kriege, Armut, Morde und andere schreckliche Dinge, und es ist wichtig, dass darüber berichtet wird. good-stories.de soll eine kleine, feine Oase im Journalismus sein. Wir wollen zeigen, dass die Welt trotz Krisen und Problemen ein schöner Ort zum Leben ist – jeden Tag.»

Kleine Schritte sind ein guter Anfang

95 «Es kommt auch auf die kleinen Dinge an. Nicht nur, aber auch – und auf die kleinen Dinge können wir Einfluss nehmen. Wir können zu jemandem nett sein, zu dem sonst niemand nett ist. Hilfe anbieten, wenn jemand Hilfe braucht. Gelassen bleiben, statt uns aufzuregen. Auch die kleinen Schritte klappen nicht immer, aber wenn sie manchmal klappen, ist das ein guter Anfang.»

★ **Cordula Thörner** ist Sachbuchautorin (u. a. «Pixi Wissen», «Sach- und Mitmachbücher»)

Trau dir

96 «Hör auf deine innere Stimme! Sie ist immer da – wie eine Miniatur-Ausgabe von dir selbst, die auf deiner Schulter sitzt und Sachen sagt, wie:

★ **Meike Gottschalk** ist Schauspielerin («Verbotene Liebe»)

- Guck mal, die Oma kommt nicht an das oberste Regal, ich biete ihr meine Hilfe an.
- Meine Mama freut sich, wenn ich heute mal freiwillig aufräume, ohne dass sie meckern muss.
- Ich finde es doof, dass die anderen die neue Lehrerin so fertigmachen, ich mach da nicht mit.
- Statt zu chatten, will ich mit meiner Freundin ein Eis essen gehen.

Da gibt es noch tausend Beispiele, also: Viel Spaß beim Entdecken der Möglichkeiten!»

Sich nicht unterschätzen

97 «Niemand sollte sich für zu gering halten, etwas zu verändern, das ihn stört. Und wenn er dabei eine noch so aberwitzige Vision verfolgt. Denn schließlich ist alles von Menschen Gemachte zunächst im Kopf einer Person entstanden: sei es ein Bauwerk, die Gründung einer Stadt, einer Partei, einer Religion. Mit der richtigen Strategie, den richtigen Partnern, Geduld und einer Portion Glück sind Berge zu versetzen.

★ **Rüdiger Nehberg** ist Survival-Experte und Menschenrechtsaktivist. Für sein Engagement erhielt er das Bundesverdienstkreuz 1. Klasse

Ich spreche aus Erfahrung. 18 Jahre lang habe ich mit spektakulären Aktionen auf die drohende Vernichtung der Yanomami-Indianer in Brasilien durch eine Armee von Goldsuchern hingewiesen. Die Yanomami waren das letzte freilebende Urvolk Südamerikas in einem Regenwaldgebiet von der Größe der Schweiz. Den 20 000 Indianern standen 65 000 illegale Goldsucher gegenüber, die von 120 Landepisten aus das verfassungsrechtlich geschützte Land der Yanomami niedermachten. Bürgerkrieg im Regenwald, von Brasilien geleugnet oder verharmlost.

Durch Filmbeweise (Verdingen als Goldsucher und Dokumentation mit versteckter Kamera; Herstellung und Versendung von 1000 Filmkopien – bezahlt von Greenpeace – an die TV-Redaktionen der Welt; Vorführung des Films bei UNO und Weltbank; Konsultation des Papstes) gelang es mir und meinen Partnern, die proindianische Lobby immer größer werden zu lassen. Im Jahre 2000 war sie ausreichend groß und bewirkte, dass die brasilianische Regierung nachgeben musste und die Yanomami einen akzeptablen Frieden erhielten.

Dieser Erfolg ermutigte mich und meine Lebenspartnerin Annette Weber, uns nun einer ungleich größeren Herausforderung zu stellen. Das wurde der Kampf gegen das Verbrechen der weiblichen Genitalverstümmelung. Als niemand unserer Strategie, den Kampf in engster Partnerschaft mit dem Islam zu wagen, eine Chance gab (‹Der Islam ist nicht dialogfähig!›), gründeten wir kurzerhand unsere eigene Menschenrechtsorganisation target (engl.: Ziel). Damit waren wir unabhängig von Bedenkenträgern, Verallgemeinerern und Feiglingen.

Warum Islam? Die meisten Opfer sind Muslimas, und die meistgehörte und falsche Begründung für das Verbrechen lautet: ‹Es steht im Koran.› Nach nur sechs Jahren erzielten wir mit dieser Strategie den Durchbruch. Die höchsten Gelehrten des Islam erklärten auf einer von uns in der ehrwürdigen Azhar-Universität in Kairo einberufenen Konferenz den Brauch zu einem schweren Verbrechen, das gegen höchste Werte des Islam verstößt, zur Sünde, zu Teufelswerk. Diese historische Botschaft haben wir niedergeschrieben im ‹Goldenen Buch›. Der Großmufti von Ägypten hat uns ein Vorwort geschrieben. Vier Millionen Mal soll es hergestellt und ausschließlich an Imame als Vorlage für Predigten verteilt werden. Längst haben Verteilung und Verkündung begonnen. Vorreiterländer sind Mauretanien, Äthiopien und Dschibuti. ‹Das Buch steht neben meinem Koran› (Großmufti Hamden Ould Tah, Mauretanien); ‹Euer Projekt kommt einem Heiligen Krieg gleich› (Cheikh Ould Zein, Sekretär des Großmufti von Mauretanien); ‹Ein Hamburger schreibt Religionsgeschichte› (‹Hamburger Abendblatt›).

Wie schon gesagt: Niemand sollte sich unterschätzen.»

Wasser auf die Ideen-Mühle

98 «Um die Welt zu verändern, muss man nicht erst Präsident der Vereinigten Staaten werden. Man braucht keinen Milliardenhaushalt und auch kein Militär. Alles, was

★ **Philipp Barth** ist Kreativdirektor bei der Werbeagentur Jung von Matt

77

man benötigt, ist eine Idee. Und eine Vorstellung davon, was sich aus einem einzigen klugen Gedanken entwickeln kann. Hier ein aktuelles Beispiel: das TAP Project. Auf Deutsch: Leitungswasser-Projekt.

Laut UNICEF haben über eine Milliarde Menschen weltweit keinen oder nur eingeschränkten Zugang zu sauberem Wasser. Alle 15 Sekunden stirbt ein Kind an verschmutztem Wasser. Ein Kreativer der New Yorker Werbeagentur ‹drogafive› kam auf eine Idee, wie jeder Einzelne das ändern könnte. Jedes größere Restaurant der Stadt bat seine Gäste um einen Dollar, sobald ein Glas Tap Water serviert wurde. Etwas, das in den USA eigentlich umsonst ist. Für jeden Dollar konnte UNICEF ein Kind 40 Tage lang mit sauberem Wasser versorgen.

‹The biggest idea of the year›, urteilte die ‹New York Times›. Das war 2007. Inzwischen gibt es das TAP Project in ganz Amerika. 2009 wurde die Bewegung auch in anderen Ländern gestartet. Was im Kopf eines Einzelnen begann, führte zu einem weltweiten Feldzug gegen verschmutztes Wasser und rettete Millionen Kindern das Leben.

Deshalb mein Rat und meine Bitte: Wenn euch eine Idee durch den Kopf geht, geht mit! Man kann nie wissen, wohin sie führt. Glaubt an die Kraft von Ideen. Jeder kann sie haben. Ganz gleich, ob man im Beruf einen Bus lenkt oder einen Konzern. Ideen sind überall. Sie umgeben uns. Haltet die Augen offen. Geht bewusst durchs Leben. Ihr werdet überrascht sein, wozu euer Kopf fähig ist.»

The TAP Project: www.tapproject.org

Antizyklisch Gutes tun

99 «Spendet antizyklisch! Wohltätige Einrichtungen leiden darunter, dass zum Jahresende hin viele Spendengelder hereinkommen, die restliche Zeit des Jahres aber allzu wenige Menschen ans Spenden denken. Jeder Euro, den ihr im Juni spendet, bringt effektiv mehr als ein Euro, der im Dezember bei einer Hilfsorganisation eintrifft. Auch vergessen viele Spender, dass

★ **Marietta Slomka** ist Frontfrau des ZDF-«heute journal» und Autorin des Jugendbuchs «Kanzler lieben Gummistiefel – so funktioniert Politik»

es mit der akuten Katastrophenhilfe oft nicht getan ist, sondern dass gerade die Nachbetreuung betroffener Menschen, der Wiederaufbau nach einer Naturkatastrophe usw. Unmengen an Geld verschlingen. Spendet also auch einmal, wenn nicht gerade eben erst etwas passiert ist.»

Spender erwarten ganz zu Recht, dass ihre Gelder offensiv eingesetzt werden und nicht bloß für später auf der Bank liegen. Deshalb herrscht im Sommer oft Geldmangel. Spenden, wenn die anderen es nicht tun, hilft daher doppelt.

Weniger ist mehr

100 Oder, genauer gesagt: An weniger Organisationen zu spenden ist besser. Erstens kannst du dann leichter den Überblick behalten und prüfen, ob der Spendenempfänger wirklich seriös ist (z. B. auf der Internetseite des Deutschen Zentralinstituts für soziale Fragen, www.dzi.de). Zweitens reduziert es den Werbe- und Verwaltungsaufwand: Wer vielen Hilfswerken spendet, wird bei allen als aktiver Spender geführt und erhält gedruckte Infos, Werbepost, weitere Spendenaufforderungen. Und das kostet alles Geld.

Zwecklos spenden

101 Vermeide «zweckgebundene Spenden». Sie fühlen sich gut an, weil man viel konkreter weiß, was mit dem eigenen Geld geschieht, engen aber den Handlungs- und Entscheidungs-spielraum der Hilfsorganisationen ein. Spende an ein Hilfs-werk, bei dem du das Vertrauen hast, dass das Geld ohnehin den wichtigsten, besten, aktuell richtigen Zweck erfüllen. Und überlasse die genaue Verwendung den Profis. Zweckspenden sind nur gut als zusätzliches Mittel – und natürlich allemal bes-ser als gar keine Gabe. (Z. B. ist es auf einem Schulbasar meist leichter, Geld für ein bestimmtes Projekt zu sammeln, als ganz grundsätzlich.)

Neuer Blick durch alte Brillen

102 Man kann viele Sachen spenden, von denen man das gar nicht erwartet. Zum Beispiel eine alte Brille. In Afrika stellt eine Brille den Gegenwert von 6 bis 8 Monatslöhnen dar, ist also für die meisten der dort lebenden Menschen unerschwing-lich. Und die Kosten für die Reise zum nächsten Augenoptiker, der gern mal 1000 Kilometer weit weg lebt, sind ebenfalls meist unbezahlbar. Viele Augenoptiker hierzulande nehmen Brillenspenden an, und wenn deiner es nicht tut, schicke sie frankiert und in Zeitungspapier eingewickelt im Luftpolster-umschlag an die «Brillensammelaktion» (www.brillensammel-aktion.de; Postanschrift: Dr. Stephan Klaus Kiefer, Aktion: «Lunettes sans frontière/Brillen ohne Grenzen», Brenderweg 216, 56070 Koblenz) oder an Lensspirit, Aktion: Die rote Bril-le, Kathrin Prinzing, Eutritzscher Str. 24, 04105 Leipzig.

Turnschuhe recyceln

103 Nike nimmt in ausgewählten Großstadtshops (zu finden auf www.nikereuseashoe.com/deutsch) Turnschuhe aller Her-steller und Marken entgegen und fertigt daraus Sportböden,

Spielplatzbeläge sowie natürlich neue Schuhe. Über 23 Millionen Paar Schuhe wurden seit 1990 weltweit recycelt, statt in die Müllverbrennungsanlage zu wandern. So benötigt die Produktion weniger neue Rohstoffe. Beispielsweise fertigt Nike aus den Gummisohlen von etwa 75 000 Paar Schuhen den Belag für ein Fußballfeld, aus 2500 Paar einen Spielplatzbelag. Die Beläge werden nicht kostenfrei abgegeben, Nike verdient also an den Produkten, die aus den kostenlos zurückgenommenen Schuhen entstehen. Für die Umwelt ist das aber trotzdem gut.

Nicht nichts tun

104 «Denke niemals: Ich allein kann doch sowieso nichts ausrichten. Wenn nur ich allein den vom Aussterben bedrohten Fisch nicht esse, ändert das doch nichts. Nein!!! Jede große Veränderung geht immer von einzelnen Personen aus. Wenn jeder Einzelne etwas tut, bedeutet das nämlich eine große Masse, und eine große Masse kann jederzeit die ganze Welt verändern. Zum Guten wie auch zum Schlechten, und gerade deshalb ist es so wichtig, dass jeder für sich selbst jederzeit ein Vorbild ist.

★ **Harry Blank** ist Schauspieler (u. a. «Unser Charly», «In aller Freundschaft»)

Es reicht, wenn man im Wald bei einem Spaziergang oder im Sommer am See seinen Müll wieder mit nach Hause nimmt und am besten auch den Müll, den andere, die nicht so denken, liegengelassen haben. Man kann ihn aufheben und später in eine Mülltonne werfen, auch wenn es ein wenig eklig ist.

Wie oft geht man durch die Straßen, und es fällt einem etwas auf: Einem Kind fällt das Fahrrad um, einer alten Dame fällt an der Kasse eine Münze auf den Boden, in der Schule erzählt jemand, dass man keinen Thunfisch mehr essen soll, weil er vom Aussterben bedroht ist.

Das alles sind Momente, in denen man was verändern, etwas verbessern kann, indem man hilft, sich informiert, was besser ist, und danach handelt, und nicht einfach das tut, was alle machen, nämlich nichts. Es sind die kleinen Momente, die kleinen Dinge, die den ganz großen Unterschied machen!»

Es gibt nichts Gutes, außer man tut es

105 «Wie kann man die Welt verbessern? Diese Frage ist so einfach und doch fast unmöglich zu beantworten. Mein Tipp: Mit offenen Augen durch die Welt gehen, Hilfestellung leisten und sich engagieren. Hilfe muss nicht immer mit Geld verbunden sein. Jeder kann sich einbringen und ein wenig Zeit in den Dienst der guten Sache stellen. Ob für Jugendliche oder Senioren, Hilfe wird immer gebraucht. Ein Ehrenamt hat auch viele Vorteile: Man lernt über den eigenen Tellerrand hinwegzuschauen und andere engagierte Menschen kennen. Unsere Stiftung hat z. B. vor zwei Jahren einen Jugendaustausch mit Schülern aus Deutschland, Israel und Palästina gestartet. Aus dieser Bewegung sind eine Reihe von Jugendlichen geblieben, die den Wunsch geäußert haben, die Aktivitäten ehrenamtlich und außerhalb ihrer Schulzeit zu fördern. Diese jungen Botschafter wollen wir nun verstärkt einsetzen. Ich finde es großartig, dass es im Zeitalter der zunehmenden Anonymisierung und Hightech-Welt wieder in Mode kommt, sich einzubringen und zu helfen. Jeder von uns kann die Welt verbessern und kann ein Gutmensch sein. Mir sind Gutmenschen lieber als egoistische Einzelgänger!»

★ **Peter Maffay** ist Sänger («Und es war Sommer», «Eiszeit», «Tabaluga»), Gründer der Tabaluga Kinderstiftung und Träger des Bundesverdienstkreuzes. Er hat über 40 Millionen Platten verkauft.

Nicht drauf verlassen

106 «Es klingt alles so einfach wie doof, ist aber nicht einfach doof: Müll in den Mülleimer. Stecker raus, wenn man aus dem Haus geht. Immer einmal mehr lächeln als die anderen. Unmut mit Wohlwollen begegnen. Zuhören. Teilen. Auch wenn das immer sehr einfach klingt, sind es oft die kleinen

★ **Jan Köppen**
ist Fernsehmoderator
(Viva, ZDF Info) und DJ

Dinge, die die Welt, in der wir leben, verbessern können. So versuche ich das. Und vor allem sollten wir sie schätzen. Das schätzen, was da ist – um uns. Aber wir sollten uns nicht darauf verlassen, dass es so bleibt, denn: ‹Wer will, dass die Welt so bleibt, wie sie ist, der will nicht, dass sie bleibt.› (Erich Fried)»

Familie, Freunde, Miteinander ★

Schönen guten Tag noch

107 «Schönen guten Tag! Eine Idee, täglich die Welt zu verbessern, muss meiner Meinung nach nicht unbedingt groß,

★ **Katharina Gast**
ist Schauspielerin und Moderatorin («Tigerenten Club»)

schwer umsetzbar und teuer in der Realisierung sein. Man muss kein Politiker, Filmstar oder Musiker sein, um etwas bewegen zu können und der Welt Gutes zu tun. Egal wie jung oder alt du bist, dick oder dünn, arm oder reich, jeder von uns kann im Alltag anfangen, die Welt zu verbessern! Ich persönlich rege mich immer wahnsinnig darüber auf, wenn ich z. B. im Supermarkt an der Kasse stehe und die Kassiererin so schlechte Laune hat, dass sie weder ein ‹Hallo› noch ein ‹Tschüs›, geschweige denn ein ‹Schönen Tag noch› herausbekommt. An der Tankstelle, im Restaurant, im Zug, am Kiosk, in der Bücherei und im Klamottenladen um die Ecke sieht es oft nicht anders aus. Keiner redet von überschwänglicher, gespielter Freundlichkeit, aber ein nettes Lächeln tut jedem Menschen gut! Also, probiert es einfach mal aus: Wünscht den Leuten, die euren Alltag bestimmen, einfach einen ‹Schönen Tag noch›, und ihr werdet sehen, dass nicht nur sie sich, nach einer kurzen Phase der Überraschung und Sprachlosigkeit, freuen, sondern auch ihr Spaß am Weltverbessern habt!»

Mit vier Ohren hören

108 «Man liest mittlerweile fast jeden Tag von irgendwelchen Schlägereien, die wegen Nichtigkeiten entstanden sind. Die

★ **Lunik**
sind eine Schweizer Popband («Small Lights in the Dark»)

Handgreiflichkeiten gehen meistens von einem Streit aus, und oftmals entstand dieser Streit aufgrund eines Missverständnisses. Der deutsche Wissenschaftler Friedemann Schulz von Thun hat etwas ganz Tolles und Spannendes herausgefunden, nämlich dass einerseits jede Aussage, die von jemandem ausgeht, vier Seiten hat und dass wir Menschen nicht nur mit den zwei Ohren an unserem Kopf, sondern quasi mit VIER Ohren zuhören, die das Ganze filtern: Das erste Ohr hört Fakten (Sachohr), das zweite geht nur auf Zwischenmenschliches ein (Beziehungsohr), das dritte nimmt Aufforderungen wahr (Appellohr), und das vierte hört das heraus, was der ‹Sender› über sich selbst sagt (Selbstkundgabe-Ohr).

Das heißt konkret, wenn jemand zu dir sagt: ‹Ich mag deine Hose nicht›, versteht nur ‹dein erstes Ohr› die sachliche Aussage, dass dieser Mensch nun mal deine Hose nicht mag. Dein zweites Ohr aber beschäftigt sich damit, wie du zu diesem Menschen stehst. Dann denkst du vielleicht: ‹Wie redet der mit mir? Was bedeutet das für unsere Beziehung?› Dein drittes Ohr hört eine Aufforderung, was du tun, denken oder fühlen sollst ... vielleicht ‹Zieh diese Hose aus und eine andere an›, und du wirst vielleicht wütend darüber, dass der so was von dir verlangen kann (dabei hat er DAS ja gar nicht gesagt ...). Das vierte Ohr wundert sich darüber, was der Mensch über sich selber sagt ... ‹Was ist das für einer, wenn der so was sagt? Ist der heute vielleicht mies gelaunt oder einfach ein Depp?› Je nachdem, für welche Auslegung du dich entscheidest, hast du entweder Verständnis für den anderen oder wirst vielleicht unnötig wütend.

Da jede Aussage tatsächlich vier Seiten hat und es genauso gut möglich ist, dass dieser Mensch etwas Sachliches sagen wollte (dass ihm die Hose nicht gefällt, worauf du ja z. B. ganz simpel antworten könntest: ‹Mir gefällt sie aber›), aber auch genauso gut möglich ist, dass er einfach einen schlechten Tag haben kann und das so kundtut, wird unsere Kommunikation natürlich komplizierter ...

Wenn man sich damit beschäftigt, kann das aber auch sehr spannend sein. Man kann nachfragen, reden, zuhören und an-

dere Menschen besser verstehen, wenn man nicht einfach selber daraus schließt, was der andere wie gemeint haben könnte, und ihn dementsprechend vielleicht falsch be- und verurteilt. Manchmal lässt sich somit ein Streit ganz einfach vermeiden, der nicht nötig ist, und man lernt jemanden besser kennen.»

Glückwunsch per Gedankenpost

109 «Fällt dir ein Mensch ein, der gerade ein bisschen Glück braucht? Jemand aus deiner Familie, ein Freund oder eine Freundin, ein Mitschüler, ein Lehrer, ein Nachbar ...?

★ **Isabel Abedi,**
Autorin
(u. a. «Lucian»)

Wenn dir jemand eingefallen ist, schick ihm deinen Glückwunsch per Gedankenpost. Das kostet dich keinen Cent, aber ich glaube fest daran, dass er trotzdem ankommt.»

110

Galerie glücklicher Erinnerungen

110 «Jeder hat Fotos zu Hause, die an schöne Erlebnisse oder an liebe Menschen erinnern. Doch wo sind diese Fotos meistens: eingeklebt in Alben oder abgelegt auf Festplatten. Was wäre also, wenn man sich vornimmt, jede Woche ein solches Foto rauszukramen und aufzuhängen. Zum Beispiel an einem Ort, an dem man sich regelmäßig aufhält. So stellt man seine eigene kleine Galerie an großartigen Erinnerungen zusammen, und jeder Blick auf diese Fotos macht einen ein bisschen glücklicher.»

★ **Willi Weitzel** ist TV-Reporter (u. a. «Willi will's wissen»), www.williweitzel.com

Liebe ohne Leiden

111 «Löse dich von deinen Eltern, aber höre nicht auf, ihnen deine Liebe zu zeigen!»

★ **Angelika Jahr** ist Mitglied des Aufsichtsrates des Verlagshauses Gruner & Jahr

Ohren auf

112 «Ohrenarzt-Termin abmachen!! Das steht ganz dick in meinem Kalender, nachdem mein Sohn mich neulich tadelte, ich sollte endlich mal meine Ohren untersuchen lassen. ‹Du hörst nämlich überhaupt nicht, was ich sage.› Tatsächlich sind meine Ohren oft auf Durchzug gestellt, wenn die Kinder rufen: ‹Guck mal, was ich hier lese›, oder: ‹Ich will dir mal meine neue CD zeigen!› Ich nicke dann oft nur geistesabwesend, erledige parallel 99 andere Dinge und spucke unüberlegt zwei Wörter aus: ‹Ja, gleich!› Wann ist gleich? Heute noch, morgen oder übernächstes Weihnachten? Da wünscht man sich, dass die eigenen Kinder präzise und klar sind, und man selber ist vager als Kaiser Franz Beckenbauers ‹Schaun mer mal!›.

★ **Birgit Hasselbusch** ist Sportreporterin (NDR) und Autorin («Flirt-Angriff»)

‹Lass dir die Ohren volle Pulle durchpusten›, rät mein Sohn.

Ich wünschte, es würde neben Hals-Nasen-und-Ohren-Ärzten auch noch ZEITärzte geben, die könnten einem vielleicht mal ein paar Freistunden verschreiben. Das Rezept würden Kinder bestimmt liebend gerne für ihre Eltern in der Apotheke einlösen.

Besser, ich mache das mit dem Arzttermin zügig, bevor mir meine minderjährigen Kinder ein verbales Bein stellen und Dinge sagen wie: ‹Soll ich auswandern, die Schule schmeißen, mir die Haare grün färben und die Katze des Nachbarn überfahren?› Und ich womöglich antworte: ‹Ja, gleich!›

Wenn ich also nicht ganz schnell meine Ohren durchchecken lasse, dürfen mir meine Kinder dieselbigen gerne langziehen ...»

Dominoeffekt der Liebe

113 «Wenn jemand, den du liebst, die Geduld mit dir verliert, schrei nicht zurück. Hör aufmerksam zu. Dann verpass demjenigen eine richtige Bärenumarmung. Halt ihn oder sie fest, als wäre es das letzte Mal. Das Leben ist zu kurz, um sich zu verteidigen und noch mehr Öl ins Feuer zu gießen. Gefühle sind ansteckend, und so entsteht ein Dominoeffekt der Liebe ...»

★ **Alanna Ubach** ist eine amerikanische Schauspielerin («Meine Frau, ihre Schwiegereltern und ich», «Natürlich blond!»)

Such dir jemand zum Spielen

114 «Lade jemand ein, mit dir zu spielen. Vergib jemand, auf den du richtig sauer bist. Überrasche jemand, den du magst, mit selbstgebackenen Cupcakes.»

★ **Kelly McKain** ist Schriftstellerin («Ponyhof Liliengrün»)

Hinterlassenschaften aller Art

115 In vielen Flugzeugtoiletten klebt ein Hinweisschild, dass man die Toilette bitte – dem nächsten Gast zuliebe – in ordentlichem Zustand hinterlassen möge. Das gilt eigentlich immer und für alles. Hinterlasse es möglichst sogar ein bisschen ordentlicher, schöner, besser, als du es vorgefunden hast.

Mach Platz!

116 Natürlich kann man sich mit Kopfhörern im Ohr in die Bahn knallen und alles um sich herum ausblenden. Netter ist es aber, alte Tugenden wiederzuentdecken: Aufstehen für ältere Menschen, Schwangere, Eltern mit kleinen Kindern. Denn irgendwann ist man selbst mal darauf angewiesen.

Offenheit statt Angst

117 «Genieße die kulturelle Vielfalt in unserer Gesellschaft, spüre sie auf und fördere sie. Denn sie bedeutet Bereicherung für unser aller Leben. Wer will schon immer nur Sauerbraten oder Rippchen mit Sauerkraut essen? Multikulturalität ist keine Bedrohung für die Gesellschaft, sondern ein riesiges Potenzial – ein Gewinn.»

★ **Hülya Özkan** ist Moderatorin des Nachrichtenmagazins «heute in europa» und Kriminalschriftstellerin («In deiner Hand»)

Gutes Theater

118 «Liebe, Respekt und Toleranz kommen an erster Stelle! Ich empfehle, viel mehr zu Fuß zu gehen und Menschen und Umgebung gut zu beobachten.

Außerdem lesen und ins Theater gehen. Das Theater ist immer schön. Nur wenn es mal schlecht gemacht ist, bitte nicht denken: ‹Ach, so ist das

★ **Haydar Zorlu** ist Schauspieler («Oben ohne»)

Theater, nee, das braucht kein Mensch!› In diesem Fall unbedingt den Verantwortlichen sagen, dass sie gutes Theater machen sollen!»

Wenig hilft viel

119 «Ich bin jedes Mal verblüfft, wie einfach es ist, andere und damit letztendlich auch sich selbst glücklich zu machen.

Wenn man seinem Gegenüber mit Interesse, Offenheit und ohne Vorurteile begegnet, ist es manchmal erstaunlich, was man für fröhliche und bereichernde Momente mit diesen Menschen erleben kann. Wenn man

★ **Susan Hoecke** ist Schauspielerin («Sturm der Liebe») und Model (Miss World Germany 2000)

Freude und Liebe ausstrahlt, strahlt es meistens auf einen zurück!! Dies ist ein kleiner, aber feiner Weg, sein Umfeld und somit irgendwie auch die Welt täglich ein kleines bisschen zu verbessern.»

Wir säen, was wir ernten

120 «Ich freue mich über jeden Menschen, der mir offen und freundlich gegenübertritt. Das gibt mir ein gutes Gefühl, hebt

★ **Jan Sosniok** ist Schauspieler (u. a. «Berlin, Berlin», «Küstenwache»)

die Laune und hilft mir damit auch über Tage, an denen es mal nicht so gut läuft. Daher achte ich darauf, auf fremde Menschen ganz bewusst freundlich zuzugehen und ihnen ein Lächeln zu schenken. Das kostet keinen Cent, es kann jeder und überall, und das Tolle daran ist, es bereichert letztendlich auch mich. Denn was ich gebe, das ernte ich!»

Alt und jung gesellt sich gern

121 «Ich finde, man könnte die Welt ein kleines bisschen besser machen, wenn man Kinder und Senioren regelmäßig zusam-

★ **Aleksandra Bechtel** ist Moderatorin (u. a. «Big Brother»)

menbringt. Z. B. gegenseitige Besuche im Altersheim oder im Kindergarten. So bleiben die Älteren jung, motiviert, weniger einsam und können ihre Lebenserfahrungen an Kinder weitergeben. Kinder wiederum können von den Erfahrungen der älteren Generation profitieren.»

Bring den Stein ins Rollen

122 «Ich kenne keine Langeweile! Und du? Stell dir einfach einen Hügel mit Steinen vor. Kleine Steine, große Steine, Kieselsteine. Und stell dir vor, du sitzt oben auf dem Hügel und ‹bringst den Stein ins Rollen›. Jetzt stellst du dir vor, du schmeißt einen Stein, dieser trifft einen anderen und wird dadurch bewegt, diese bringen wieder andere Steine ins Rollen, und so kullern viele kleine und große Steine ins Tal. Und so ist es auch mit deinen Taten. Nur wer aktiv ist, für sich selbst und andere, kann viel bewegen. Also, solltest du Langeweile haben, geh einfach ins benachbarte Seniorenheim und biete ein- bis zweimal die Woche deine Zeit an. Es gibt dir etwas und den Bewohnern. Viele alte Leute freuen sich, wenn du für zwei Stunden am Nachmittag mit ihnen Zeit verbringst. Und eines kann ich dir versprechen: Alte Leute kennen viele spannende Geschichten aus der Vergangenheit, und du wirst die Gegenwart viel mehr schätzen.

123 Kennst du das? Schlechter Start schon am Morgen, du denkst, na toll – das wird vielleicht ein Scheißtag! Und was passiert? Ein Scheißtag! Egal was du gemacht hast, du warst nicht zufrieden. Wenn mir so etwas passiert, gebe ich nicht nach. Ganz bewusst steuere ich mir den Tag schön!

★ **Maja Celine Probst** ist Schauspielerin («Herzenssehnsucht»)

Meistens funktioniert es supergut! Wie ich das mache? Ganz einfach: Lächeln! Die erste Person, die ich morgens sehe, bin ich selbst, also lächele ich mich im Spiegel an. Dann sehe ich meine Mom, auch sie lächele ich an. Dann meine Mitschüler am Bahnhof, den Lehrer in der Schule usw. Mach einfach das Gleiche, es wird meist erwidert und hebt deine Laune sehr schnell. Wenn du bessere Laune hast, gelingt dir vieles besser, schneller und leichter, und so ganz nebenbei – wirst du wunderschön aussehen.»

Die anderen sind gar nicht anders

124 «Warum auch immer, es geht offensichtlich eine Angst um in Deutschland. Ich nenne sie: die Angst vor dem anderen. Von zehn Fahrgästen in öffentlichen Transportmitteln benutzen mindestens fünf Kopfhörer, um zu telefonieren oder Musik zu hören, drei weitere beschäftigen sich mit

★ **Oliver Sauer** ist Schauspieler (u. a. «Großstadtrevier», «Alarm für Cobra 11»)

95

ihren Handys, um SMS zu schreiben oder Mails zu checken. Und bei den Fußgängern sieht es nicht viel anders aus. Sie alle vermitteln mir mit dieser Verkapslung, dass sie sich schützen müssen, dass sie Angst haben.

Aber vor was, vor wem? Vor den anderen!

Und weil Angst krank macht, lautet meine Idee: wieder Kontakt aufnehmen. Mindestens einmal am Tag ganz bewusst und absichtlich auf einen fremden Menschen zugehen. Das kann ein kurzes Gespräch sein über das Wetter, ein Sichbedanken für eine aufgehaltene Tür oder das Zugehen auf jemanden, der unsicher mit einem Stadtplan hantiert. All diese kleinen Aktionen bewirken auf ganz wundersame Weise, dass wir erkennen: Die anderen sind gar nicht anders, sie teilen unsere Ängste und Wünsche. Die Gesundheit der Welt wird von dem Sichverstehen der einzelnen Menschen miteinander bestimmt, von der Bereitschaft, aufeinander zuzugehen. Und: Im Kleinen liegt das Große verborgen.»

Lachen hilft

125 «Die Welt würde besser werden, wenn alle jeden Morgen einen Witz erzählen würden. Ich habe heute Morgen folgenden im Büro zum Besten gegeben: ‹Geht ein Zyklop zum Auge-Arzt.› Ein Riesen-Ankommer. Fast überall gute Laune. Aber auch Kopfschütteln. An diesen Leuten muss man hart dranbleiben. Aber man kann sie kriegen. Und dann wird alles gut.»

★ **Kester Schlenz**
ist Journalist («Stern») und
Autor («Mensch, Papa!»)

Weltfrieden, haha

126 «Verwirrt die Leute mit einem Lächeln. Ich hab's probiert, es funktioniert. Supereinfach und sehr wirkungsvoll. Lächelt mal jemanden an, den ihr nicht kennt. Erst sind die Leute verwirrt, aber dann lächeln sie ebenfalls. Es ist ein Reflex – wenn man angelächelt wird, lächelt man zurück.

★ **Hortense Ullrich** ist Schriftstellerin («Schlaflos in Hamburg»)

Und wenn man lächelt, bekommt man bessere Laune, und die ist ansteckend; sie verbreitet sich, der Angelächelte lächelt den Nächsten an und so weiter. So könnt ihr etwas in Bewegung setzen, das positive Auswirkungen hat. Weltfrieden womöglich, haha.

Übrigens: Falls die Leute, die ihr anlächelt, nicht zurücklächeln, sondern immer erschrocken zusammenzucken, müsst ihr ernsthaft an eurem Lächeln arbeiten! Übt vor dem Spiegel oder zieht in 'ne andere Gegend.

Für Fortgeschrittene: Die Wirkung lässt sich noch steigern, wenn dem Lächeln ein netter Satz oder ein Kompliment folgt.

Und noch was: Damit wir uns hier richtig verstehen – das ist keine Flirtanweisung! Es geht um ‹Fremde›, etwa die überarbeitete Kassiererin im Supermarkt, den brummigen Busfahrer, die einsame ältere Nachbarin, die gestresste Mutter mit den drei kleinen Kindern, die euch in der Straßenbahn gegenübersitzt und so weiter. Klar?

Liebe Grüße aus Bremen (wo man, seit ich hier wohne, nur noch lächelt)!»

Sei wirkungsstark wie ein kleiner Vulkan

★ **Gerlis Zillgens** ist Schriftstellerin und Kabarettistin («Supergirls», «Alles Emma»)

127 «Der Bäckereifachverkäuferin mal sagen, wie gut die Brötchen schmecken.

Dem Lehrer mal zulächeln, wenn es ihm mit fünfundzwanzig Nervensägen zu viel wird. Der Freundin mal das T-Shirt leihen, das sie so cool findet. Dem muffigen Straßenbahnfahrer mal eine leckere Nougat-Praline schenken, damit sein Leben süßer wird. Kleine Ursachen, große Wirkungen. Wir sollten uns nicht weniger zutrauen als dem kleinen Vulkan mit dem unaussprechlichen Namen (der Ausbruch des Eyjafjallajökull legte im Frühjahr 2010 den Flugverkehr in halb Europa lahm).»

★ **Matthias Spaetgens**
ist Geschäftsführer Kreation
von Scholz & Friends Berlin

Überwiegend nett

128 «Einfach mehr aufeinander zugehen – vor allem auf fremde Menschen. Denn nur so merkt man, dass 99,9 Prozent der Menschen eigentlich ziemlich nett sind.»

★ **Prof. Gesine Schwan,**
SPD, ist Politikwissenschaftlerin; sie kandidierte 2004 und
2009 für das Amt der Bundespräsidentin

Rechtzeitig umdenken

129 «Versuche, in jedem Gegner den möglichen Partner zu entdecken.»

Grundlos freundlich

130 «Versuche, anderen Menschen nicht nur dann mit Freundlichkeit zu begegnen, wenn du etwas von ihnen willst,

★ **Elena Rudolph**
ist Chefredakteurin des
Magazins «Junge Familie»

sondern auch, wenn sie etwas von dir wollen. Und beharre nicht ständig auf ‹deinem guten Recht› – sondern ‹lass auch mal anderen die Vorfahrt›, selbst wenn sie eigentlich dir Platz machen müssten.»

Ruhe im Karton

131 Unterbrich andere nicht. Lass sie ausreden. Führe auch nicht ihre Sätze zu Ende. Es ist unhöflich und hindert dich daran, gut zuzuhören. Vor allem aber lässt es alle Beteiligten immer schneller und schneller reden (und denken), was sehr anstrengend ist und der Sache selten nützt.

Es kann jeden treffen

132 «Geh auch mit dem Schwächsten (Ältere, Kinder, Behinderte usw.) gut um, denn auch du möchtest als Betroffener (es kann jeden treffen) beachtet und respektiert werden.»

★ **Marianne Buggenhagen** ist Leichtathletin; seit ihrem 23. Lebensjahr sitzt sie im Rollstuhl. Sie gewann insgesamt neun Goldmedaillen bei fünf Teilnahmen an den Paralympics

133
Wahrheiten anerkennen

«Nicht nur die eigenen Wahrheiten, sondern auch die des anderen anerkennen.»

★ **Susanne Kronzucker** ist Journalistin und TV-Moderatorin («ML Mona Lisa»)

Es *könnte* auch anders sein

«Ich habe täglich mit vielen Menschen zu tun, und einige von ihnen vertreten Ansichten und Meinungen und sagen Dinge, die ich selbst für völlig falsch halte. Und Fehler machen sie auch noch und ärgern mich damit.

★ **Prof. Dr. Helmut Fleinghaus** ist Rektor der Hochschule für Kirchenmusik Herford

Es ist sehr gut möglich, dass diese Menschen das, was ich denke und sage, für völlig falsch halten. Und Fehler mache ich natürlich auch selbst jede Menge und ärgere sie damit.»

Würde es mir gelingen, den noch sehr schwachen und kaum lebensfähigen Verdacht in mir wachsen zu lassen, dass diese Menschen recht haben *könnten* und ich unrecht und dass ihre Fehler vielleicht weniger und geringfügiger sein *könnten* als meine eigenen, dann läge darin die Chance, dass ich ihr Leben und mein eigenes ein bisschen sonniger, unproblematischer und lebenswerter gestalte. Ich würde ihnen besser zuhören, würde meine Phantasie trainieren, mein Kombinationsvermögen schulen und wäre vermutlich zufriedener.

Noch beherrsche ich diese Kunst kaum, aber ich bin erst 52 Jahre alt und hoffe deshalb, noch ein bisschen üben zu können.»

In Freundschaft

134 «Jeder hat eine Meinung, jeder was zu sagen. Wann jedoch hören wir wirklich jemandem zu? Nimm dir die Zeit, jemandem zuzuhören. Auch mal einem fremden Menschen. Schenke ihm die Aufmerksamkeit, die du dir auch wünschst. Du bekommst diesen kleinen Einsatz 1000-mal zurück. Du machst jemanden glücklich, hörst interessante Geschichten und hast vielleicht einen neuen Freund gefunden, denn: Freundschaft ist Zuhören.»

★ **Tibor Taylor** ist Schauspieler (u. a. «Marienhof»)

Höre, was du nicht erwartest

135 «Ja, ich glaube fest daran, dass ein einzelner Mensch die Welt verbessern kann – obwohl die Welt doch so groß ist und der einzelne Mensch so klein. Stell dir vor: Jeder von diesen vielen einzelnen Menschen spricht jeden Tag! Wie viele Wörter werden wohl auf der ganzen Welt an einem Tag gesprochen?

Die Sprache ist so unendlich wichtig für uns. Jeder redet, und jeder will verstanden werden! Aber oft kommt es zu Missverständnissen, die zu Verletzungen, Ärger,

★ **Ulrike Kuckero**
ist Schriftstellerin («Paulas Powerbuch») und Grundschullehrerin

Streit, oder Trauer führen können – wir alle kennen das. Deshalb mein Tipp, den ich mir selbst zum Ziel gesetzt habe:

Höre dem anderen zu.

Höre ihm genau zu.

Glaube nicht zu wissen, was er sagen wird.

Leere dein Herz und deinen Kopf für das, was er sagt, damit du nicht nur das hörst, was du zu hören erwartest.

Lass seine Worte dich berühren.

Wenn du diesen Tipp beherzigst, und du und du auch, ja, auch du und ich, und du auch – dann besteht die große Wahrscheinlichkeit, dass jedem von uns genau zugehört wird, und unsere Worte werden den anderen berühren, und die Menschen werden einander mit mehr Verständnis begegnen.»

Wie fühlt man sich in Aldi-Jeans?

136 «Wenn ich mit einem anderen Menschen Probleme habe, versuche ich mich in ihn hineinzuversetzen, um zu verstehen, warum er tut, was er tut, und um zu verstehen, was er fühlt. Das Ziel ist dabei, dass ich spüre, dass man die Sache, um die es geht, auch anders sehen kann. Das Wort dafür

★ **Christof Arnold**
ist Schauspieler («fabrixx», «Sturm der Liebe»)

lautet ‹Empathie›. Für euch könnte das bedeuten, anstatt sich über die dicke Mitschülerin mit der Aldi-Jeans lustig zu machen, sich in sie hineinzuversetzen und zu spüren, wie sie sich wohl fühlen mag. Mehr Empathie führt zu einem größeren Verständnis untereinander, und das ist etwas, was der Menschheit sehr guttun würde.»

Achte darauf, immer Freude zu haben

137 «Jeder Mensch kommt als etwas ganz Besonderes auf diese Welt. Man sollte seine eigene Persönlichkeit erhalten und kein ‹Mitläufer› werden. Schon gar nicht, um zu gefallen! Es ist wichtig, Träume zu haben und diese auch zu leben ... Was aber noch wichtiger ist: Achtet darauf, dass ihr immer gute Freunde um euch habt! Freunde, die bereit sind, die guten wie auch die schlechten Zeiten mit euch zu durchleben. Freunde, die jederzeit für einen da sind ... ABER: DER BESTE WEG, EINEN GUTEN FREUND ZU HABEN, IST DER, SELBER EINER ZU SEIN!!! (R.W. Emerson)»

★ **Tom Barcal**
ist Schauspieler
(«Alles was zählt»)

Sei nett zu deiner selbstgewählten Familie

138 «Freunde sind ja angeblich ‹die Familie, die wir uns selbst aussuchen› – und wir sind entspannter, glücklicher und energiegeladener, wenn wir ein entspanntes, glückliches und positives Energieumfeld um uns haben – darum: Denkt nicht über Freundschaften nach, lebt sie. Wenn du jemanden vermisst, ruf ihn einfach an und wirf ihm dabei nicht vor, dass er sich nicht meldet; wenn du allein sein willst, stehe dazu – auch du darfst und musst dich zurückziehen können, um zur Ruhe zu kommen – nicht jede freie Minute muss (mit Freunden) verplant werden. Erwarte nicht, sondern gib selbst so viel oder das, was du willst, oder schlicht alles – und du wirst in deinem Leben belohnt werden mit Menschen, die wirklich zu dir passen, die dich so nehmen, lieben und mögen, wie du bist, und die nie sagen, auch wenn eine scheinbare Ewigkeit zwischen euren Kontaktaufnahmen vergangen ist: ‹Ach, lebst du auch noch?!›, was zwar witzig klingen mag, aber einen sehr negativ-

★ **Adelheid Theil**
ist Schauspielerin
(u. a. «Die Fallers»)

nervigen Beigeschmack hat, sondern sie werden freudig sagen: ‹Hey, ist das aber schön, dass du dich meldest – wie geht es dir?›»

Keine Angst zu helfen!

139 «Es gibt nichts Schlimmeres, als keine Freunde zu haben und mit seinen Problemen alleine dazustehen. So werden schwächere Kinder, z. B. in der Schule, immer von den anderen Kindern gehänselt. Wenn ihr also bemerkt, dass sich jemand nicht wehren kann, dann habt keine Angst davor, demjenigen zu helfen, denn auch wenn ihr nur zu zweit seid, seid ihr um einiges stärker als jeder für sich.»

★ **Tobias Regner** ist Sänger («I Still Burn»); er gewann die dritte Staffel von «Deutschland sucht den Superstar»

Ehrliche Komplimente schärfen die Wahrnehmung

140 «Mach jemandem ein Kompliment. Kein großes Ding eigentlich, aber man sollte sich schon trauen, viel öfter. Bloß zwing dich nicht. Du musst es wirklich ehrlich meinen. Ganz egal, ob du dich auf etwas Äußerliches beziehst (‹Ich mag dein T-Shirt›) oder auf das Wesen einer Person

★ **Mike Hoffmann** ist Schauspieler (u. a. «Soko Köln»)

(‹Du kannst gut zuhören›). Wenn du bewusst täglich auch nur ein schönes Kompliment verteilst, tut das nicht nur dem Empfänger, sondern auch dir selbst gut. Denn es schärft Wahrnehmung und Sensibilität für deine Mitmenschen und schenkt Freude.»

Weniger TV

141 «Schaut weniger Fernsehen ... Redet mit euren Eltern, Freundinnen, Freunden, Nachbarn, Lehrern, Trainern etc. Schaut euch die Natur an und genießt die Bäume im Wald und das Zwitschern der Vögel. Lest Bücher oder geht ins Kino. Aber bitte schaut weniger Fernsehen.»

★ **Cem Özdemir**
ist Bundesvorsitzender von
Bündnis 90/Die Grünen

Nimm an deinem Leben teil

142 «Ständig sind wir über Facebook, SchülerVZ oder my-Space mit Freunden via Internet verbunden – wir chatten, posten, schreiben E-Mails oder simsen. Dann läuft den ganzen Tag der Fernseher, und wir nehmen über alle möglichen Serien und Sendungen am Leben anderer teil ...

Nehmt an eurem eigenen Leben teil!!! Das wirklich Spannende findet außerhalb der virtuellen Welt statt: Trefft Freunde, geht klettern, macht Musik, fahrt Skateboard ... Was auch immer ihr machen wollt, macht es selber und schaut es euch nicht nur im TV an!

★ **Anne Apitzsch**
ist Schauspielerin
(«Unter uns», «Rote Rosen»)

Das Leben ist so aufregend, und ihr verpasst es sonst!!!!!!!!»

Mehr ist uncool

★ **Prof. Dr. Elisabeth Pott**
ist Direktorin der Bundeszentrale für gesundheitliche Aufklärung

143 «Alkohol? Kenn dein Limit. Für Kinder und Jugendliche unter 16 Jahren ist Alkohol tabu. So regelt es das Jugendschutzgesetz, und dieses Gesetz hat seinen Grund.

Denn Alkohol ist ein Zellgift. Das heißt, es kann alle Organe im Körper schädigen. Weil dein junger Körper noch nicht vollständig entwickelt ist, kann Alkohol dir und deinen Organen besonders schnell schaden, vor allem deinem Gehirn und deiner Leber. Aber auch wer mit 16 Jahren schon Bier oder Wein und später – mit 18 Jahren – stärkere Getränke, wie etwa Cocktails, trinken darf, sollte damit verantwortungsvoll umgehen. Denn selbst für Erwachsene kann schon wenig Alkohol auf Dauer gesundheitsschädlich sein. Experten sagen, dass Männer nicht mehr als zwei Gläser Bier und Frauen nicht mehr als ein Glas Bier am Tag trinken sollten – und das an höchstens fünf Tagen in der Woche. Als junger Erwachsener solltest du auf jeden Fall noch weniger trinken. Wenn du also gesund und fit bleiben willst: Kenn dein Limit!»

Besonders gefährlich sind «Komasaufen» oder «Flatratesaufen»: Im Jahr 2008 mussten mehr als 25 000 Kinder und Jugendliche mit einer Alkoholvergiftung im Krankenhaus behandelt werden!

Drunter statt drüber

144 Wenn wir so richtig wütend sind, neigen wir zur Übertreibung. Die Freundin ist «dümmer, als die Polizei erlaubt», und wenn der Freund so weitermacht, «mache ich Schluss». Unlösbare Konflikte müssen natürlich geklärt werden. Aber wenn es in Wahrheit gar nicht so schlimm ist, hilft es, die Sache von vornherein kleiner zu reden. Ab sofort bist du nicht mehr «wütend», sondern «ein wenig verärgert». Statt «Du kotzt mich an» sagst du: «Ich fange an, ein wenig angenervt zu sein.»

Gewöhne dir an, negative Gefühle nicht zu übertreiben, sondern zu untertreiben. Das macht es dir und deinem Gegenüber leichter, die Sache konstruktiv zu klären. Und die Minimierung des Dramas senkt zugleich deinen negativen Stress in der Situation, denn mit der Wortwahl bestimmen wir zugleich mit, was wir selbst fühlen.

Auch wenn man jemand nicht mag

★ **Anja Gockel** ist Modedesignerin (www.anja-gockel.com). Sie stattete u. a. die letzten drei Finalsendungen «Germany's Next Topmodel» aus

145 «Wir senden jeden Tag bewusst und unbewusst Signale an unsere Mitmenschen aus. Deshalb müssen wir lernen, in jedem Menschen das Positive zu sehen – egal, ob wir ihn mögen oder nicht. Es ist erstaunlich, wie viel Positives dann zurückfließt.»

Ein paar Hirsche

146 «Laut Familienerzählungen soll meine Großmutter immer gesagt haben: ‹Der Herrgott hat einen großen Tiergarten –

★ **Monika Aichele** ist Illustratorin (www.monikaaichele.com)

es sind auch ein paar Hirsche dabei.› Will heißen: Idioten gibt es überall, konzentriere dich auf die anderen.»

Phantasie-Lachanfall

147 «Ich habe schon als Kind einen ganz simplen, aber wirkungsvollen Trick angewendet, um mich zum Schmunzeln zu

★ **Malte Arkona** ist TV-Moderator (bis 2008: «Tigerenten Club», seit 2009 u. a. «Die beste Klasse Deutschlands»)

bringen. Wenn zum Beispiel in einer vollen, muffigen U-Bahn wieder alle vor sich hin gebrummelt haben, stellte ich mir die einzelnen Gesichter einfach vor, wie diese wohl bei einem herzlichen Lachanfall aussehen

würden. Ich habe sie in meiner Phantasie die Münder aufreißen und sich lauthals lachend am Boden kugeln lassen ... Egal, ob die Leute ursprünglich freundlich oder grimmig schauten, es hat immer funktioniert: Ich musste schmunzeln. Wenn wir also die Welt verbessern wollen, geht das mit einem inneren (oder gerne auch äußeren) Lächeln sicher leichter. Dieser Trick klappt – am besten gleich mal ausprobieren!»

Respekt vor Träumen

148 «Behandelt die Natur und eure Mitmenschen mit Respekt – und bewahrt euch immer die Fähigkeit zum Träumen!»

★ **Marliese Arold** ist Kinder- und Jugendbuchautorin (u. a. «Einfach nur Liebe», «Die Piratenprinzessin»)

Singen hilft

149 «Ich denke, wir sollten mehr singen. Denn Singen macht glücklich, und glückliche Menschen sind besser drauf, und Menschen, die besser drauf sind, sind freundlicher zu anderen – und toleranter. Geht mir jede Woche nach einer Session so. Wir treffen uns regelmäßig, um munter draufloszumusizieren und natürlich zu singen – am liebsten mehrstimmig. Das macht die Welt jedes Mal ein kleines Stückchen besser.»

★ **Wilbert Hirsch** ist Komponist, Musiker und Spezialist für akustische Markenführung (www.acoustic-branding.com)

Von der Freundin lernen

150 «Meine Freundin erzählt mir offen von ihren Ängsten und Problemen, auch von intensiven Erlebnissen und Begegnungen mit anderen Menschen. Sei es, wenn sie sich Gedanken macht über Frauen, denen ich begegne, oder Männer, die sich in sie verliebt haben. Sie öffnet sich mir ge-

★ **Bo Flower – Flo Bauer** ist Rapper und Musikproduzent aus Hamburg (www.boflower.de)

genüber wie ein Buch und lässt mich lesen. Ich sehe das als eine große Stärke, die ich sehr bewundere.

Ich glaube, Menschen sollten versuchen, ehrlich zu sich selbst und zu anderen zu sein, und offen mit ihren Gefühlen umgehen. Das würde die Welt wirklich verbessern.»

Mitbringseln

151 «Deutlich, pragmatisch, kostengünstig und potenziell viral wird die Welt besser schlicht dadurch, wenn ein jeder das ganz klein bisschen Extramühe und Aufmerksamkeit nicht scheut, seinem engeren und näheren Bekanntenkreis unnötige, unerwartete und schrullige kleine Freuden zu machen. Ein Buch, von dem man denkt, Heidewitzka, das würde doch X interessieren, X zu schenken. Eine Postkarte, die an einen gemeinsamen Running Gag erinnert, dem jeweiligen Scherzpartner schicken, auch wenn er um die Ecke oder in derselben Wohnung wohnt. Obskure Mitbringsel aus exotischen Ländern mitbringseln. Obskure Mitbringsel auch aus gänzlich unexotischen Gegenden mitbringseln. Akut Genervten einen lustvoll-boshaften MP3-Track mailen und damit gleichzeitig die Laune heben und den Wortschatz erweitern. Verdienstvollen Freunden den Goldenen Ehrenmolch am Band verleihen. Frisch Verlassene an den Jahrmarkt-Schießstand einladen. Und dergleichen mehr.

★ **Tina Uebel**
ist Schriftstellerin
(«Die Wahrheit über Frankie»)

Macht Spaß, da Kreativität gefordert, entstresst Zwangsgeschenkgelegenheiten wie Weihnachten und Geburtstage, überrascht den Empfänger und bereitet ihm Freude – denn es macht froh zu wissen, es wird aktiv und liebevoll an einen gedacht. Und frohe Menschen lächeln, verklagen ihre Nachbarn und schlagen ihre Kinder nicht, beginnen Fairtrade-Produkte zu kaufen, singen auf den Straßen, frottieren nasse Kätzchen, schalten RTL aus und sorgen schlussendlich für den Weltfrieden. So ist das.»

Organspendeausweis ausfüllen

152 Wenn du tot wärst, würdest du wahrscheinlich deine Organe spenden, damit andere weiterleben können. Und käme in der Schule das Gespräch darauf, würdest du zustimmend nicken. Aber hast du auch einen Organspendeausweis im Portemonnaie stecken? Oder bist du bisher noch nicht dazu gekommen, ihn auszufüllen? (Nur zwölf Prozent aller Deutschen besitzen einen Organspendeausweis.) Tu's gleich: Ab 16 darf man den Ausweis ohne Zustimmung der Eltern selbst ausfüllen (vorher benötigt man deren Unterschriften). Unter www.organspendeausweis.org kannst du Papp-Ausweise bestellen oder ein PDF-Formular sofort ausdrucken. Du kannst angeben, welche Organe du spenden und welche du ausschließen willst oder wer nach deinem Tod darüber zu entscheiden hat. Und du gehst keine Verpflichtung ein: Wenn du es dir anders überlegst, wirfst du den Ausweis einfach weg, das war's. Deshalb kannst du auch völlig risikolos Ausweise für Freunde oder Eltern mitdrucken. Wenn die nicht einverstanden sind, unterschreiben sie einfach nicht oder entsorgen den Ausweis später. Aber sie haben erst mal einen.

Aktiver sexueller Respekt

153 «Im Zusammenhang mit Sexualität gibt es Rechte, die für alle gelten. Diese Rechte sollen euch und eure Sexualität schützen und euch Sicherheit geben. Ihr

★ **Prof. Dr. Daphne Hahn,** Vorsitzende des pro-familia-Bundesverbandes

wiederum könnt diese Rechte schützen, indem ihr sie bei anderen respektiert und aktiv werdet, wenn sie in eurem Umfeld verletzt werden:

- Wenn jemand «angemacht» oder wegen seines Körpers oder seiner Sexualität ausgelacht wird;
- Wenn jemand mit sexuellen Ausdrücken bedrängt wird oder pornographische Bilder geschickt bekommt;
- Wenn jemand nackt fotografiert oder gefilmt wird oder gezwungen wird, bei sexuellen Handlungen anderer zuzuschauen;
- Wenn jemand gegen seinen Willen angefasst oder zu sexuellen Handlungen gezwungen wird.
- Wehrt euch, wenn ihr so etwas mitbekommt, denn es ist nicht ‹cool› und auch kein Spaß. Sprecht darüber mit Menschen, denen ihr vertraut. Bewahrt kein Geheimnis für euch, bei dem ihr ein schlechtes Gefühl habt. Auch Beratungsstellen, Hotlines oder die Online-Beratung helfen euch weiter.»

Beratungsstellen findet ihr z. B. über www.profamilia.de

Aids noch immer keine Chance geben

154 «Gib Aids keine Chance» – den Spruch kennt jeder, aber erfreulicherweise ist Aids ja ein alter Hut, die Zahl der HIV-Neuinfektionen ist vernachlässigbar, und betroffen sind vor allem homosexuelle Männer. Leider (bis auf die Bekanntheit des Verhütungs-Spruchs) lauter Vorurteile:

In den neunziger Jahren kam es in Deutschland jährlich zu etwa 2000 Infektionen mit dem HI-Virus – aktuell sind es etwa 3000 im Jahr. In Österreich liegt die Zahl der Neuinfektionen bei gut 500/Jahr, in der Schweiz um 700. Betroffen sind tatsächlich zu circa zwei Dritteln schwule Männer. Das heißt umgekehrt aber auch: Allein in Deutschland infizieren sich 1000 Frauen und Heteros pro Jahr ebenfalls, entweder beim Geschlechtsverkehr oder durch infizierte Spritzen beim Drogenkonsum.

Darum: Kondome verwenden (gibt's auch in Banane und Erdbeer), bis man einander sicher treu ist (und wenn es doch mal anders kommt, sollte der Fremdgänger wenigstens einen Überzieher benutzen bzw. die Fremdgängerin sollte auf dessen Verwendung bestehen – dann kommt zum schlechten Gewissen nicht noch das gesundheitliche Risiko).

Wenn dir Kondomekaufen peinlich sein sollte: Früh sterben ist noch viel, viel blöder! Kauf welche, probier sie aus, verwende sie!

Politisch engagieren und ehrlich kommunizieren

155 «Man hört viel von ihr, man ärgert sich oft über sie, man kann eigentlich nichts machen, außer es hinzunehmen, man versteht die Zusammenhänge nicht, und die Leute, die sie machen, schwafeln sowieso nur komisches Zeug. Und überhaupt sie, die Politik, ist viel zu kompliziert und langweilig, als dass man sich mit ihr beschäftigen müsste. Falsch! Mein Tipp daher: Beschäftige dich mit dem Tagesgeschehen und setze dich mit dem auseinander, was die Politiker da so erzählen. Ja – man kann es auch Engagement nennen. Sei es nur täglich die Zeitung lesen oder sich einfach die Zeit nehmen, um Nachrichten zu schauen. Politisch denken und aktiv handeln ist die Devise. Getreu dem Motto ‹Es gibt immer was zu tun› kann man sich in Deutschland in unzähligen Vereinen oder in den demokratischen Jugendorganisationen der Parteien engagieren. Mach mit und trage dazu bei die Politik in Deutschland neu zu gestalten. Mit frischen Ideen veränderst du sie vielleicht ein bisschen zum Besseren oder machst sie für junge Menschen verständlicher. Denn Politik ist nicht nur Geschwätz – sie bestimmt unser Leben in allen Bereichen und vor allem unsere Zukunft.

156 ‹Lass uns mal quatschen, wann bist du online?› – Chatten, simsen, E-Mails schreiben ersetzen das Telefon oder gar das Café oder den Park bei der persönlichen Kommunikation. Nicht dass ich gegen den Computer oder die modernen Kommunikationsmittel im Allgemeinen bin, aber ich denke,

★ **Daniel Wachowiak** ist Schauspieler («Schloss Einstein», «Hallo Robbie!»)

manchmal wäre es vielleicht besser, sich von ‹Auge zu Auge› zu unterhalten. Missverständnisse können bei einem persönlichen Gespräch schneller aus dem Weg geräumt werden, und Vorurteile werden beseitigt. Zudem ist man eventuell noch an der frischen Luft und eben nicht vor dem Computer in der stickigen Wohnung. Man kann auf vielen Wegen kommunizieren, aber nur die gesprochene Sprache erscheint mir dabei am ehrlichsten und trägt dazu bei, die Welt ein bisschen zu verbessern.»

Zeig deine Eltern von der menschlichen Seite

★ **Frank Otto** ist Medienunternehmer, er war u. a. Mitgründer von «Viva»

157 «Besuche deine Eltern mal bei der Arbeit, das nimmt ihnen etwas die Steifheit und zeigt ihren Kollegen eine ganz menschliche Seite von ihnen.»

Aus Erfahrung lernen

158 «In Frankreich trifft man sich immer wieder mit der großen Familie. Es sind alle da: Eltern, Geschwister, Cousins, Cousinen, Tanten, Großtanten, Onkel, Großonkel, Großmütter, Urgroßmütter, die Cousins und Cousinen der Eltern usw. … Das ist immer cool, weil alle zusammenkommen und viel erzählt wird. Von den kleinen bis zu den großen Themen der Welt ist alles dabei. Das vermisse ich

★ **François Goeske** ist deutsch-französischer Schauspieler («Faktor 8», «Dornröschen», «Summertime Blues»)

hier in Deutschland. Das klingt für manche vielleicht langweilig, aber ich höre vor allem gerne den Alten zu, denn sie haben von allen in der Runde immer die besten Geschichten zu erzählen. Unsere Großeltern haben ja nicht nur die gleichen Sachen durchgemacht wie wir jetzt. Sie hatten außerdem noch mit ganz anderen Problemen wie Krieg und Hunger zu kämpfen. Ich glaube, dass ich helfen kann, die Welt zu verbessern, indem ich aus ihren Erfahrungen lerne, mir ihre Weisheit zum Vorbild nehme, um sie dann an andere weitergeben zu können.»

Haltet den Zeitdieb

159 «Licht aus. Beamer an. 79 Präsentationsfolien in 22 Minuten. Ich sitze im Publikum und denke, was ich jetzt alles mit meiner Tochter spielen könnte. Am Ende: Aufgestanden. Nichts kapiert. Gegangen. Geärgert. Zeit verloren.

★ **Gerriet Danz** ist Sprecher, Coach und Moderator

Laptop an. E-Mails gecheckt. 210 neue Mails. Davon allein 30 Spams. Von lukrativen Finanzinvestments bis zu wenig lockenden Sex-Medikamenten. 8 Minuten gelöscht. Weitere 30 cc-Mails ebenfalls. Da wird man in Kopie gesetzt, nur damit sich jemand anders absichert. Du warst ja informiert, heißt es dann. Wieder 20 Minuten Löschzug. Geärgert. Zeit verloren.

Handy klingelt. Ach, du bist's. Ein Bekannter redet los. Über drei Minuten. Während ich eigentlich losmüsste. Keine Frage: Geht's gerade? Hast du Zeit? Einfach mal was wegreden. Nach drei Minuten komme ich zwischen ein Komma und ein Dass und unterbreche unsanft. Jetzt ist ER sauer auf MICH. Unglaublich. Ungerecht. Wieder geärgert. Zeit verloren.

Zu Hause den Schlüssel ins Schloss gesteckt. Laptoptasche, Flugticket und Handy noch in der Hand. Meine Tochter kommt gerannt. Papa, was war heute doof, was war heute gut? Doof war der Zeitdieb, der die ganze Zeit meine Stunden geklaut hat. Gut – beginnt jetzt mit dir!

Wenn wir den Zeitdieb zu fassen bekämen, säh die Welt ein wenig besser aus. Wie wär's, wenn jeder mal überlegt, ob man nicht spannende Präsentationen halten könnte, E-Mails mit Bedacht verschickt, Spams härter bestraft würde und man am Telefon sich einfach erkundigt, ob der Angerufene gerade Zeit hat. So wie eine Freundin neulich: ‹Hi, Gerriet, hast du gerade Zeit?› –‹Ja, geht gerade …!› – ‹Gut, dann rufe ich später noch mal an.›»

Lerne deine Grenzen kennen

160 «Ich finde, es gibt einen ganz einfachen Weg, jeden Tag die Welt ein bisschen lebens- und liebenswerter zu machen.

Dieser Weg heißt: Respekt.

★ **Kristin Meyer** ist Schauspielerin («Gute Zeiten, schlechte Zeiten»)

Und zwar Respekt vor allem.

Respekt vor den Eltern und Geschwistern, Tanten, Onkeln, Omas und Opas.

Respekt vor den Freunden, dem Sitznachbar in der Schule oder dem Lehrer.

Respekt vor der Natur, egal ob Baum oder Blume.

Respekt vor allen Lebewesen, die es so auf der Welt gibt.

Respekt vor dem Eigentum des anderen, egal ob es materielles oder geistiges ist.

Und vor allem: Respekt vor sich selbst – wenn man den nicht

hat, kann man anderen Dingen auf der Welt auch keinen Respekt entgegenbringen.

Übrigens heißt Respekt nicht, dass man das Gegenüber wie einen König behandeln muss, um Gottes willen, nein! Es reicht schon, mal genau hinzugucken, um herauszufinden, was der Freund oder wer auch immer gerade braucht. Respekt kann auch bedeuten, dass man sich mal zurückzieht und zum Beispiel ein Tier einfach in Ruhe lässt. Oder das Kaugummi nicht auf den Boden spuckt, sondern lieber in den Mülleimer. Vor allem hat Respekt überhaupt nichts mit irgendeiner gesellschaftlichen Stellung zu tun – im Gegenteil! Aber das Wichtigste für mich ist und bleibt, dass man respektvoll mit sich selber umgeht. Wenn man gelernt hat, wo seine eigenen Grenzen sind, die keiner auf der Welt überschreiten darf – nur man selber! – dann kann man auch einschätzen, wo bei anderen die Grenzen sind.

Und ich bleibe der Meinung: Viel reden, aber selber nichts tun, bringt nichts. Nur das, was der Einzelne vorlebt, wird von Mensch zu Mensch, von Generation zu Generation weitergegeben – und dann wird die Welt mit jedem Tag ein bisschen besser.»

Lohnt sich der Ärger?

161 «Wenn du dich über etwas oder jemanden ärgerst – versuche, einmal tief durchzuatmen, bevor du reagierst. Nutze diese Sekunden dazu, zu überlegen, was dahintersteckt, und ob du dich überhaupt auf die Sache einlässt. Manchmal lohnt es sich gar nicht, da noch mehr Energie rein-

★ **Ulrike Frank**
ist Schauspielerin («Gute Zeiten, schlechte Zeiten»)

zustecken, dadurch wird meistens nur der eigene Ärger größer. Manchmal bezieht man auch etwas auf sich, was eigentlich viel mehr mit dem Gegenüber zu tun hat. Und manchmal muss man doch seinen Standpunkt deutlich machen, dann aber möglichst sachlich. Überleg, was du erreichen willst.

Also, sag deine Meinung und lass dir nichts gefallen, aber ohne persönlich zu werden, damit ein Streit nicht eskaliert oder gar nicht erst entsteht.»

Puschel, Blinki und Löffel leben noch

162 «Es gibt da drei Zwergkaninchen, Puschel, Blinki und Löffel, die leben in unserem Garten, und sie gehören meiner Tochter. Versorgt werden sie von mir. Immer. Ausschließlich. Ich füttere sie, mache den Stall sauber, besorge Grünzeug vom Biomarkt.

★ **Michael Härle** ist Schauspieler («Soko Wismar»)

Jetzt könnte man sagen: Schön blöd! Soll sie sich doch kümmern, sind doch ihre Viecher! – Stimmt. Wäre ihr Job. Aber: Sie tut es nicht!

Klar, man kann mir jetzt pädagogisches Versagen auf ganzer Linie vorwerfen, ihr den Job zu ersparen. Und natürlich könnte ich jetzt richtig durchziehen: schimpfen, drohen, strafen. Mach ich aber nicht. Will ich recht haben, oder will ich Frieden?

Es gibt einen Haufen Dinge zu tun. Viele davon sind vielleicht nicht mal unser Job. Tun können wir sie trotzdem. Weil ein anderer sie nicht tut. Sicher kannst du kämpfen und darauf bestehen, dass es dein Recht ist, dass der andere es tut. Aber so lange bleibt die Arbeit liegen. Während du in den Krieg ziehst. Sehr belastend für alle!

Den Karnickeln geht's tipptopp. Sie sind nicht verhungert. Und mittlerweile liebe ich es, die drei jeden Morgen und Abend zu versorgen. Sie haben ein sehr einfaches, schönes Leben auf dem Planeten! Vielleicht sogar komplett zweckfrei und ohne großen Sinn. Aber wunderschön.»

Kavalier sein

163 «Leider hört man mittlerweile allzu oft von gewalttätigen Überschreitungen gegenüber Mädchen. Besonders nach Partyabenden, wenn die Mädels alleine auf dem Heimweg waren. Für mich ist es selbstverständlich, dass man ein Mädchen niemals alleine nach Hause gehen lässt, sondern dafür sorgt, dass sie sicher da hinkommt. Jungs sollten ihre Coolness ablegen, mehr Gentleman sein und Verantwortung übernehmen. Denn es ist sehr cool, wenn man das weibliche Geschlecht respektvoll behandelt (Kommt auch gut bei den Mädels an!). Nach einem Partyabend, vor allem zu später Stunde, sollte man ein Mädchen nach Hause begleiten oder wenigstens sichergehen, dass sie ein Taxi bekommt, das sie ins sichere Heim bringt. Das würde Vergewaltigungen und Raubüberfälle meiner Meinung nach stark reduzieren.»

★ **Marc Dumitru** ist Schauspieler («Das Haus Anubis»)

Denke an andere und vernetze dich

164 «Viele Probleme lassen sich heute nur noch dadurch lösen, dass wir uns gut vernetzen. Denn Menschen mit guten Netzwerken finden leichter die richtigen Praktikumsstellen, Ausbildungsplätze oder Jobs.

Ihre Stärken: Netzwerker haben die Fähigkeit, sich in die Lage anderer hineinzuversetzen und zu ihnen Vertrauen aufzubauen. Netzwerker können sich mit unterschiedlichen Menschen verständigen, egal ob diese jung oder alt, arm oder reich sind. Netzwerker pflegen Beziehungen und achten darauf, dass diese nicht einseitig sind und jeder mit seinen Bedürfnissen zum Zuge kommt.

★ **Prof. Dr. Egon Endres** ist Präsident der Katholischen Stiftungsfachhochschule München

Gut vernetzte Menschen stellen sich daher stets die Frage: Was liegt dem anderen am Herzen? Wie können wir uns gegenseitig unterstützen? Denn es zeigt sich immer wieder, dass wir Krisen nur dann gut überstehen, wenn wir mit anderen vernetzt und mit unseren Problemen nicht alleine sind.»

Sieh hin, nicht daüber hinweg

★ **Antje Tillmann,** CDU, ist Mitglied des Deutschen Bundestages

165 «Aufeinander aufpassen – in Familie, Nachbarschaft und Sportverein – ist der beste Schutz gegen soziale Probleme.»

Achte auf deine Freunde

166 «Wenn sich Freunde oder Mitschüler auf einmal verändern und irgendwie anders als sonst sind, dann ist häufig Alkohol- oder Drogenmissbrauch im Spiel. Sucht ist eine Krankheit, die behandelt werden muss. Drogenberatungsstellen geben Betroffenen, Freunden oder Angehörigen Auskunft darüber, wie man mit der Situation am besten umgeht.»

★ **Tine Peltzer** für therapiehilfe e. v, Hamburg

Stark statt schwach

167 «Beurteile andere nicht nach ihren Schwächen. Denn dann kannst du jeden Menschen ablehnen. Schließlich ist niemand perfekt, hat jeder etwas, das man an ihm oder ihr nicht gut findet. Stattdessen schätze dein Gegenüber für seine Stärken, für das, was es kann, was du von ihm lernen möchtest.»

★ **Tania Krätschmar** ist Schriftstellerin («Seerosensommer»)

Die Kraft der Entschuldigung

168 «Es war zu der Zeit, als ich die sogenannte Mittelstufe, also die 7. oder 8. Klasse besuchte. In der Schule war ich dafür bekannt, dass ich vernünftig arbeite, aber auch für Stimmung sorge. Große und kleine Streiche gehörten für mich zum Schulalltag.

★ **Prof. Dr. Dirk Zupancic** ist Geschäftsführer der German Graduate School of Management & Law und Professor für Industriegütermarketing und Vertrieb

An einem Tag war unsere Englischlehrerin wieder einmal die Betroffene. An den Streich kann ich mich gar nicht mehr erinnern, aber an ihren Wutausbruch. Hier kamen nicht nur mein aktuelles Verhalten, sondern auch die übrigen Dinge der Vergangenheit zur Sprache. Ohne mir der Bedeutung bewusst zu sein, entschuldigte ich mich. Ehrlich und aufrichtig. Die Wut meiner Lehrerin war schlagartig verflogen. Dies bestätigte sie meiner Mutter und mir auch nochmals bei dem folgenden Elternsprechtag.

Seitdem weiß ich die Kraft einer Entschuldigung zu schätzen: Sie kostet ein wenig Überwindung, aber sonst nichts. Sie baut Spannungen sofort ab und schafft Raum für ein vernünftiges Gespräch. Dies ist eine Erkenntnis, die mir bisher sowohl beruflich als auch privat geholfen hat. Einfach mal ausprobieren ...»

Zum Entschuldigen gehören zwei

169 Wenn sich jemand bei dir ernsthaft entschuldigt, dann nimm die Entschuldigung an – ernsthaft.

Die berühmten drei Worte

★ **Michael Bond** ist ein britischer Kinderbuchautor («Paddington Bär»)

170 «Ich würde es begrüßen, wenn drei Worte wieder in den aktiven Sprachge-

119

brauch aufgenommen würden, die heute fast vergessen scheinen: ‹Bitte› und ‹Vielen Dank›. Es braucht nicht viel Zeit, sie auszusprechen, macht aber viel aus.»

Mit den Augen der Liebe

171 «Hört mehr auf eure Herzen und weniger auf das, was andere Menschen sagen. Denn wer erkennt, dass die Liebe der eigentliche Sinn des Lebens ist, muss ihr nur den nötigen Platz bieten, um das Leben zu verstehen und es voller Glück leben zu können. Mit den Augen der Liebe gesehen, kann unsere ganz eigene Welt die schönste von allen sein, und wenn jeder Mensch in seiner schönsten Welt lebt, so ist das gemeinsame Glück das Ergebnis von allem.»

★ **Andrea Kossmann** ist Dichterin («Wunderland der Liebe») und Autorin («Männertaxi»)

Sabrina Setlur:

172 «Liebe
Schickt all eure Liebe
In Päckchen und Briefen
Wir brauchen Tonnen davon
Schickt all eure Liebe
Bevor wir erfrieren
Als hätte man uns die Sonne genommen»

★ **Sabrina Setlur** ist – mit zwei Millionen verkauften Tonträgern – die erfolgreichste deutsche Rapperin

(Auszug von «Liebe» aus dem Album «Sabs» von Sabrina Setlur)

Computer & Internet ★

Ein-Klick-Hilfe leichtgemacht

173 Helfen kann sehr einfach sein. Auf sogenannten «One Click Charity Donation»-Webseiten genügt ein Klick, und du hast geholfen. Die bekannteste dieser Seiten ist www.thehun gersite.com – englisch, aber problemlos zu bedienen: Klicke auf den Button oben in der Mitte der Seite, und die Firma, welche die Seite betreibt, stellt einem Hungernden eine Portion Essen zur Verfügung. Sponsoren unterstützen die Aktion finanziell und hoffen natürlich, dass die Besucher auch auf ihre Werbeanzeigen klicken.

174 Nach dem gleichen Prinzip (und vom gleichen Anbieter realisiert) funktionieren die «Rain Forest Site» (www.therain forestsite.com), bei der jeder Klick einen Quadratmeter Regenwald rettet, die «Animal Rescue Site» (www.the animalrescue site.com), die u.a. Futter für Tierheime zahlt, die «Breast Cancer Site» (www.thebreastcancersite. com) zur Finanzierung von Mammographien, die «Child Health Site» (www.TheChild HealthSite.com) zur Gesundheitsvorsorge vor allem in Entwicklungshilfegebieten und die «Literacy Site» (www.TheLiteracy Site.com), die Kindern aus armen US-Familien Bücher kauft. Der Betreiber der Seiten ist keine Wohltätigkeitsorganisation, sondern eine Firma, die durchaus auch Geld verdienen will. Die gespendeten Summen sind jedoch sehr hoch (2008 über zwei Millionen Dollar aus Klicks und Shop-Einnahmen), sodass sich die Teilnahme auf jeden Fall lohnt. Andere Anbieter, gleiches Prinzip: Bhookh aus Indien (www.bhookh. com) finanziert ebenfalls eine Tasse voll Essen pro Klick; «Care2» spendet für Kinder, Tiere, Krebsforschung,

Regenwald (du entscheidest, wem du heute Gutes tun willst, www.care2.com/click-to-donate). «Free Rice» (www.freerice. com) bietet (englischsprachige) Vokabel-Spiele. Für jede richtige Antwort werden zehn Körner Reis an die Hungerhilfe der Vereinten Nationen gespendet – bislang immerhin 1700 Tonnen. Und man lernt auch noch was dabei.

175 Besonders leicht machst du es dir, wenn die Spendenseite deiner Wahl die Startseite deines Internetbrowsers ist, dann wird sie automatisch bei jedem Programmstart angezeigt. Du musst nur noch auf den Button klicken. Mit Firefox besuchst du dazu die entsprechende Seite und ziehst dann mit der Maus das Symbol links von der Adresszeile auf das kleine Häuschen-Symbol links daneben. Im Internet-Explorer rufst du ebenfalls die gewünschte Seite auf, klickst auf den Pfeil neben dem Häuschen in der Symbolzeile und wählst schließlich «Startseite hinzufügen oder ändern».

176 Danach bitte deine Eltern fragen, ob du es denen auch entsprechend einrichten darfst!

177 Eigentlich kannst du nur einmal pro Tag per Klick spenden – wenn du aber z. B. sowohl zu Hause als auch in der Schule online gehst (also von verschiedenen Rechnern aus), dann kannst du natürlich auch zweimal klicken und doppelt so viel Hunger lindern! Ausnahme: Bei «Free Rice» kannst du spielen und spenden, solange du lustig bist.

E-Abrechnungen bevorzugen

178 Vorschlag für deine Eltern: Banken, Kreditkartenanbieter und viele Firmen sind froh, wenn sie Kontoauszüge und Abrechnungen nicht per Post schicken müssen, sondern per E-Mail ausliefern können. Denn das spart eine Menge Geld. Nutze diesen Service. Wenn ihr die Unterlagen nur überprüft und ggf.

abspeichert, spart ihr gute drei Kilo Papier pro Jahr (Umschläge und zusätzliche Werbeeinlagen mitgerechnet). Und selbst wenn ihr die Rechnungen fürs Finanzamt oder die Buchhaltung ausdrucken müsst, habt ihr den Geschäftspartnern immer noch Porto gespart, sodass die Preise (hoffentlich) sinken können oder zumindest stabil bleiben.

Wann immer möglich, archiviere solche Belege elektronisch statt im Aktenordner. Frisst weniger Platz, spart Papier, Toner und Material, und die Rechnungen lassen sich schneller wiederfinden (bei der Gelegenheit werden deine Eltern mit offenem Mund begeistert staunen, was diese Suchfunktionen alles können).

Neutral bloggen

179 Computer verbrauchen Strom. Auch die, auf denen Webseiten gespeichert werden. Je mehr Webseiten es gibt, desto mehr Strom wird verbraucht. Das erhöht den Kohlendioxidausstoß und trägt zur Erderwärmung bei. Wer bloggt, kann diesen Umweltschaden jetzt begrenzen – kostenlos. Die Website «kaufDA» (eine Übersicht von Sonderangeboten in der Nähe) führt die Aktion «Mein Blog ist CO_2-neutral!» durch. In Kooperation mit «I Plant a Tree» wird pro Blog ein Baum gepflanzt. Der neutralisiert die CO_2-Emissionen eines Blogs angeblich bis zu 50 Jahre lang. Voraussetzung: Man schreibt einen kurzen Blogpost über die Aktion und bindet einen Button ein, den man auf www.kaufda.de/umwelt/co2-neutral/ findet. Anschließend schickt man den Link zum Blog an co2-neutral@kaufda.de.

Und wenn du noch gar kein eigenes Blog (eine Art Internet-Tagebuch) hast, um es CO_2-neutral zu betreiben, erfährst du alles, was du zum Start wissen musst (logisch), im Internet: www.blogpiloten.de/2007/03/01/die-besten-blog-tipps/

Endlich Ruhe

180 Dass man Computer nicht einfach laufen lassen oder nur in Standby versetzen soll, wissen inzwischen die meisten – immerhin 40 Prozent des Bereitschaftsstromverbrauches bei Bürogeräten gehen auf das Konto von PCs. Aber den Rechner jeden Morgen (und dann nochmal nach der Mittagspause) neu zu starten dauert so lange! Wessen Zeit wirklich zu kostbar dafür ist, der kann als Mittelweg den «Ruhezustand» wählen. Dabei wird der aktuelle Stand inklusive aller geöffneten Programme und Dateien auf der Festplatte gespeichert, danach wird der Rechner richtig abgeschaltet – er startet aber hinterher viel schneller, und man kann weiterarbeiten, wo man aufgehört hat.

Starten kann man den Ruhezustand (unter Windows Vista) über das «Start»-Menü und dann den Ausschalt-Pfeil. Sollte «Ruhezustand» nicht angeboten werden, rufe die «Kommandozeile» über das Suchmenü auf, indem du «cmd» eingibst. Ggf. musst du mit einem Administrator-Passwort bestätigen. In dem neuen Fenster gibst du ein: «powercfg–h on» (ohne die Anführungszeichen) und drückst Enter/Return. Laptop-Nutzer stellen in der Systemsteuerung/Energieverwaltung am besten ein, dass der Rechner beim Zuklappen nicht in den Standby-Betrieb wechselt, sondern der Ruhezustand eingeleitet wird. Alle Computernutzer sollten ihren Rechner so konfigurieren, dass er nach maximal zehn Minuten Nichtstun den Ruhezustand einleitet (statt in Standby-Betrieb zu gehen, was leider immer noch der Standard ist).

Rechenkraft für die Wissenschaft

181 Wenn du mal aufs Klo gehst oder am Telefon hängst – dann kannst du den schnellsten Rechner der Welt haben, der steht bloß rum und frisst Strom. Diese ungenutzte Rechenleistung lässt sich Wissenschaftlern für aufwendige Simulationen zur Verfügung stellen. Lade ein kostenloses Programm (Windows, Mac, Linux) von der Website http://boinc.berkeley.edu/download.php herunter. Es richtet deinen Rechenknecht für sogenanntes Grid Computing ein – das heißt, ein Problem wird in viele kleine Rechenaufgaben zerlegt, die auf das «Grid» (das Netzwerk-Gitter) aus Computern verteilt werden. Das Programm springt nur dann an, wenn dein Rechner im Leerlauf vor sich hin brummt; sobald du wieder mit der Arbeit beginnst, schaltet es sich automatisch ab. Und keine Sorge: Zugriff auf deine gespeicherten Daten bekommt dadurch niemand.

Zugute kommt die weltweite Rechenpower u.a. dem Kampf gegen Aids, der Krebsforschung, der Entwicklung nährstoffreicherer Reissorten, der Klimaforschung (wer will, kann es sich aussuchen, welchen Projekten er Rechenzeit zur Verfügung stellt). Schlage auch vor, das Programm auf den Schulrechnern zu installieren.

Ein Passwort, das immer passt

182   Im Internet verwenden die meisten von uns für alle Seiten das gleiche Passwort. Und meist auch noch ein super unsicheres wie «123456» oder «Passwort». Abhilfe schafft ein Trick:

- Ein kurzes, aber sicheres Master-Passwort erstellen. Das heißt, es muss Großbuchstaben, Kleinbuchstaben und Zahlen enthalten und mindestens sechs Zeichen haben. Dazu einen Satz überlegen und zum Passwort verkürzen: *Fischers Fritze liebt 4 frische Fische* wird zu *FFl4fF*.
- Die ersten beiden Buchstaben der jeweiligen Internetadresse davorsetzen, fertig ist das individuelle Passwort. Auf GMX

also *GMFFl4fF*, auf Web.de *WeFFl4fF*, auf eBay *eBFFl4fF*. (Du musst selbst entscheiden, ob und inwieweit du die Groß- und Kleinschreibung der Seite berücksichtigen willst – «ebay» z. B. wird im Logo kleingeschrieben, als Firmenname aber mit großem B.)

E-Grußkarten zu Festtagen

183 Ja, ein handgeschriebener Brief ist natürlich eine schö- ne Sache. Aber Weihnachten oder Ostern (oder auch zum Ge- burtstag) verschicke ruhig E-Grußkarten. Die können genauso von Herzen kommen und schön aussehen (wenn du dir ein we- nig Mühe gibst) – sparen aber Papier, Farbe, Porto, Benzin für die Zustellung.

Engagiere dich automatisch

184 Wenn du dich für (oder gegen) etwas engagieren willst, nutze die Neuen Medien. Füge einen Hinweis auf eine Info-Web- site in deine Signatur ein, die automatisch am Ende jeder E-Mail erscheint.

Namenskopie

185 Nutze «Kopieren» (Strg + C) und «Einfügen» (Strg + V), um (schwierige) Namen anderer in E-Mails richtig zu schreiben.

Kettenbriefe stoppen

186 Wenn die nächste Panik-Rundmail kommt, bitte nicht sofort «an alle» weiterschicken. Sondern beim «Hoax-Info- Service» der TU Berlin den Wahrheitsgehalt prüfen (www.hoax-info.de). Die meisten Mails, mit denen angeblich schnelles Geld zu machen ist oder in denen um Spenden für todkranke Meerschweinchen gebettelt wird, aber gerade auch viele besonders dramatische Warnungen vor Computerviren, sind erstunken und erlogen. Und man muss sich ja nicht damit blamieren (und den Empfängern die Mailbox zumüllen), weil man auch den letzten Mist noch glaubt.

Mini-Steuer auf E-Mails

187 «Alle verschickten E-Mails sollten mit 0,001 Euro pro Empfänger besteuert werden. Die Steuer wird vom E-Mail-Anbieter beim Absender eingezogen. Das beendet Spams und vermindert unnötige Kommunikation.

★ **Prof. Charles Goodhart** zählt zu den wichtigsten Wirtschaftsfachleuten der Welt

Das Geld kann man für Entwicklungshilfe verwenden; das ist viel besser als die Tobin-Steuer.»

Die Tobin-Steuer wurde 1972 vom US-Wirtschaftswissenschaftler James Tobin vorgeschlagen. Sie sollte auf internationale Devisengeschäfte erhoben werden, um Spekulationen auf Währungsschwankungen einzudämmen. Weltweit werden täglich (!) rund 183 Milliarden Mails verschickt, davon rund 70 Prozent Spams (illegale Werbemails). Für die regulären Mails (ca. 53 Milliarden) betrüge die Steuereinnahme 53 Millionen Euro täglich.

★ **Lars Harmsen** ist Geschäftsführer und Creative Director der Werbeagentur Magma Brand Design

Mittwochs ist Mailsperre

188 «Mittwochs können keine E-Mails versendet werden. Alle Server ruhen weltweit. Zeit, sich auf die Arbeit und das Wesentliche zu konzentrieren. Durch das Mailen haben wir verlernt, miteinander wie Menschen zu kommunizieren.»

Sparsamer drucken

189 Beim Ausdruck vieler Webseiten kommen zig fast leere Seiten aus dem Drucker. Geh auf www.printfriendly.com, kopiere die URL (die Internetadresse) in das große Feld in der Mitte, drücke «print preview», und dann drucke eine deutlich sparsamere Seite (oder, besser noch, speichere sie als PDF).

Marginaler Trick

190 Je mehr du druckst, desto mehr Papier kannst du sparen, indem du den Seitenrand schmaler einstellst. Bis zu fünf Prozent Ersparnis sind durch diese Änderung möglich – das sind 1,14 Bäume pro Tonne Papier. In Word 2007 geht das so: Reiter «Seitenlayout» wählen, Symbol «Seitenränder» anklicken (auch «Marginalien» genannt). Dann entweder «schmal» wählen oder «benutzerdefinierte Seitenränder».

Willst du die Änderung für alle zukünftigen Dokumente festlegen, wählst du «benutzerdefinierte Seitenränder», stellst sie so schmal ein, wie du willst, und klickst unten links «Standard». In älteren Word-Versionen findest du das entsprechende Menü unter Datei/Seitenlayout, auf dem Mac unter Format/Dokument/Seitenränder.

Schlage auch deinen Eltern, Mitschülern und Lehrern vor, dies zu tun. Noch besser: Biete an, es schnell für sie zu erledigen, das ist nett und erfolgversprechender.

Bäume retten ohne neuen Drucker

191 Man kann auch ohne «Duplexeinheit» doppelseitig drucken – das spart Papier und oft auch Porto. In Word geht das, indem du zunächst alle Vorderseiten und anschließend alle Rückseiten druckst. Wähle dazu im Menü Datei den Befehl

Drucken. Klicke in dem folgenden Dialog unter Druckauswahl die Einstellung «Ungerade Seiten» an und bestätige mit OK, um zunächst diese Seiten zu drucken. Lege dann die soeben gedruckten Seiten erneut in deinen Drucker und wiederhole die Druckausgabe mit der Einstellung «Gerade Seiten». Teste diese Druckmethode mit zwei oder drei Blatt Papier, damit du weißt, in welcher Richtung und mit welcher Seite nach oben du die Bögen einlegen musst. Generell sollte man nicht mehr als 50 Seiten (25 Blatt) auf einmal drucken. Denn wenn der Drucker versehentlich zwei Blätter einzieht, sind alle folgenden Seiten mit der falschen Rückseite bedruckt.

Wer so auch nur ein Paket Papier weniger benötigt (500 Blatt), spart 7,5 Kilo Holz, 130 Liter Frischwasser, 26,8 Kilowattstunden und 2,6 Kilogramm Kohlendioxid (Treibhausgas). Wenn du als Standard Recyclingpapier verwendest, stehst du etwas besser da, rettest aber immer noch 2,8 Kilo Altpapier, 51 Liter Frischwasser, 10,5 Kilowattstunden und vermeidest den Ausstoß von 2,2 Kilogramm Kohlendioxid.

Tintenstandsmeldungen ignorieren

192 Wenn Druckerdisplay oder Druckertreiber melden, dass die Tinte oder der Toner «alle» sind – nimm die Kartusche heraus und schüttele sie kräftig. Dann drucke einfach weiter, bis das Ergebnis nicht mehr zufriedenstellend ist. Meist sind noch zehn bis 100 Seiten drin, bevor die Kartusche tatsächlich ausgewechselt werden muss. Das Nochmaldrucken der fehlerhaften Seite kostet 2 bis 20 Cent – das hast du durch die längere Druckzeit locker eingespart. Auf die Lebenszeit des Gerätes gerechnet, entsteht so auch weniger Plastikmüll.

Lochschrift

193　Die kostenlose Schriftart «Ecofont» hat kleine runde Löcher – so klein, dass man sie in Schriftgrößen bis 10 Punkt nicht sieht. Spart aber bis zu 20 Prozent Tinte oder Toner und funktioniert auf Mac und PC. Runterladen, installieren (Anleitung auf der Webseite www.ecofont.de) und statt der voreingestellten Standardschrift benutzen.

Sparsam schreiben

194　Die Schriftart Century Gothic benötigt 30 Prozent weniger Tinte als Arial. Andere Spar-Schriften sind Times New Roman, Calibri und Verdana – allesamt auf den meisten Rechnern vorinstalliert. Am besten eine davon als Standardschrift einstellen! Spart Geld und Chemie.

Weniger Druck

195　Füge die folgenden Zeilen in die Signatur deiner E-Mails ein:

Bitte schützt unsere Umwelt. Drucke diese E-Mail nur, wenn unbedingt notwendig.

Und halte dich auch selbst daran.

196　Willst du eine Mail (oder ein anderes Dokument) aufheben, musst du es nicht unbedingt ausdrucken, sondern kannst es auch als PDF-Dateien auf dem Rechner abspeichern, z. B. mit dem PDF Creator (de.pdf24.org; kostenlos) oder FreePDF XP (freepdfxp.de; kostenlos). Außerdem haben etliche Office-Programme PDF-Filter bereits eingebaut.

Die im Schatten sieht man nicht

197 U2, Bruce Springsteen oder auch Herbert Grönemeyer haben ja schon genug Geld – so lautet oft die Rechtfertigung für das Herunterladen von Raubkopien oder das ungenierte Brennen von CDs. Gleiches sagt man über die Autoren von Hörbüchern und die Stars in Kinofilmen und DVDs, aber auch über die Großkonzerne, die sich an Computer- und Konsolenspielen dumm und dämlich verdienen.

Es mag sogar sein, dass die Genannten wirklich schon «genug» Geld haben. Aber erstens ist es ein Gebot der Fairness, für Leistung zu zahlen – und nicht einfach zu klauen, nur weil es so leicht geht. Und zweitens sind immer viel mehr Menschen an einer kulturellen Produktion beteiligt als die Stars im Rampenlicht: Produzenten und Toningenieure, Designer und Setzer, Lektoren und Promoter, Beleuchter und Kameraleute, Maskenbildner und Köche. Keiner von denen sieht von einer Raubkopie einen Cent.

Leider hilft dagegen auch nicht der Billigkauf von Gebrauchtwaren auf dem Flohmarkt, bei eBay oder einem Amazon-Marketplace-Händler. Das ist zwar urheberrechtlich legal. Aber die Urheber kriegen kein Geld dafür. Den einzigen möglichen Verdienst hat der Verkäufer.

Deshalb: Wer möchte, dass der Autor, Sänger, Komponist oder Schauspieler von seiner Kunst leben kann – ebenso wie alle anderen am Endprodukt Beteiligten –, sollte Neuware kaufen. Lieber aufs Taschenbuch warten, als die gebundene Ausgabe gebraucht kaufen. Besser selbst digitale Downloads bestellen als die CD aus zweiter Hand erwerben. Oder aus der Bibliothek leihen – dafür bekommen die Urheber nämlich auch Geld!

Außerdem kommt ein solches Verhalten nicht nur dem jeweiligen Urheber zugute, sondern es ermöglicht den Firmen auch, Vorschüsse und Garantiehonorare an neue, noch unbekannte Künstler zu zahlen (sozusagen als Quersubvention). Bonus-Grund: Wer sich moralisch korrekt verhält, ist statistisch gesehen doppelt so glücklich wie unmoralische Menschen.

Songs gleich downloaden

198 MP3- oder iTunes-Dateien klingen schlechter als CDs. Aber wenn du CDs sowieso nur nutzt, um die Songs auf PC, iPod oder Handy zu übertragen – dann steig um auf digitale Downloads. Du kommst damit einerseits billiger weg, denn ein MP3-Album ist meist günstiger als eine CD, und außerdem will man ja oft gar nicht alle Songs haben. Andererseits sparst du jedes Mal fünf Pfund Plastik, die für die Herstellung einer CD benötigt werden. Aber nicht vergessen: Musikdateien sichern – sonst ist das Geld bei einem Computercrash weg.

Gute Sites: www.musicload.de, www.itunes.de (kostenloses Programm «iTunes» muss heruntergeladen werden), www.napster.de, www.7digital.de

Teure DVDs sparen

199 Auch Filme und Serien kann man immer häufiger «streamen» (während des Downloads bereits anschauen) oder herunterladen, statt DVDs zu kaufen oder zu leihen. Zu den größten «Video on Demand»-(VOD)-Anbietern zählen: www.arcor.de/vod, www.maxdome.de, www.videoload.de. Noch funktionieren die Abläufe nicht so geschmeidig wie bei Musikdownloads, aber das kommt schon noch. Auf alle Fälle kann man hier, wenn mal nichts im Fernsehen läuft, verpackungsmüllfrei fündig werden.

Keine Angst vorm Online-Sein

200 Viele Eltern halten «das Internet», vor allem aber Netzwerke wie Facebook, für gefährlich. Manchmal sind sie das sogar, aber meist nicht aus den Gründen, die Eltern annehmen: Die befürchten, dass junge Mädchen von älteren Typen angemacht werden, das häufigere Problem ist aber «Cybermobbing» von Klassenkameraden. Was tun? Lies gemeinsam mit deinen Eltern z. B. die Sicherheitshinweise bei Facebook: http://www.facebook.com/help/?safety=teens. Danach wissen sie, was du weißt, und du kannst einerseits viele ihrer Sorgen zerstreuen und wirst (hoffentlich) andererseits merken, dass du sie im Zweifelsfall nicht nur um Rat fragen solltest, sondern auch kannst und darfst.

Mutter hat immer recht

201 Stelle nur Bilder ins Netz, die auch deine Mutter freigeben würde. Insbesondere Partyfotos und Posen mit nacktem Oberkörper gehen gar nicht (noch schlechter: Partyfotos und nackte Oberkörper von anderen). Mieser Stil, und du kriegst sie nie wieder gelöscht.

Senioren ins Internet holen

202 Bringe deinen Großeltern (oder manchmal auch: deinen Eltern) bei, wie man mit einem PC und dem Internet umgeht. Dann ist es leichter, miteinander in Kontakt zu bleiben – und Senioren, die mit Computern umgehen können, verfügen über messbar mehr Selbstbewusstsein und Lebenszufriedenheit.

Bonus-Tipp: Schlag vor, Oma zum Siebzigsten ein Rundum-sorglos-PC-Paket zu schenken. Die Erwachsenen zahlen Rechner und Anschluss, du übernimmst Aufbau, Installation, Einrichtung und persönlichen Computerkurs. Macht viel Arbeit (und kostet auch eine Menge), lohnt sich aber.

Mach das Netz netter

203 «‹Awesome! Danke schön!› Einmal täglich hinterlassen wir einen positiven Kommentar im Netz. Ob uns ein Blogposting von einem spannenden Trip nach Warschau erzählt, ob uns ein selbstgedrehtes You Tube-Video zum Lachen gebracht oder ob uns eine Freundin via Twitter eine grandiose Band von nebenan empfohlen hat – wir sagen danke schön und Daumen hoch. Das motiviert. Und dauert keine 10 Sekunden.

★ **Julia Soergel** ist Unternehmerin («Mite»)

Gerade im Netz findet man so viele gute Inhalte. Inhalte, die nicht von selbst ins Netz gelangen. Hinter jedem Link, jedem Video und jedem Posting steht eine Person, die sich dafür Zeit genommen hat. Wir finden es superwichtig, das auch zu honorieren. Jedes noch so kurze Dankeschön freut den Verfasser. Und motiviert ihn dazu, sich auch das nächste Mal wieder Zeit für selbstgemachte Inhalte zu nehmen.

Davon haben wir alle etwas. Denn in einem Netz, in dem nur Firmen ihre dämliche Werbung verbreiten, kann man nun wirklich keine gute Zeit haben!»

Schlechte Kritiken und Erfahrungsberichte findet man im Internet jede Menge. Ist ja auch logisch: Wer sich ärgert, will am liebsten der ganzen Welt davon erzählen. Wenn du ein Produkt, Buch, Restaurant etc. toll findest, kannst du ebenfalls einen Bericht darüber schreiben, z. B. bei Amazon (www.amazon.de), Qype (www.qype.de) oder Ciao (www.ciao.de).

Jeder, wie er kann

204 «Frauen: Nörgelt weniger! **205** Männer: Schnarcht weniger! **206** Jungs & Mädels: Räumt euer Zeug abends weg, damit man im Dunkeln nicht barfuß drauftritt! **207** Alle: Macht einen Tag pro Woche internetfrei! Eine einzige Google-Anfrage produziert so viel CO_2 wie eine Stunde Licht.»

★ **Nina Puri** ist freie Kreativdirektorin und Buchautorin («Ü-30-Krankheiten»)

Nach Angaben des Internet-Dienstleisters «Strato» verbraucht jede Such-anfrage bei Google so viel Strom, wie eine Elf-Watt-Energiesparlampe benötigt, um eine Stunde lang zu leuchten. Google selbst gibt die Belas-tung als deutlich niedriger an. Übrigens: je komplexer die dargestellte Seite, desto höher der Rechenaufwand dafür und umso höher der Energie-verbrauch. Insgesamt trage die Computerindustrie laut Strato zur CO_2-Belastung ebenso viel bei wie die Luftfahrtindustrie.

Googles dunkle Seiten

208 Auf dem Computerbildschirm die Farbe «Weiß» darzustellen kostet mehr Strom als «Schwarz» (oder überhaupt dunkle Töne). Google ist mittlerweile häufig als Startseite voreingestellt – und knalleweiß. «Blackle» (www.blackle.com) hingegen lässt Schwarz bei Google suchen. Die Seite als Homepage einzustellen spart also Strom, sie ist aber verdammt schwer zu bedienen. Mittelweg: «The Greenspider» (www.thegreenspider.com) kommt nicht ganz so düster daher und ist konfigurierbar. Bis Herbst 2009 wurden durch dieses Angebot so circa 1,3 Millionen Kilowattstunden gespart – genug, um eine 60-Watt-Lampe 261 Tage nonstop brennen zu lassen. (Kein Wahnsinnserfolg, aber ohne weiteren Stress kann man's ja einfach mitnehmen: Webseite aufrufen und das kleine Symbol auf das «Häuschen»-Bild direkt daneben ziehen.) (Beide Sites werden nicht von Google selbst betrieben.)

Ökologisch suchen

209 «Man muss nicht immer machen, was die meisten Menschen machen. Man muss zum Beispiel nicht zu den Großen gehen. Auch beim Suchen nach Informationen im Netz nicht. Es geht auch ohne Google. Zum Beispiel mit Ecosia (www.ecosia.org) oder Treehoo (www.treehoo.com).

★ **Prof. Dr. Hubert Weiger** ist Vorsitzender des Bundes für Umwelt und Naturschutz Deutschland e.V. (BUND)

Die Betreiber dieser Suchmaschinen spenden für den Regenwald oder beziehen Ökostrom für ihre Server bzw. leisten einen Ausgleich für den CO_2-Verbrauch, der durch das Suchen entsteht. Es kann so einfach sein, das Gute und das Nützliche miteinander zu verbinden. Man kann allerdings auch ganz altmodisch – aber kommunikativ und ökologisch – FreudInnen, Eltern oder LehrerInnen fragen, wenn man etwas wissen möchte.»

Klick dich grün

210 Lass dich automatisch über Umweltthemen informieren, indem du entsprechende Blogs (z.B. von Naturschutzorganisationen) abonnierst. Das geht mit Hilfe des RSS-Feeds. Oft siehst du neben der Internetadresse ein oranges Quadrat mit einem weißen Punkt und zwei Viertelkreisen darin (oder es wird im Menü ein ‹RSS-Feed› angeboten). Nach einem Klick darauf hast du die Möglichkeit, dir alle neuen Infos automatisch anzeigen zu lassen – in einem E-Mail-Programm wie ‹Thunderbird›, einem ‹Feed-Reader› oder in Bildschirmschonern wie ‹RSSMore› (Windows) oder ‹RSS Visualizer› (auf dem Mac bereits vorinstalliert).

Besserwissen erwünscht

211 Wikipedia (www.wikipedia.org) ist die größte kostenlose Enzyklopädie der Welt. Sie wird von Freiwilligen erstellt und gepflegt – 7000 Personen arbeiten regelmäßig unentgeltlich allein an der deutschen Version. Viele Wikipedia-Beiträge sind vorbildlich. Andere aber weisen gravierende Lücken oder sprachliche Mängel auf. Wenn du dich also über etwas ärgerst, was du liest: Klicke auf die Zeile «Seite bearbeiten» ganz oben, oder auf den Link «Bearbeiten» neben einer Abschnittsüberschrift und mach es besser. Du musst dich dazu noch nicht mal anmelden oder registrieren, sondern kannst einfach loslegen. (Nicht wundern: Manche Artikel sind gesperrt, um Missbrauch vorzubeugen, dann werden keine Bearbeitungsmöglichkeiten angezeigt.)

212 Das «Open Directory Project» (www.dmoz.de) strebt an, das größte von Menschen erstellte Webseitenverzeichnis der Welt zu werden. Auch hier kannst du mithelfen: «Werde Editor» unten auf der Homepage anklicken, Anleitung lesen, Fachgebiet auswählen und Infos eintragen.

Ich ★

Nur wer mitmacht, erfährt mehr

213 «Erlebe eines der letzten echten Abenteuer: Verzichten. Zwei Tage pro Woche ganz ohne Portemonnaie unterwegs sein (und auch nichts leihen), einen Tag den PC nicht einschalten, mal das Handy zu Hause lassen, eine Stunde laufen, statt bequem mit dem Bus oder der U-Bahn zu fahren. Sich etwas kaufen wollen – und dann die Hälfte des dafür vorgesehenen Geldes spontan bei Oxfam spenden. Mal versuchen, sich für 10 Euro komplett einzukleiden. Für die Familie kochen – und nur einen Euro pro Person ausgeben. Das alles klingt erst mal blöd und spießig – ist aber genau das Gegenteil. Aber das findet nur raus, wer es ausprobiert!»

★ **Marie-Luise Lewicki**
ist Chefredakteurin der Zeitschriften «Eltern» und «Eltern family»

(Fußball-)Träume leben

214 «Ich schließe meine Augen und sehe ein Bild vor mir. Es ist eine sehr konkrete Szenerie. Sie zeigt die Spielführerin der deutschen Frauen-Nationalmannschaft, wie sie einen Pokal in Empfang nimmt. Hinter ihr die Kulisse der jubelnden Fans in der Frankfurter Commerzbank-Arena. Es ist Sonntag, der 17. Juli 2011 – und wir haben gerade das Endspiel der WM 2011 gewonnen. Diesen Traum versuche ich zu leben. Nicht nur ich allein, sondern alle unsere Spielerinnen und alle Mitglieder der Crew der Nationalmannschaft. Es ist ein lohnendes, ein positives Ziel. Denn auch wenn es das Unwahrscheinlichste auf der Welt ist, diesen Titel zum dritten Mal in Folge zu gewinnen, so macht es diesen Traum umso reizvoller. Und selbst wenn er nicht Realität werden sollte, bin ich fest davon überzeugt, dass so viel Motivation einfließt, dass am Ende auf jeden Fall etwas Positives hängenbleibt.»

★ **Silvia Neid**
ist die Fußball-Bundestrainerin

Phantasie: das Tor zu einer besseren Welt

215   «Als Kind wurde bei einem Unfall meine Hand schwer verletzt, und ich musste viele Monate immer wieder ins Krankenhaus. In dieser Zeit habe ich begriffen: Die
Vorstellungskraft ist die stärkste Kraft, die
ich kenne, sie lässt Visionen wahr werden.
Alles kann einem Menschen genommen
werden, aber nicht die eigene Phantasie. Egal, wie es um einen
steht, auch wenn man eine schlechte Phase hat und alles aus-
weglos erscheint, dann sollte und kann man auf seine Phantasie vertrauen – sie öffnet einem immer die Tür zu einer besseren
Welt.»

★ **Tom Lehel**
ist Moderator («Kika Tanzalarm», «Tabaluga tivi»)

Das Glück der anderen

216   «Weniger an das eigene Glück denken, mehr an das Glück
der anderen, hier und überall. Sich bewusstmachen, dass jede
Handlung und jedes Verhalten Folgen hat
für das Glück oder Unglück der anderen –
im Großen wie im Kleinen. Oder, um es
mit Bertolt Brecht zu sagen: ‹Keinen ver-
derben zu lassen, auch nicht sich selber/
Jeden mit Glück zu erfüllen, auch sich/Das
ist gut.›»

★ **Franziska Reichenbacher**
moderiert u. a. die «Ziehung der
Lottozahlen» in der ARD, außerdem veröffentlichte sie die CD
«Glück – und auf einmal steht
es neben dir»

Vertraue aufs Vertrauen

217   «Vertrauen ist das Wichtigste für
mich. Vertrauen in die eigenen Fähigkeiten,
Vertrauen, dass mein Gegenüber meint, was
er sagt,
Vertrauen ins Leben.

★ **Miriam Pede**
ist Journalistin und Moderatorin
(u. a. «MM – das Männer-
magazin», «N24 Objektiv»,
«N24 Wetter»)

Bin ich damit schon auf die Schnauze gefallen?

Absolut!

Hat es wehgetan?

Sehr!

Würde ich es wieder tun?

Jedes Mal!

Denn insgesamt betrachtet, bin ich so prima gefahren. Vertrauen ist immer der Anfang, und ich möchte ein Mensch sein, auf den man sich verlassen kann.»

Das würde helfen

218 «Prüfe alle Sätze, die du mit ‹ich würde› beginnen willst. Wenn du etwas wirklich willst, dann lasse deine Worte mit ‹ich werde› beginnen.

★ **Prof. Dr.-Ing. Reinhard Thümer,** ist Präsident der Beuth Hochschule für Technik Berlin

Alles wirklich Wichtige verträgt den Anfang ‹ich werde›. Auf das Alibi für Tatenlosigkeit ‹ich würde› kann unsere Welt getrost verzichten.»

Beharrlich das Beste herausholen

219 «Jeder wissenschaftlichen Erfindung, jedem geschichtsträchtigen Ereignis ging zuallererst die Idee eines einzelnen Menschen voraus. Wer die Welt verbessern will, fängt daher bei sich selbst an. Wichtig ist, sich selbst treu zu bleiben, beharrlich seinen eigenen Weg zu gehen und dabei das Beste aus sich herauszuholen. Andere Meinungen zu respektieren, sich davon aber nicht in seinen Entscheidungen allzu sehr beeinflussen zu lassen. Sich seiner Talente und Stärken bewusst, mit Leidenschaft

★ **Heiko Hubertz** ist Gründer und Leiter der Bigpoint GmbH (mit Büros u. a. in Hamburg und New York), dem weltweit größten Browsergame-Portal

für das, was man tut, vor allem aber mit dem Willen, etwas zu bewegen, können auch kleine Schritte gigantische Auswirkungen haben.»

Früher frühstücken

220 «Das größte Geschenk, das jeder von uns bekommen hat, ist die Zeit. Dieses Geschenk können wir weitergeben und auch anderen Menschen Zeit schenken. Zeit ist jene Erscheinungsweise von Ewigkeit, die der Mensch am ehesten versteht und am seltensten erkennt. Wahrscheinlich realisiert man im Laufe des Lebens immer mehr die Kostbarkeit der Zeit, weil man denkt, dass die Zeit abläuft oder weniger wird – ähnlich dem Sand, der durch eine Eieruhr rieselt. Aber die Zeit läuft nicht ab, sie läuft mit. Zeit ist nämlich nicht nur eine Maßeinheit, sondern eine Qualität.

★ **Pater Dr. Dr. Hermann-Josef Zoche** ist Leiter der Seelsorgeeinheit Maria Bronnen, Redner und Buchautor (u. a. «Bibel-Brevier für Manager»)

Lebenspraktisch gewendet würde ich raten: Fragt im Hotel nicht, bis wann, sondern ab wann es Frühstück gibt!»

Doppelte Kraft einsetzen

221 «Kurz stehen bleiben und sich FREUEN! Mindestens dreimal am Tag. Am besten den Alarm am Handy stellen. Wenn es klingelt, ganz egal, was man gerade tut, innehalten, umsehen, wahrnehmen und sich freuen. Es gibt immer einen Grund zur FREUDE. Immer! Und wenn es eine Blume ist, die zwischen den Pflastersteinen ihren Kopf herausbohrt (was für ein großartiges Vorbild für uns!). FREUDE ist ansteckend.

★ **Thomas Brezina** hat über 400 Kinder- und Jugendbücher geschrieben, darunter die Serie «Ein Fall für dich und das Tiger-Team»

Das Gefühl tief drinnen spüren, aus ganzem Herzen, und dann lächeln. So wird die FREUDE weitergegeben.

Übrigens hilft es auch, sich zum Lächeln zu zwingen. Ist nur die ersten paar Male krampfhaft, dann aber lacht man über sich selbst. Und wer lacht, der hat FREUDE.

Und wenn rundherum alle Leute muffig sind? Wenn es regnet und kalt ist? Wenn eine schlechte Neuigkeit eingetroffen ist? Die doppelte Kraft einsetzen, um etwas zu finden, das FREUDE bedeutet. Denn FREUDE heilt. Und sie hilft allen. Gegen das Wetter kann man sowieso nichts machen, als sich zu FREUEN, dass hinter den Wolken die Sonne scheint.

Zu optimistisch? Es ist eine ENTSCHEIDUNG, die jeder jede Minute des Tages treffen kann. Automatisch springen wir leichter auf muffig und missmutig, aber FREUDE zu entdecken und zu spüren kann trainiert werden, wie alles andere auch. Zuerst braucht es Disziplin, dann wird es zu einem Lebensstil, dann zur Gewohnheit, und eines Tages ist es ganz natürlich und selbstverständlich.

Also: aufschauen, lächeln und sich FREUEN! Jetzt, auf der Stelle!»

Von Fischen lernen

222 «Wisst ihr, was ich tue, wenn ich meinen Kopf frei kriegen will? Ich stecke ihn unter Wasser. Ich tauche. Nirgendwo sonst auf dieser Welt habe ich jemals wieder einen Ort gefunden, an dem so viele Lebewesen auf einem einzigen Quadratmeter so selbstverständlich miteinander klarkommen wie an einem Korallenriff. Klar wird da auch gedrängelt, geschubst und hin und wieder der Nachbar verputzt. Aber es gibt einen bedeutenden Unterschied zu uns Menschen: Die

★ **Florian Weiss**
ist Moderator bei
Antenne Bayern

Bewohner eines Korallenriffs nehmen sich nur das, was sie unbedingt zum Leben brauchen. Selbst große Räuber wie Muränen verteidigen höchstens ihre eigene Höhle. Die überfallen keine anderen und bauen danach einen Zaun drum herum. Tieren fehlen nämlich entscheidende menschliche Eigenschaften: Habgier und Neid! Und ich habe mal von einem sehr klugen Menschen gelernt: Neid ist der schnellste Weg zum Unglücklichsein. Ich finde, er hat recht ... Je mehr wir uns mit dem, was wir haben und was wir sind, zufriedengeben, desto entspannter lebt es sich, findet ihr nicht?»

Zu den Wolken hochschauen

223 «Um die Welt besser zu machen, sollte man sich ihr und ihrer Schönheit erst mal wieder bewusstwerden. Nach oben zu den Wolken schauen statt immer nur stur geradeaus. Einen Baum im Wald umarmen, statt einfach nur vorbeizuflanieren. Nach den Vögeln Ausschau halten, statt ihnen

★ **Katty Salié** ist TV-Moderatorin («Hin&Weg», «west.art»)

nur nebenbei zu lauschen. Und dann handeln: Pflanzen, auch außerhalb des Balkons, gießen, wenn es zu heiß ist. Vögeln ein Haus zimmern für den Winter. Und dem Obdachlosen, der den Blick für das Schöne im Leben schlimmstenfalls verloren hat, ein Butterbrot und heißen Tee vorbeibringen.»

Ablehnung ist Ehrensache

224 «Ich wurde von einigen der bekanntesten Magazine und Verlage in den Vereinigten Staaten abgelehnt, und mittlerweile ist mir klargeworden, dass Ablehnungen – egal, welcher Art – Ehrenabzeichen sind. Ablehnungen

★ **David Baldacci** ist ein US-Bestsellerautor (u. a. «Im Takt des Todes», «Das Labyrinth»)

zeugen davon, dass man sich hinauswagt in die Welt und etwas Neues probiert. Sie zeigen, dass man Selbstbewusstsein hat und an sich glaubt, an seine Arbeit, sein Hobby, sein Können. Ablehnungen sind nur dann schlecht, wenn man sich durch sie von etwas abbringen lässt, was man liebt. Deshalb: durchhalten, Kopf hoch, weitermachen – egal, was du vorhast.»

Konsum als kreatives Sprungbrett

225 «Wenn es dir Spaß macht, Cartoons, Serien und Filme anzusehen oder Comics zu lesen, Hörspiele zu hören oder Computerspiele zu spielen – mach es. Aber wenn du damit aufhörst, dann denke dir selber Geschichten aus, schreibe sie auf oder spiele sie nach. Zeichne deinen eigenen Comic, mal deine eigenen Stars und drehe deine eigenen Filme oder denke darüber nach, was man an deinem Lieblingsspiel noch verbessern könnte. All diese Dinge sind nicht schlecht, wenn man sich die Pausen gönnt, darüber nachzudenken.»

★ **Nic Romm**
ist Schauspieler («Wickie und die starken Männer»)

Sei deine eigene Marke

226 Im Leben gibt es Wichtigeres als Markenklamotten.

Auch Trommler können nette Kerle sein

227 «Für viele Musiker und Bands steht der Erfolg an erster Stelle. Oft wird dabei aber das Essenzielle vergessen. Unser Drummer Scholle möchte euch dazu folgende kleine Geschichte erzählen: ‹Vor einigen Jahren habe ich an einem Drum-Workshop von Ricky Lawson teilgenommen. Er war

★ **aVid***
sind eine Rockband («Minor Words & Major Thoughts»)

Drummer von Michael Jackson und zahlreichen anderen Show-größen, deshalb war es für mich eine Ehre, mir einige Tipps von ihm zu holen. Umso stolzer war ich, als er mich aufforderte, mit seinen Sticks weiterzuspielen, da er der Meinung war, dass ich einen richtig guten Groove spiele. Für mich schien das in dem Moment das Größte zu sein, von ihm solch ein Feedback zu bekommen und ein guter Drummer zu sein. Am zweiten Workshop-Tag kam Ricky zu mir und erklärte mir jedoch, worauf es wirklich ankommt. At first you gotta be a good person. Nach dieser Philosophie lebt er selbst, und das hat auch mir ein Stück weit die Augen geöffnet. Es kommt nämlich nicht darauf an, wer man ist, wo man herkommt oder gar wie perfekt man ist. Vielmehr wie man seinen Mitmenschen begegnet. Nach dieser Philosophie leben wir als Band auch, und wir glauben, das ist der richtige Weg, um die Welt ein Stück besser zu machen.›»

Geh deinen Weg mit Rücksicht auf Verluste

228 «Gehe deinen Weg und verfolge deine Ziele. Glaube daran und tue alles, was in deiner Macht steht, dafür. Mache jedoch keine Sachen ohne Rücksicht auf Verluste. Frage dich immer, wem nützt es und wem schadet es. Das ist mein Erfolgsrezept, wie du anderen und dir helfen kannst.»

★ **Felix Isenbügel**
ist Schauspieler («Gute Zeiten – schlechte Zeiten»)

Selber denken sorgt für Meinungsvielfalt

229 «Meinungen gibt es heute von der Stange. Ein Suchdienstanbieter im Internet digitalisiert unsere Straßen und Häuser – die Medien sagen uns, was wir davon zu halten haben. Was ist gerade in und was out? Zeitungen,

★ **Ralf Isau**
ist Schriftsteller («Messias», «Das Museum der gestohlenen Erinnerungen»)

Magazine und Onlinedienste geben uns die Antwort. Was muss ich anziehen, damit ich hip bin? Auch das wird mir vorgekaut. Und wehe, ich stelle mich quer! Dann bin ich von gestern. Dann werde ich verspottet oder bekomme von Freunden so richtig Druck. Tolle Freunde! Und super Medienheinis! Sie zeigen uns die Welt so, wie sie sich für sie am besten verkauft, nicht unbedingt, wie sie wirklich ist. Können wir denn nicht mehr selber denken? Haben wir es verlernt, uns eine eigene Meinung zu bilden und diese auch zu vertreten? Es gibt viele Gründe, die Überzeugungen anderer zu übernehmen: Bequemlichkeit, Gruppenzwang, Mangel an Rückgrat, die Unfähigkeit, sich selbst zu informieren ... Die Welt wird nicht besser, wenn man das Denken anderen überlässt. Sie bleibt nicht einmal gleich. Sie muss zwangsläufig verarmen, weil immer weniger Meinungsmacher für immer mehr Menschen den Ton angeben. Das geht auf Kosten der Vielfalt. Sollen wir zulassen, dass es bald nur noch eine Schwarz-Weiß-Version unserer bunten Welt gibt? Nein, müssen wir nicht! Darum merke: Wer selber denkt, der selber lenkt.»

Glaub an dich!

230 «Als es sich damals rumgesprochen hat, dass Debo und ich Sängerinnen werden wollen, wurden wir von sehr vielen Seiten belächelt oder ausgelacht. Aber das war uns egal, weil wir so überzeugt davon waren, dass das, was wir machen, für uns das Richtige ist. Wir haben immer an uns geglaubt, egal was alle anderen gesagt haben. Hätten wir das nicht getan, wären wir mit Sicherheit niemals so weit gekommen.»

★ **Mona** und **Debo**
von der Band «Sternblut»
(«Komm wir malen
uns das Leben»)

Jeder ist ein Star

231 «Lasst euch nicht verunsichern, wenn ihr auf Videoclips oder in Castingshows Gleichaltrige seht, die talentierter, hübscher, schlanker oder perfekter erscheinen, als ihr euch selbst wahrnehmt. Denkt immer daran: Mit Make-up, Haarteilen, Push-ups, falschen Fingernägeln, Photoshop, Vocal-Coaches, technischem Schnickschnack und einer entsprechenden Marketingmaschinerie kann man jeden Menschen zum Star machen.

★ **Gabriella Engelmann** ist Schriftstellerin («Kuss au chocolat»), www.gabriella-engelmann.de

Steht zu dem, wer ihr seid und was euch ausmacht. Denn jeder Mensch ist wertvoll – mit all seinen Macken, Besonderheiten, Stärken und Schwächen. Also: Seid euer eigener Star!»

Arbeite an deinem Weltrekord

232 «Einen Guinness World Record zu schaffen und als Weltbester anerkannt zu werden, ist ein phantatisches Gefühl. Und es ist für jeden machbar. Man braucht bloß die drei Ds: dream (Traum), determination (Entschlossenheit), dedication (Durchhaltevermögen). Mein Traum bestand darin, die längste Schlange aus Kaugummipapier herzustellen, Zentimeter für Zentimeter, einen nach dem anderen. Nach 45 Jahren Entschlossenheit und Durchhaltevermögen war meine Schlange über 19 Kilometer lang – sie reicht vom Fuß des Mount Everest bis zum Gipfel und wieder zurück. Also: Such dir einen Traum und leg los!»

★ **Gary Duschl** ist Weltrekordhalter (Kaugummipapierschlangen)

Eiskalt nur im Glas, nicht beim Gefühl

★ **Moritz Netenjakob**
ist TV-Comedyautor
(«Stromberg»), Comedian und
Autor («Macho Man»)

233 «Verzichte darauf, andere Menschen ändern zu wollen. Bringe andere Menschen auch nicht um. Serviere Coca-Cola niemals ungekühlt.»

Keine Angst mehr

234 «Wir müssen aufhören, Angst davor zu haben, das zu sein, was nicht geliebt wird. Wir werden immer geliebt. Die Angst in unserem Bewusstsein, dass es nicht so sein könnte, nimmt uns so viel Kraft, Lebensfreude und Mut. Mut, den wir brauchen, um Entscheidungen zu treffen. Kraft, die wir brauchen, diese Entscheidungen nicht aus Angst zu treffen. Lebensfreude, damit wir andere damit anstecken können. Seht mit dem Herzen und hört auf, Angst zu haben.»

★ **Evelyn Reina**
war erfolgreich als Rapperin
Alina («Nur für dich»), heute
arbeitet sie als Marketing-
Managerin

★ **Lena Schöneborn**
ist Moderne Fünfkämpferin und
gewann bei den Olympischen
Spielen 2008 in Peking Gold

Dem Stress davontoben

235 «Jeder sollte sich die Zeit nehmen für etwas Bewegung. Das dient nicht nur der körperlichen Fitness, sondern schafft auch Zufriedenheit und Ausgeglichenheit. Und damit lässt sich alltäglicher Stress viel besser meistern!»

Lachen ist die beste Medizin

236 Der erste Sonntag im Mai ist Weltlachtag. Anlass genug, mal einen Lachclub oder einen Lachyoga-Kurs zu besuchen. (Komisch: kann man auch an anderen Tagen machen.) Denn wer lacht, lebt länger und gesünder – das ist medizinisch erwiesen. Auch das Schmerzempfinden nimmt durch Lachen um bis zu einem Drittel ab. Infos unter www.lachclub.info

Fit, obwohl man gar nichts macht

237 «Versuche mal, nicht ständig an Essen zu denken. Das hält fit, obwohl man gar nichts macht.»

★ **Martin Pross** ist Partner und Vorstand der Werbeagentur Scholz & Friends Group

Vorsorge ist besser als Nachsorge

238 Auch wenn du dich gesund fühlst: Geh zu den Vorsorgeuntersuchungen J1 (zwischen 12 und 14 Jahren) und J2 (16 bis 17 Jahre) beim Kinder- und Jugendarzt. So können gesundheitliche Probleme früh erkannt werden, und wenn du Fragen hast (auch zu Sex oder Drogen), bist du ebenfalls an der richtigen Adresse.

Zahnseide benutzen

239 Hat der Zahnarzt bestimmt auch schon mal gesagt, oder? Und, tust du's? Nein? Solltest du aber! Dr. Sabine Köhler, Präsidentin des Medizinischen Beratungsdienstes der Zahnärzte, erklärt: «Dass die gründliche und regelmäßige mechanische Reinigung der Zähne sehr viel zu deren längerem oder dauerhaftem Erhalt beiträgt, hat sich in den letzten vierzig bis fünfzig Jahren herumgesprochen. Doch obwohl die Zahnbürste technisch enorm weiterentwickelt wurde, bleibt allen Bürsten gemein, dass die Zahnzwischenräume mehr oder minder schlecht erreicht werden. Immer schon haben die Menschen Nahrungsreste, die sich in den Zahnzwischenraum eingebissen hatten, mit

Hilfe eines Garnfadens entfernt: die Geburt der Zahnseide. Und da die Karies vorzugsweise zwischen den Zähnen ihren Anfang nimmt, wo eine Sichtkontrolle ohne den Einsatz von technischem Gerät wie z. B. Röntgen nicht möglich ist, ist ein Utensil zur effizienten Zahnzwischenraumpflege schon eine Idee, die die Welt ein wenig besser gemacht hat.»

Guten Argumenten zum Trotz liegt jedoch der Verbrauch von Zahnseide in Deutschland bei gerade einmal drei Metern pro Jahr und Kopf (in den USA sind es bereits fünfmal so viel). Dabei verbergen sich gerade zwischen den Zähnen bis zu 40 Prozent des Zahnbelags, der letztlich Parodontitis und Karies auslösen kann. Und auch der Atem profitiert von der Interdentalpflege, weil geruchsbildende Bakterien beseitigt werden. Das amerikanische «Journal of Periodontology» veröffentlichte zudem zwei Studien, die darauf hindeuten, dass die Bakterien, die Plaque verursachen, auch die Gefahr eines Herzinfarkts messbar erhöhen. Wichtig: Benutzung vom Zahnarzt zeigen lassen, sonst reinigt man wenig, kann aber stattdessen das Zahnfleisch verletzen. Ach ja, und natürlich täglich mindestens zweimal zwei Minuten Zähne putzen, aber wenigstens das tust du doch wohl jetzt auch schon. Oder??

Schnelle Frische

240 Wenn dir jemand ein Minzbonbon für frischen Atem anbietet – nimm es dankend an.

Echt bei sich selbst ankommen

241 «In dieser Welt kannst du über Hochhäuser springen, hast die schärfste Braut an deiner Seite oder schleppst die coolsten Typen ab, während du, ohne mit der Wimper zu zucken, die Menschheit rettest. Du springst über Züge, Autos, und als Freeclimber bist du selbstredend die Nummer eins ....

★ **Birgitta Weizenegger** ist Schauspielerin («Linden-straße») und Filmemacherin (www.heimwehfilm.com)

Und in echt?

Starrst du seit Stunden auf deinen Rechner und hast dich keinen Zentimeter bewegt! Hast Essen in dich reingestopft und mit Cola runtergespült!

Auch ich habe mich eine sehr lange Zeit in der virtuellen Welt versteckt. Sie gab mir die Kraft, die ich bei mir nicht mehr fand. Sie machte mich größer, aber im realen Leben wurde ich kleiner. Je schwächer ich wurde, desto mehr brauchte ich diese scheinbar kraftvolle Welt, in der ich alles sein durfte. Schlank, stark, sexy. Aber an einem Tag, als ich dem Bus erfolglos hinter-herlief und ein 30 Jahre älterer Mann an mir vorbeisprintete und den Bus noch bekam, war mir klar: Irgendwas läuft da total falsch!

Ich spürte, ich will *back to the roots,* ich will wieder ECHT sein!

Mit diesem Vorsatz fing ich ganz langsam an, etwas zu schwimmen, dann biken und später auch zu laufen. Langsam und ohne große Sprünge über Hauswände habe ich mir dann ein paar Ziele gesetzt. Mal einen 5-km-Lauf, dann mal eine 30-km-Radrunde, und als ich dann vor zwei Jahren meine erste olympische Distanz beim Triathlon gefinisht hatte, war mir klar: Nichts kann schöner sein, als bei sich selbst anzukommen.

Von daher: Schalte jetzt deinen PC aus, geh raus und sei echt!»

★ **Prof. Dr. Peter Loebell**
ist Vorstand der Freien
Hochschule Stuttgart

Tun, was man kann, und nichts verlangen

242 «Wie wäre die Welt ohne mich?

- Unvorstellbar.
  Was kann ich tun?
- Nicht, was alle tun sollten, sondern das, was nur ich hier und jetzt tun kann.
  Was kann ich verlangen?
- Nichts. Denn ich bin frei, weil ich dankbar sein kann für alles, was ich erhalte.»

Das ganze Leben ist ein Selbstporträt von dir

243 «Vor einer Leinwand
Nimmst den Pinsel in die Hand
Die Leinwand heißt Liebe
Damit fängt alles an

Du kennst dein Zögern
Die erste Linie ist riskant
Du malst nur einmal
Bist dein eigener Gegenstand

Da ist Licht und
Da ist Schatten
Und die Spuren unterwegs

Trägt dein Bild bei
Zu einer Welt
In der du selber gerne lebst?

Dein ganzes Leben ist ein Selbstporträt von dir
Dein ganzes Leben – von dir allein signiert
Kannst nichts mehr ändern, wenn es einmal fertig ist
Nutze die Frist, bevor die Farbe trocken ist»

★ **Dr. Reinhard K. Sprenger**
gilt als einer der einflussreichsten Management-Denker Deutschlands; außerdem ist er Musiker.

Der Song «Selbstporträt» (oben ein Textauszug)
erschien auf Sprengers CD «Eigensinn».

Zeit für Musik

244 «Ich schlage vor, die Weltverbesserung bei sich selbst zu beginnen: Mit positivem Denken durch den Tag gehen. Sich mit Freundlichkeit und Gelassenheit auf den anderen einlassen. Den Körper bewegt halten und das Träumen nicht vergessen – und sich Zeit nehmen fürs Spielen, Lachen und für die Musik. Mit seinen Freunden oder

★ **Volker Rosin**
ist Sänger («Hoppelhase Hans», «Kika Tanzalarm!»); er hat über drei Millionen CDs verkauft

auch gemeinsam mit seinen Eltern. Bleibt neugierig auf das Leben – es ist spannend!»

Quell des Wissens

245 «Geh an den Ursprung der Dinge, um den Zustand der Dinge zu verstehen.»

★ **Joy Denalane**
ist eine deutsche Soul- und R&B-Sängerin («Born & Raised»)

Geh deine eigenen Wege

246 «Sei ein Revoluzzer, sei ein Rebell! Sei ein kreativer Querdenker, gehe neue Wege. Mit dieser Maxime entstehen zukunftsfähige Innovationen, die beispiels-

★ **Niels Stolberg**
ist geschäftsführender Gesellschafter der Projekt- und Schwergutreederei Beluga Shipping GmbH

weise in sozialen Bereichen, bei umweltpolitischen Themen

oder auch im Alltag spürbare Verbesserungen bewirken können.»

Twittern gegen schlechte Laune

247 «Wenn du zu Hause mal wieder so richtig schlechte Laune hast – stell dir vor, wie ein Fremder dein Benehmen auf Twitter beschreiben würde.»

★ **Patrick Brigger** ist Mit-Gründer und CTO der Firma getAbstract (www.getabstract.com)

Bei Twitter (www.twitter.com) dürfen die pointierten Mitteilungen höchstens 140 Zeichen lang sein.

Keiner ist eine Insel

248 «Wir können die Welt nur besser machen, wenn wir bei uns persönlich beginnen. Denn der Schlüssel zu einem erfüllten und glücklichen Leben befindet sich in jedem selbst. Wir müssen nur anfangen, unser Leben aktiv und bewusst zu gestalten,

★ **Silke Kayadelen** ist Fitness- und Motivationscoach (www.active4fun.de)

und dabei offen sein für andere und Neues. Mit jedem Einzelnen, der diesem Vorsatz folgt, wird sich die Welt ein Stück verändern, zufriedener und glücklicher werden.»

Nur Mitgefühl macht glücklich

249 «Menschen wie Hitler oder Mao Tse-tung verfügten zwar über ein starkes Selbstbewusstsein, aber sie waren voller Argwohn und Hass. Sie konnten selbst nahestehenden Menschen nur mit Misstrauen begegnen. Ein misstrauischer und hasserfüllter Mensch jedoch kann nicht glücklich sein. Deshalb ist Mitgefühl mit unseren Mitmenschen so wichtig, denn letztlich wollen wir alle glücklich sein.»

★ **Dalai Lama**
nennt man das religiöse Oberhaupt der Tibeter. Der gegenwärtige 14. Dalai Lama ist der buddhistische Mönch Tendzin Gyatsho (www.dalailama.com)

248

Mund zu, Ohren auf

250 «Ich plädiere für das sogenannte Redefasten. Jeder Mensch sollte viermal im Jahr je einen ganzen Tag lang (24 h) nichts reden und nichts schreiben. Das Redefasten soll beim Entschlacken des Geistes helfen – so wie das Heilfasten beim Entschlacken des Darmes.

★ **Stefan Zschaler**
ist geschäftsführender Gesellschafter der Werbeagentur Leagas Delaney Hamburg

In unserer Welt wird viel zu viel Unausgegorenes geredet und geschrieben. Viele Menschen plappern einfach drauflos, ohne nachzudenken. Oder weil sie meinen, immer etwas sagen zu müssen. Wenn ein Mensch einen Tag lang nichts redet, denkt er automatisch mehr nach. Über sich. Über seine Welt. Und vielleicht auch darüber, wie nachlässig er mit Worten umgeht.

Umgekehrt merken seine Mitmenschen, wie sehr er ihnen fehlt, wenn der andere nicht mit ihnen spricht. Und wie wertvoll seine Worte und Gedanken für sie sind.

Oder genau das Gegenteil: Sie merken, dass sie auf diesen Menschen komplett verzichten können, weil er ohne Worte genauso wenig zu ihrem Wohlbefinden oder Weiterkommen beiträgt wie mit.»

Dem Gras beim Drüberwachsen zugucken

251 «Mal wieder ins Grüne gehen – und den Wald aus lauter Bäumen sehen. Sich darüber klarwerden, dass er vor allen anderen da war, vor Häusern und Beton, Straßen und Autos, vor Wolkenkratzern und Flugzeugen. Dazu Vogelgezwitscher als Soundtrack der Natur – und sonnige Augen unter blauem Himmel. Sich ein Lächeln ins Gesicht malen lassen, ausgeglichener nach Hause gehen, zurück in die Stadt, mit

★ **Renée Karthee**
ist Schriftstellerin
(«Schulhofgeflüster»)

brombeerblau gefärbtem Mund, die Haut duftend nach frischer Luft, die Sorgen gut verpackt in der Manteltasche, denn der Wald macht es vor, schon jahrhundertelang: Manchmal muss Gras über eine Sache wachsen.»

Du BIST die Welt

252 «Ein Lehrer von mir sagte einmal: ‹Ärgere dich nicht über den Stau, Tayfun. Sobald du mit deinem Auto drinsteckst, BIST du der Stau!›

Wir können auf unsere Gesundheit achten, unsere Mitmenschen respektieren und ihnen helfen, sollten die Natur achten,

★ **Tayfun Baydar**
ist Schauspieler («Gute Zeiten – schlechte Zeiten»)

wachsam durchs Leben gehen, materielle Dinge nicht allzu wichtig nehmen, lieber einmal ins Theater oder spazieren gehen als stundenlang vor dem Fernseher oder PC sitzen.

Wenn ich mir bewusstmache, dass ‹die Welt› nichts ist, was sich außerhalb von uns selbst befindet, sondern dass wir selber die Welt SIND, erscheint es mir gar nicht so unmöglich, sie zu verbessern. Denn wir haben sehr wohl die Möglichkeit, uns selbst zu verändern oder gar zu verbessern. Und somit auch die Welt. Wenn jeder einzelne Mensch sich seiner eigenen, persönlichen Verantwortung für ‹unsere Welt› bewusst wäre, wäre sie mit Sicherheit anders, als sie es jetzt ist. Ich glaube, es ist machbar. Einen Versuch ist es allemal wert.»

Glücksmomente auf Abruf bereithalten

253 «Ich persönlich glaube, dass man die Welt nur dann verändern kann, wenn man mit sich selbst im Reinen ist. Ist man unzufrieden, lässt man dies oft auch alle ande-

★ **Alex/Tatwaffe**
ist Mitglied der Hip Hop Band «Die Firma»

ren spüren. Fühlt man sich aber gut, dann überträgt sich diese Stimmung auch auf die Menschen, mit denen man zu tun hat.

Deshalb versuche ich, so oft wie möglich an die Momente in meinem Leben zu denken, an denen ich glücklich war oder an denen ich etwas Außergewöhnliches erlebt habe. Wenn man gezielt an die Dinge denkt, die einen positiv geprägt haben, wird einem schnell bewusst, wie viel Glück man in seinem Leben schon gehabt hat.

Das kann die erste Liebe gewesen sein, eine Krankheit, die man selber oder ein Familienmitglied besiegt hat, ein Urlaub voller Erinnerungen, ein beruflicher oder schulischer Erfolg oder einfach eine gute Zeit mit Freunden. All diese Momente halte ich auf Abruf bereit, wenn die Welt über mir zusammenzustürzen scheint.

Selbstzitat aus dem Song ‹Glücksprinzip› von Die Firma: ‹Im Prinzip ist das Glück die Summe jeder schönen Erinnerung/ Wär Glück wirklich fassbar, hätt ich all meine Finger drum.›»

Glaube an dein Talent

254 «Wir brauchen für die Zukunft viele neue Ideen, da die alten offensichtlich nicht mehr so richtig funktionieren. Aber

★ **Roland Pfaus** ist Schauspieler (u. a. «Verbotene Liebe», «Marienhof», «Unter uns»)

wer soll diese Ideen haben, und wie sollen die dann eigentlich aussehen? Um diese Ideen und Visionen zu verwirklichen, brauchen wir Menschen, die an sich und ihre Ideen glauben und sich vor allem nicht abschrecken lassen, sie in die Tat umzusetzen.

Ich bin überzeugt davon, dass jeder Mensch ein besonderes Talent hat, das es nur zu entdecken gilt. Es ist oft nicht einfach, das herauszufinden, weil man meist schnell in einer Schublade landet. Das soziale Umfeld, die Schulbildung oder die Herkunft soll darüber entscheiden, welchen Weg wir zu gehen haben. Das kann nicht sein! Deshalb: Du, der du das hier liest, hier ist meine Bitte an dich:

Völlig egal, wie deine momentane Situation ist und wie auch immer du dich selbst oder andere dich einschätzen – glaube daran, dass du ein besonderes Talent hast. Etwas, das dir leichtfällt. Etwas, was du gerne machst und was du besser kannst als viele andere. Geh diesen Weg. Glaub an deine Vision, auch wenn andere sie noch nicht sehen. Glaub an dich und daran, dass es einen ganz bestimmten Grund gibt, warum du heute ausgerechnet zu dieser Zeit an diesem Ort bist. Du bist wichtig für unsere Zukunft. Hör auf deine innere Stimme, die du in der Stille findest. Und sieh nicht nur das, was deine Augen sehen, sondern auch die Dinge dahinter.

Halte das Unmögliche nicht nur für möglich, sondern für wahrscheinlich. Hab den Mut zu deiner eigenen Meinung und steh dazu. Es ist nicht immer leicht, diesen Weg zu gehen. Dafür brauchst du Mut, Geduld und Vertrauen. Aber es lohnt sich. Und wenn man ihn erst mal beschreitet, wird vieles leichter.

Reden ist gut, handeln ist besser. Heute ist genau der richtige Tag, um damit zu beginnen, die Welt zu verändern. Und du wirst dazu beitragen!»

Einmal Anna

255 «Mit fünfzehn, voller Zukunftspläne, auf der Suche nach dem Sinn des Lebens, nach den Wurzeln meiner Herkunft, begegnete mir auf einer Silvesterparty in einem Landhaus am Strand Anna, etwa zwei Jahre älter als ich, ein sehr schönes Mädchen mit langen schwarzen Haaren und

★ **Margret Steenfatt** ist Schriftstellerin («Auf immer und ewig», «Hass im Herzen»)

großen dunklen Augen. Sie wirkte ernst, zurückhaltend, und es dauerte lange, bis sie sich auf ein Gespräch mit mir einließ. Erst in den frühen Morgenstunden des neuen Jahres, draußen auf der Terrasse, vertraute sie mir an, dass sie ihre Kindheit bei Pflegeeltern in England verbracht hatte. Ihre Eltern waren 1943 als Widerstandskämpfer gegen die Hitlerdiktatur in einem Konzentrationslager ermordet worden.

Annas Geschichte ließ mich nicht los, ich fing an, mich zu informieren, ich wollte wissen, was in meinen Kinderjahren politisch in Deutschland und der Welt geschehen war, worüber weder meine Eltern noch meine Lehrer, nicht einmal der Pastor im Konfirmationsunterricht mit mir gesprochen hatten. Mein Leben in der neuen deutschen Demokratie bekam plötzlich Risse, als mir bewusstwurde, dass ich aus Nazi-Deutschland stammte, einem verbrecherischen Staat, in dem Millionen unschuldiger Frauen, Männer und Kinder umgebracht worden waren.

Ich habe Anna nie wiedergesehen, aber ihre Geschichte lebt in meinen Gedanken und Gefühlen, sie sensibilisiert mich in meiner Arbeit als Schriftstellerin und motiviert mich, den Lesern 500 Ideen zu schenken, die vielleicht dazu beitragen können, gemeinsam die Welt zu verbessern.»

Mach dich frei von zivilisatorischen Needs

256 «Meine Erfahrung im Bereich Wildnispädagogik hat mir gezeigt, dass meine Welt für mich und andere durch Dank mehr an Reichtum gewonnen hat. Dank entsteht aus der inneren Haltung der Demut heraus, selber nur ein kurzer Gast hier auf unserer Erde und dankbar für ihre Gaben der körperlichen und seelischen Nahrung zu sein.

★ **Dr. Barbara Deubzer** ist Geschäftsführerin des Kinder der Erde e. V. (www.kinder-der-erde.de) in München

Tja, wie mache ich es – ich gehe, sooft ich kann, in die Natur an einen festen Platz und verweile beobachtend und aufmerksam dort. Die Tiere haben sich an mich gewöhnt, und ich lerne vieles aus ihrem Leben. Gleichzeitig werde ich ruhig, und diese stillen Momente nähren meine Seele. Neugierig bin ich dann auf das Wissen der Ahnen geworden – wie haben sie damals Bögen gebaut, Leder hergestellt, sich von den Pflanzen ernährt oder Feuer ohne Streichhölzer entzündet? So viele Fragen führten mich zu meinem jetzigen Berufsfeld, der Wildnispädagogik. Mein Leben wurde reich und ich bin unabhängig von vielen zivilisatorischen Needs geworden. Frei zu sein, im Einklang mit der Natur und den Menschen zu leben – welch ein Glück! Und dies wünsche ich mir auch für euch – mit Zuversicht und Lebensfreude in die Zukunft zu blicken und ein Teil der Mitwelt zu sein.»

Spiel den Frust weg

257 «Du hast Ärger mit deinen Freunden? Bist sauer? Du fühlst dich ungerecht behandelt in der Schule oder von deinen

Eltern? Die Welt ist gegen dich? – Schnapp dir einfach einen Ball und geh damit an die frische Luft oder in die Sporthalle! Sport

★ **Laura Steinbach** ist Handball-Nationalspielerin

und Spiel helfen dir, Aggressionen abzubauen, neue Kraft zu tanken, echte Kameraden zu finden, und machen mächtig Spaß. Du bist danach wieder ein besserer Mensch.»

Kampfsport befreit

258 «Macht Kampfsport! Diesen Tipp lege ich auch und insbesondere den Mädchen ans Herz.

Es kann Karate, Judo, Aikido oder Wing Tsun sein; such dir das aus, was du dir gerne ansiehst. Auf Youtube gibt es zahlreiche in-

★ **Bettina Belitz** ist Schriftstellerin («Splitterherz»)

spirierende Videos. Lösen sie das gewisse Kribbeln im Bauch aus? Oder eine feine Gänsehaut im Nacken? Dann los! Man muss keine Sportskanone sein, um einzusteigen. Vielleicht ist der Anfang hart. Vielleicht sind die Bewegungen ungewohnt. Vielleicht nerven dich die Regeln, die es dabei zu befolgen gilt. Doch bald wirst du merken: Das Training befreit, schenkt neue Energien, verleiht dir Balance. Du wirst wehrhaft und selbstsicher, und gleichzeitig lernst du, dich friedlich zu behaupten. Kampfsport führt dich zu deinen Grenzen und darüber hinaus. Du wirst Respekt ernten und im Gegenzug Respekt zeigen wollen, von ganz alleine.

Werde dein eigener Meister der Stille. Es fühlt sich schön an.»

Liebe, was du siehst

★ **Prof. Samy Molcho** ist Pantomime, Buchautor und Fachmann für Körpersprache

259 «Schau täglich morgens lächelnd in den Spiegel und liebe, was du siehst, dann wirst du auch von anderen geliebt.

260 Die Körpersprache ist der Handschuh der Seele. Lerne unsere Primärsprache, damit du deine Mitmenschen viel besser verstehen kannst.»

Kein Zwang zum Glück

261 «Eine der größten Unsitten unserer Zeit ist der Zwang zum Glück. Wehe, du bist nicht glücklich! Dann hast du etwas falsch gemacht – und schon geht es ab zum Therapeuten. Alle Welt tut so, als wenn es nicht nur ein Recht auf Glück gäbe, sondern sogar eine Pflicht dazu. Stimmt aber nicht. Wenn ein Mensch sein Leben so lebt, dass es ihn unglücklich macht, ist das verdammt nochmal seine eigene Entscheidung. Jeder Mensch hat das Recht auf sein eigenes Unglück.»

★ **Jens Johannes Kramer** schrieb u. a. «Die Stadt unter den Steinen»

258

Weg mit dem absurden Gedankenballast

262 «Eine sauteure Jeans kaufen, für die man eigentlich zu knapp bei Kasse ist, aber die trägt man jetzt halt! Auf andere neidisch sein – aus irgendeinem Grund, obwohl man selbst der glücklichste und dankbarste Mensch der Welt sein sollte, weil man gesund ist. All dieser absurde Gedankenballast muss weg. Ich versuche jeden Tag, mich auf das Wesentliche zu konzentrieren. Ich glaube fest daran, dass dadurch viele zwischenmenschliche Spannungen verschwinden und die Welt damit besser wird.»

★ **Janine Steeger** ist Moderatorin von «Explosiv – Das Magazin» auf RTL

Should I Stay or Should I Go?

263 Wenn du dich zwischen zwei Optionen nicht entscheiden kannst, wirf eine Münze. Kaum fliegt sie durch die Luft, spürst du ganz genau, auf welches Ergebnis du hoffst.

Lass dich in deine Lieblingsmusik hineinfallen

264 «‹Die Musik drückt das aus, was nicht gesagt werden kann und worüber zu schweigen unmöglich ist!› Das wusste schon Victor Hugo. Wenn also alles schwarz ist und gar nichts mehr funktioniert, nimm dir die Zeit für ein paar Minuten mit deiner Lieblingsmusik, lass dich in sie hineinfallen und nimm dir aus ihr heraus die Energie, die du zum Weitermachen brauchst.»

★ **Georg Schulz** ist Rektor der Universität für Musik und darstellende Kunst Graz

Im Jetzt baden

265 «Meine Idee, um die Welt zu verbessern, habe ich von Isaac Shapiro (www.isaacshapiro.de). Sie beruht auf der Beobachtung, dass wir dazu neigen, auf eine bessere Erfahrung zu warten. ‹Wenn dieser nervige Teil des Lebens vorbei ist, dann kann ich anfangen zu genießen.› Immer muss ein Problem gelöst werden, bevor das Leben beginnt.

★ **Eddi Hüneke** ist einer der Bariton-Sänger der Band «Wise Guys»

261

Dabei haben wir immer nur eines: die Erfahrung in diesem Moment. Das Leben geschieht jetzt. Kann ich das Jetzt genießen? Vielleicht sogar unabhängig davon, was gerade geschieht? Darauf ist unser Problemlöser-Verstand nicht vorbereitet.

Die Erfahrung des Jetzt besteht aus vielfältigen Sinneseindrücken. Augen, Nase, Haut, Ohren, der ganze Körper – ständig kommen neue Informationen herein. Ist es möglich, sie einfach zu genießen? Kannst du diesen Moment annehmen wie ein Geschenk? In diesem Moment baden?

Glückliche Menschen gehen anders mit ihren Mitmenschen und ihrer Mitwelt um. Deshalb kann Genießen die Welt verbessern.»

Was muss ich tun, damit es mir wieder gutgeht?

266 «Jeder Mensch kennt die Situation, dass man glaubt, es geht nicht mehr weiter. Man hat sich für eine fixe Idee begeistert oder einem Menschen vertraut, der sich nachher nicht als guter Freund zeigt. In dieser Situation ist alles grau bis schwarz, und du siehst mit deinen eigenen Augen nur noch rückwärtsgewandt, was alles falsch gelaufen ist, damit es so weit kommen konnte. Mir hilft in so einer Situation immer ein Blick auf die Uhr. Sie tickt unaufhörlich weiter und fragt niemanden, was denn gestern war. Der Zeiger zeigt uns deutlich auf, wie unsere Welt funktioniert: Vorwärts. Weiter. Wirft man von nun an einen Blick in die Zukunft und fragt sich bewusst: ‹Was muss ich tun, damit es mir wieder gutgeht?›, entdeckt man die vielen, vielen Möglichkeiten, sein Leben zu gestalten. Mir öffnet diese Einstellung eine Tür zu einem positiveren Leben. Daraus entsteht eine unglaubliche Kraft. Eine Kraft, die in jedem Menschen wohnt. Auch in dir.

★ **Michael Ehlers** ist Rhetoriktrainer

267 Und: Fremde sind Freunde, die man nur noch nicht kennengelernt hat.

Nicht so ernst nehmen, wie es ist

268 «Wer die Welt verbessern möchte, sollte zuerst einmal bei sich selbst anfangen. Denn nur wer mit sich im Reinen und glücklich ist, kann sich auch wirklich offen und ohne große Mühe für andere einsetzen.

★ **Jo Weil** ist Schauspieler («Verbotene Liebe»)

Hierbei sind meiner Meinung nach zwei Dinge besonders wichtig: zum einen, das Leben so zu nehmen, wie es ist! Klar gibt es mal blöde Tage, und klar passieren manchmal Dinge, die einen total vom Hocker hauen – aber all das geschieht so oder so. Ob man sich nun darüber aufregt oder nicht – das wird die Situation nicht ändern. Insofern versuche ich, jedem Ereignis in meinem Leben – und sei es auch noch so schlimm – in irgendeiner Form etwas Positives abzugewinnen. Zwar ist das nicht immer leicht, aber dennoch fahre ich damit sehr gut und habe den Kopf frei für die anderen Dinge – nämlich die, auf die ich wirklich Einfluss nehmen kann. Und zweitens sollte sich jeder von uns einfach mal nicht zu ernst nehmen! Wir leben miteinander – da hilft es, wenn man sich auch immer mal in sein Gegenüber hineinversetzt. Denn was für mich persönlich gerade superwichtig ist, kann für meinen besten Freund im gleichen Moment absolut unbedeutend sein! Deshalb – nicht immer nur die eigenen Interessen sehen, sondern mit wachen Augen durchs Leben gehen. Ich beachte diese zwei Punkte seit vielen Jahren und habe festgestellt, dass ich damit sehr viel glücklicher lebe. Und das persönliche Glück ist, wie anfangs geschrieben, der erste Schritt, um mit einem wachen Geist und Freude daran jeden Tag die Welt ein klein wenig besser zu machen.»

Denken statt reden

269 «Die Welt verbessern?! Das hört sich schwer und teuer an, ist aber ganz einfach und kostet nichts. Wenn jeder gewillt ist, nur ein wenig an sich selbst zu arbeiten, zu verändern bzw. zu verbessern, dann ist das sicherlich der erste Schritt, seinen eigenen Beitrag dazu zu leisten!

★ **Antonio di Mauro** ist Schauspieler (u. a. «Marienhof»)

Deshalb: Rede nicht darüber, wenn du Gutes tust, aber denke darüber nach, wenn du Fehler machst!»

Zünde eine Kerze an

270 «Obwohl ich keiner Religion angehöre, gehe ich oft in die Kirche. Ich tanke Kraft in der Stille und gewinne wieder meine innere Ruhe. Ich zünde immer eine Kerze an. Im Laufe der Zeit sind das viele kleine Lichter gewesen, die ich überall auf der Welt angezündet habe. Ich glaube fest an die Kraft des Lichts und der Wünsche.»

★ **Anna Lena Class** ist Schauspielerin («Rote Rosen», «Geld.Macht.Liebe»)

Nicht immer nur nach vorne hecheln

271 «Guckt nicht so viel fern! Verbringt die Abende lieber mit Freunden. **272** Dreimal die Woche Sport treiben, ein Stündchen oder so. **273** Lasst euch von der Hektik unserer Welt nicht anstecken. Sicher müssen wir uns alle auch anpassen, aber keiner muss bis zur Selbstaufgabe irgendetwas hinterherhecheln. Bleibt bei euch, macht alles in Ruhe und gründlich.»

★ **Ingo Siegner** ist Autor und Illustrator («Der kleine Drache Kokosnuss»)

Die eigene Grabrede schreiben

274 «Ich habe bei keiner Grabrede gehört, dass dort an das erinnert wurde, was die Verstorbenen nur für sich selbst getan haben. Wie kommt es dann aber trotzdem zu so viel seelischer und materieller Not in unserer unmittelbaren Umgebung? Zu so großer Not bei Milliarden Menschen auf unserer Welt, wo doch alle Verstorbenen offenbar so selbstlos gewesen sind? Mein Vorschlag: Lasst die Menschen ihre eigenen Grabreden schreiben. Ich bin sicher, sie werden sich rechtzeitig mehr mit der Not der ‹anderen› beschäftigen.»

★ **Dr. Tanja Kinkel**
ist Schriftstellerin («Säulen der Ewigkeit», «Die Puppenspieler»)

Sei kein Weltverbesserer

275 «‹Die Friedhöfe sind voller Menschen, die sich für unersetzlich hielten›, hat mein Vater immer gesagt. Und ich glaube, er hat recht. Daher mein Rat für eine bessere Welt: Nimm dich nicht so wichtig, lache auch mal über dich selbst. Und vor allem: Sei niemals ein selbsterklärter Weltverbesserer! Denn fast alle, die ihren Zeitgenossen eine bessere Welt versprachen, haben sie meist doch nur schlechter gemacht.»

★ **Andreas Klinner**
ist Moderator des Nachrichtenmagazins «heute in Europa» im ZDF

Gold fürs Ego

276 «Sich bemühen, jede Minute sein Ego zu vergolden, denn was du säst, das erntest du.»

★ **Marika Kilius**
ist eine der erfolgreichsten deutschen Eiskunstläuferinnen (u. a. Silber im Paarlauf bei den Olympischen Spielen 1960 und 1964)

On the gravestone: ICH WAR WICHTIG

Ehrlich geht am besten

277 «Ich glaube, die Welt könnte ein bisschen besser sein, wenn jeder Mensch ehrlich zu sich selbst wäre. Denn nur, wenn man zu seinen Schwächen, Fehlern, Ängsten, zu seinem Ehrgeiz und sogar Vorurteilen steht, hat man eine Chance, sie zu bekämpfen oder zumindest so gut damit umzugehen, dass niemand Schaden nimmt.»

★ **Anne Gesthuysen** ist Moderatorin des «ARD-Morgenmagazins»

★ **Mark Benecke** ist Kriminalbiologe und war Kommentator der TV-Serie «Medical Detectives»

Sowieso unnötig

278 «Aufhören zu lügen. Kostet nix, bringt viel, macht das Leben leichter und ist sowieso unnötig.»

Möglichst wenig Schlipse

279 «Mein Paps hat mir mal gesagt, dass ihm schon bewusst ist, dass man es nicht allen Menschen recht machen kann, aber dass er versucht, durchs Leben zu gehen und dabei so wenig Menschen wie möglich auf den Schlips zu treten.»

★ **Tino Mewes**
ist Schauspieler («Zweier ohne», «Die Welle», «Der rote Baron»)

Die eigene Nase

280 «Man sollte sich einfach öfter an die eigene Nase fassen und schauen, was man selbst besser machen kann, anstatt nur rundum zu kritisieren.»

★ **Revolverheld**
sind eine deutsche Rockband («Freunde bleiben», «Mit dir chilln»)

★ **Eugen Block** **Immer besser**
ist Unternehmer («Block
House», «Elysee Hotel»)

281 «Wer aufhört, besser zu sein, hört bald auf, gut zu sein.»

Hirnlos großartig

282 Als der US-Basketballer Larry Bird für einen Werbespot den Ball *nicht* in den Korb werfen sollte, brauchte er neun Versuche, bevor er das erste Mal daneben traf. Er hatte so viele tausend Mal geübt, *in* den Korb zu werfen, dass er es nicht schaffte, anders zu handeln.

Gewohnheiten lassen sich trainieren. Ob du in der Schule die «Extrameile» gehen willst, um Spitzenleistungen zu bringen, oder ob du privat etwas ändern möchtest – Übung macht den Meister. Auch wie schnell und gezielt man auf bestimmte Emotionen zurückgreifen kann, hängt davon ab, wie beständig man diese Fähigkeit trainiert. Was die meisten von uns kennen

(wenn nicht aus dem eigenen Leben, dann vom Zusehen): Ewig auf Ärger, Wut und Trauer rumzukauen verstärkt diese Gefühle. Es geht auch umgekehrt: Wir können gute Laune, Vergebung, Gelassenheit etc. einüben und stärken. Wenn du jeden Tag einen Liegestütz mehr machst, bist du nach 50 Tagen bei 50 Stück, nach 100 Tagen bei 100 Stück. Klingt machbar (und ist es auch). Damit du jeden Tag einen Moment länger oder einmal öfter positiv denkst ... genau!

Wiederhole das gewünschte Verhalten immer und immer und immer wieder, bis du gar nicht mehr anders kannst, als den Ball instinktiv jedes Mal im Korb zu versenken.

Gib 110 %

283 «Ich bin Handballerin – Sportlerin durch und durch. Ich gebe immer 110 %, egal ob im Training oder im Spiel. Mein Le-

★ **Nina Wörz**
ist Handball-Nationalspielerin

bensmotto lautet: ‹Wer kämpft, kann verlieren, wer nicht kämpft, hat schon verloren.›

Gebt immer euer Bestes, egal ob in der Schule, im Sport oder zu Hause. Wenn es trotzdem nicht zu einem Sieg oder Erfolg ausreicht, könnt ihr hinterher zufrieden und stolz in den Spiegel schauen und zu euch selbst sagen, dass ihr alles getan habt, was ihr konntet!»

Versuch macht kluch

284 Wenn es *so* nicht funktioniert, versuch es doch mal anders.

«Sowohl – als auch» statt «Entweder – oder»

285 «Das Leben ist kurz, sogar wenn man jung ist. Deswegen könnte man seine Zeit mit der Freiheit des eigenen ‹Sowohl-als-auch› füllen – statt mit der Enge eines ‹Entweder–oder›.»

★ **Daniel Aichinger**
ist Schauspieler («Alles was zählt») und Botschafter des Deutschen Kinderhilfswerkes

Gedanken mit anderen vergleichen

286 «Ich finde, die Welt wäre ein deutlich angenehmerer Ort, wenn alle Menschen täglich etwas mehr läsen. Nicht nur, weil ich Lesen für die schönste Tätigkeit überhaupt halte – nicht umsonst habe ich da mein Hobby zum Beruf gemacht. Sondern auch, weil man nirgends so viel lernen und

★ **Kai Diekmann**
ist Chefredakteur der «Bild»-Zeitung

seine Ansichten auf Fehler überprüfen kann, wie wenn man die eigenen Gedanken mit denen der anderen vergleicht. Wer nicht liest, braucht wirklich ganz, ganz viel Weisheit, um von selbst zu merken, wo er richtig- und wo er falschliegt. Die meisten Menschen sind leider nicht so schlau.»

Vorurteilsfrei eine eigene Meinung (auch über sich selbst) bilden

287 «Ich kann euch nur den Tipp geben, stets mit offenen Augen und Ohren durch die Welt zu gehen. Nur wenn man un-

★ **Nadine Angerer**
ist Fußball-Nationalspielerin

vorbelastet und vorurteilslos anderen begegnet, kann man wirklich verstehen und sich eine eigene Meinung bilden!

Aus meiner Überzeugung ist es zudem wichtig, seine eigenen Stärken genau zu kennen und diese auch weiter zu fördern. Dabei geht es nicht um standardisierte Werte wie schulischen oder beruflichen Erfolg (obwohl das sicherlich auch ein Talent sein kann), sondern um das Ausleben und Einbringen ganz eigener Qualitäten, was neben Anerkennung vor allem Freude für einen selbst bedeutet!»

★ **Lutz Marquardt**
ist Schauspieler
(«Verbotene Liebe»)

Ändere dich selbst

288 «Für mein Leben gibt es diese wichtigen Erkenntnisse:

- Wenn du etwas liebst, ist es richtig, solange du damit keinem anderen Menschen Leid zufügst.
- Was du willst, sollte das sein, was du liebst, ob es nun um Menschen geht oder vielleicht um deine Berufswahl oder dein Hobby ...
- Und wenn du etwas wirklich willst, musst du dafür kämpfen ...

- Wenn du eigene Spuren hinterlassen willst, musst du eigene Wege gehen, und das, was du machst, sollte dich erfüllen – und keinen anderen Menschen!
- Die Götter prüfen uns, ob wir auch wirklich etwas wollen, indem sie die Wege zu unseren Zielen mit Steinen versperren. Wer etwas will, muss auch scheitern können, um für sich wirklich zu wissen: ‹Ja, ich gehe weiter trotz aller Widerstände, ich lerne aus meinen Fehlern.›
- Wer seine Fehler nutzt, um aus ihnen zu lernen, macht seine Fehler zum Gewinn.
- Lebe im Augenblick, verschiebe nicht alles in irgendeine Zukunft, denn alles passiert ‹jetzt›, nicht morgen. Habe keine Angst zu leben, sondern fürchte dich lieber davor, nie mit irgendetwas anzufangen. Dann rauscht dein Leben ohne dich an dir vorbei, und du bist ein Spielball der Launen anderer!
- Glück oder Unglück dieser Welt haben ihren Anfang in uns selbst, wir sind eine kleine Welt, wie sieht es in deiner kleinen Welt aus?
- Ändere den Menschen im Spiegel, bevor du den Planeten verändern willst … dann wird diese Welt täglich ein bisschen besser!

Fang jetzt an ;-)»

Danke Gott, statt im Geiste jemand zu killen

289 «Ein schöner sonniger Tag, ich habe lecker gefrühstückt und sicherlich drei Gläser Milch verputzt … Jetzt sitze ich auf meinem Rad und gurke in die Stadt, um mich mit Freunden zu treffen oder noch das ein oder andere zu erledigen. Plötzlich

★ **Benjamin Martins** ist Schauspieler («Schloss Einstein»)

nimmt mir an einer Kreuzung irgendein Autofahrer die Vorfahrt und hupt auch noch frech, als ob ich einen Fehler gemacht hätte. Das bringt mich zur Weißglut. Zehn Minuten später (in der Zwischenzeit war ich schon beim Bäcker und strample nun wieder) stelle ich fest, dass ich mich immer noch in einem imaginären Streitgespräch befinde und mich richtig mies fühle. Die letzten 600 Sekunden habe ich damit zugebracht, mir vorzustellen, wie dieser Verkehrslegastheniker aussteigt und wir uns heftig streiten. Natürlich ist der werte Herr in meiner Vorstellung nicht so schlagfertig wie ich und wird später von der Polizei mit einem Schlagstock verprügelt. Letztendlich komme ich bei meinen Freunden an und bin ganz geschafft von dem Streit (den es ja tatsächlich nie gegeben hat).

Ich habe mir angewöhnt, in solchen Situationen einfach an Gott zu denken und ihm für alles zu danken, was mir gerade in den Sinn kommt: für die Sonne, die gerade scheint, für die krassen Bäume und Pflanzen, die er gemacht hat, dass mich der blöde Autofahrer nicht plattgefahren hat, dass ich Freunde habe und in ätzend schweren Zeiten immer jemand für mich da war.

Wenn ich das hinkriege, geht es mir selbst viel besser, und ich komme auch nicht so angepisst bei meinen Freunden an. Meine Stimmung und meine Ausstrahlung verändern sich, und die Welt um mich herum steht plötzlich in einem ganz anderen Licht da. Also, wenn du das nächste Mal wieder jemanden in deinen Gedanken killen willst, laber dem Schöpfer der Welt doch einfach die Backe voll. Es wird dein Leben verändern ...»

Die eigenen Augen

290   «Klatsche nur im Notfall mit, wenn der Typ auf der Bühne in die Menge ruft: ‹Und jetzt alle!› Das ist eine Philosophiefrage: Klar, es gibt immer Autoritäten im Leben. Das ist gut so – diese Autoritäten prägen unsere persönliche Denkweise, inspirieren und eröffnen neue Perspektiven. Aber die Welt wird ein besserer Ort, wenn man Autoritäten hin und wieder hinterfragt und Dinge niemals tut, nur, weil es alle tun.»

★ **Olaf Czeschner**
ist Geschäftsführer Kreation bei «Neue Digitale/Razorfish»

Tun oder lassen, das ist hier die Frage

291   «Was immer du tust: Verantworte es. Was du nicht verantworten kannst: Lass es.»

★ **Prof. Dr. Daniel Perrin**
leitet das IAM Institut für Angewandte Medienwissenschaft der Zürcher Hochschule für Angewandte Wissenschaften

Nichts passiert

292   «Was man nicht macht, passiert nicht.»

★ **Ben Becker**
ist Schauspieler («Schlafes Bruder», «Comedian Harmonists»), Sänger und Kinderbuchautor («Bruno. Der Junge mit den grünen Haaren»/«Brunos Weihnachten»)

★ **Marlene Lufen** **Gedanken lenken**
ist Moderatorin (Sat.1, WDR) **293** «Unsere Gedanken lenken unser eigenes Leben, zum Guten und zum Schlechten. Schenken wir uns also selbst mehr Zufriedenheit statt Neid und Missgunst! Wir machen vor allem uns selbst damit glücklich und haben dazu noch so viel mehr Energie, anderen herzlicher und liebevoller entgegenzutreten.»

★ **Isabella Jantz** **Schaffe eine neue Welt**
ist Schauspielerin **294** «Deine Welt ist dein Herz.
(«Sturm der Liebe») Kämpfe für dein Herz,
und wir werden zusammen stark sein,
füreinander da sein,
und schaffen uns eine neue Welt.»

★ **Achim Szymanski** **Aufgepasst!**
ist Autor und Werbetexter; **295** «Lebe jeden Moment so, als wäre es
er war u. a. Ghostwriter dein erster.»
für Thomas Gottschalks Late
Night Show

★ **Angela Sommer-** **Flieg zur Milchstraße**
Bodenburg **296** «– Schimmere, leuchte –
ist Schriftstellerin Fürchte die Dunkelheit nicht –
(«Der kleine Vampir») Lass dich von Büchern verzaubern –
Erweitere deinen Horizont –
Breite die Flügel aus –
Flieg zur Milchstraße –
Sei ein Stern –
Schimmere, leuchte –»

Kaufen & Verkaufen ★

Die andere Seite des Recyclings

297 Recycling ist nur sinnvoll, wenn die entsprechenden Produkte auch gekauft werden. Aus Glas wird neues Glas, Plastikmüll wird eingeschmolzen zu neuem Plastik. In diesen Fällen bemerkt der Konsument den Recyclinganteil nicht. Bei Papierprodukten hingegen kann man es sehen, denn sie sind meist grau (um aggressive Bleichmittel zu vermeiden). Gewöhne dich daran und greife, wann immer möglich, zu Recycling-Papier, -Toilettenpapier, -Taschentüchern, -Schulheften, -Notizblöcken usw.

Kauft keinen Schrott

298 «Ökonomisch wie ökologisch betrachtet ist eine der schlimmsten Plagen unserer Zeit die gezielte Unbrauchbarkeit von Dingen (dass also Sachen hergestellt werden, die einfach nach einer bestimmten und recht kurzen Zeit kaputtgehen). Das sollte man nicht als materielles Schwungrad sehen. Stattdessen wäre es ökonomisch wie ökologisch wünschenswert, weniger Müll zu produzieren.

★ **Robin Arcuri** ist Schauspielerin («Movin G») und Model («Sports Illustrated»)

Die Welt wäre ein besserer Ort, wenn Firmen sich auf Qualität und Haltbarkeit konzentrierten, statt bloß ihre Verkaufsvorgaben erreichen zu wollen.»

Form and Function

★ **Christiane Dierks** ist Inhaberin des Image Institute, Hamburg (www.the-image-institute.de)

299 «Wann immer ich mich für etwas entscheide – einen neuen Computer, einen Rucksack, ein Glas Marmelade oder was auch immer –, steht zwar zunächst die Funktion und die Erfüllung des Bedarfs im

Vordergrund. Aber ich entscheide mich nie, ohne mir zusätzlich die Frage gestellt zu haben: Ist es auch ästhetisch? Sieht es schön aus? Wir Menschen sind Augentiere, der Großteil unserer Wahrnehmung läuft über das Sehen, und unsere Umgebung beeinflusst uns, das ist erwiesen.

‹Arbeit ist sichtbar gemachte Liebe›, hat der Philosoph Khalil Gibran einmal gesagt. So betrachte ich heute die Welt, auch wenn ich beim Bäcker stehe, und entscheide mich dann für etwas, das erkennbar liebevoll gestaltet ist. Blicke ich in ein liebevoll dekoriertes Fenster bei einem Friseurladen, weiß ich, hier wird man auch meine Haare liebevoll und achtsam behandeln. Dass dafür nicht immer mehr Geld eingesetzt werden muss, versteht sich von selbst.»

Chemiekeule Baumwolle entschärfen

300 Auf kein anderes Gewächs wird derart viel Chemie gesprüht wie auf Baumwolle. Etwa 10 bis 20 Prozent der weltweit eingesetzten Pestizide sowie rund 25 Prozent der Insektenvernichtungsmittel landen auf Baumwollfeldern – etliche davon sind nachgewiesenermaßen krebserregend. Für ein einziges Baumwoll-T-Shirt werden 150 Gramm Pestizide verbraucht – das ist so viel wie eine Tasse Zucker! Folge: In den USA können bereits 73 unterschiedliche Pestizide im Grundwasser nachgewiesen werden. Baumwollstoffe statt Polyester (der sich, wie alle Kunststoffe, nie zersetzt) sind daher nicht uneingeschränkt die richtige Wahl. Immer mehr Hersteller bieten jedoch Öko-Baumwollkleidung an – die solltest du in Betracht ziehen. Immerhin trägst du die Sachen direkt auf der Haut. Und gleichzeitig tust du den Baumwollfarmern und den T-Shirt-Nähern auf der anderen Seite der Welt einen Gefallen. Das ist nicht nur individuell eine beruhigende Entscheidung, sondern die erhöhte

Nachfrage sorgt zugleich für Konsumentendruck: Klamotten-Gigant H&M beispielsweise hat von 2006 bis 2009 die verwendete Menge ökologisch angebauter Baumwolle verhundertfacht.

Unbedenkliche Alternativen sind zudem: Sojastoffe (aus Resten der Tofuproduktion gefertigt), Bambusblusen, Hanf, Tencel/Lyocell und Funktions-Gewebe aus recycelten PET-Flaschen (z. B. von der Outdoor-Firma Patagonia).

Oben ohne – oben mit

★ **Annette Sabersky**
ist Ernährungswissenschaftlerin, Journalistin, Buchautorin
(u. a. «Versteckte Dickmacher» und «Die Qualitätslüge»)

301 «Ein T-Shirt weniger pro Sommer. Für die Herstellung eines Baumwollshirts werden 2000 Liter Wasser verschwendet.

302 Und immer den Deckel auf den Topf. Dadurch kann beim Kochen rund 30 Prozent Energie gespart werden.»

★ **Irene Kugelmann**
ist Creative Director
ADC-Mitglied

Glas statt Fleece

303 «Auch wenn es schwer ist und schwerfällt: auf Einweg-Pfandflaschen verzichten und lieber doch Glas hochschleppen. So viel PET und Fleece-Jacken braucht die Welt nicht.»

Jede Einweggetränkeverpackung verbraucht drei- bis fünfmal so viel Energie wie vergleichbare Mehrwegflaschen.

Minipack macht Maximüll

304 Immer mehr Lebensmittel und Produkte gibt es in Minigrößen (von Wurst bis Schokolade). Die sollte man, wenn es geht, vermeiden: Kauf lieber möglichst viel Inhalt mit möglichst wenig Verpackungsmüll drumrum.

Geld «gut» anlegen

305 Erstes Spar- oder Girokonto? Geh zu einer Bank, die Geld ökologisch und sozial korrekt anlegt. Spareinlagen sind hier staatlich im gleichen Umfang garantiert wie bei allen anderen deutschen Banken.Die Gebühren sind ähnlich wie anderswo.

GLS Bank: www.gls.de; gesetzliche Einlagensicherung und zusätzlich Mitglied im Sicherungsfonds des Bundesverbandes der Deutschen Volksbanken und Raiffeisenbanken

Umweltbank: www.umweltbank.de; gesetzliche Einlagensicherung

Ethikbank: www.ethikbank.de; gesetzliche Einlagensicherung und zusätzlich Mitglied im Sicherungsfonds des Bundesverbandes der Deutschen Volksbanken und Raiffeisenbanken

Lass Scheine sprechen

306 Bist du sauer über irgendetwas? Hast du etwas Erschreckendes oder Erstaunliches in Erfahrung gebracht und hättest gern, dass die ganze Welt davon erfährt? Menschen achten auf Geld. Und auf rote Schrift. Also schreibe in Rot auf den Rand eines Scheins, was du zu sagen hast!

Zum Beispiel:

• Über eine Milliarde Menschen lebt von unter 1 Dollar pro Tag.

- Jede fünfte Frau wird Opfer einer (versuchten) Vergewaltigung.
- Kondome schützen – täglich stecken sich 14 000 Menschen mit HIV/AIDS an.
- Bitte schenke diesen Schein jemandem, der ihn nötiger hat!
- Bitte lächeln!
- Wählen ist ein Privileg!
- www.deine-stimme-gegen-armut.de

Wichtig: Kritzle nicht den ganzen Schein voll, bleib kurz und präzise. Schreib so, dass es die Menschen anspricht, neugierig macht, fasziniert. Du kannst auch eine eigene Website angeben, aber Vorsicht: Theoretisch sind die Scheine Eigentum der Deutschen Bundesbank, und deine Beschriftung stellt eine Sachbeschädigung dar. Entscheidend wichtig (auch um den nächsten Nutzer nicht zu nerven) ist, nicht an den Ziffern oder der laufenden Nummer rumzukrakeln, sondern nur auf dem Rand.

★ **Gregor Wöltje**
ist Gründer und Aufsichtsrat von Utopia.de sowie Gründer des Bio-Wok Restaurants WakuWaku und Unternehmensberater für Nachhaltigkeit

Strategisch shoppen

307 «Konsumiere strategisch! Begreife *jeden* Fünf-Euro-Schein, den du ausgibst, als Wahlzettel, mit dem du für oder gegen Gesundheit, eine intakte Umwelt, faire Arbeitsbedingungen und eine zukunftsfähige Gesellschaft stimmen kannst. Gute Alternativen gibt es heute in allen Bereichen.»

Respekt vor der Kuh

308 «Kauf keine billige Milch. Hab Respekt vor der Kuh.»

★ **Olaf Oldigs**
ist Geschäftsführer Creation der Werbeagentur Kolle Rebbe

Spar dir die Reinigung

309 Kleidung chemisch reinigen zu lassen ist teuer und belastet die Umwelt. Viele Kleidungsstücke kriegst du auch selbst in der Waschmaschine sauber, z. B. einfarbige Wolle und Viskose als Feinwäsche mit Wollwaschmittel. Eine besonders zarte Alternative ist auch Babyshampoo in handwarmem Wasser in Waschbecken oder Badewanne.

Das neueste Statussymbol auf dem Schreibtisch

310 Kaufe keinen neuen Stiftehalter, sondern nimm einen der zahllosen Becher, die ihr zu Hause rumstehen habt (oder z. B. eine alte Teedose).

Werbung täglich verbessern

311 «Kaufe nur Produkte, deren Werbung dich nicht nervt. Kaufe auf gar keinen Fall Produkte, deren Werbung dich nervt. Das ist dann schon mal das Ende der nervigen Werbung.»

★ **Kai Fehse**
ist Vorstand der Werbeagentur For Sale

Von Sklaverei freikaufen

312 «Informationen können die Welt verbessern. Wer weiß, welche Geschichte ein Produkt hat, der kann die Welt schon beim ganz normalen Einkauf verbessern. Gemüse und Obst aus fernen Ländern kann oft

★ **Klas Bömecke**
ist Wissens-Reporter in der ARD-Sendung «Kopfball»

nur mittels massiver Bewässerung gezüchtet werden. Grundwasserspiegel senken sich dadurch ab, ganze Regionen versteppen. Die Produktion von Fleisch findet häufig unter miserablen Umständen für die Tiere statt. Darüber hinaus werden dabei große Mengen an natürlichen Ressourcen verbraucht. Die ganz normale Tafel Schokolade ist vielfach ein Produkt der Sklaverei. In Ländern wie z. B. der Elfenbeinküste leben und arbeiten zigtausend Kinder als Leibeigene auf Kakaoplantagen.

All diese Informationen sind nicht geheim. Es gibt sie im Internet, sauber recherchiert und präsentiert von seriösen Quellen. Niemand muss zum Hardcore-Ökofreak oder zum strikten Veganer werden. Aber jede Entscheidung am Supermarktregal beeinflusst die Welt. Und schon ein Kilo Gemüse aus der heimischen Region und eine Tafel Schokolade aus fairem Handel sind ein Schritt auf dem richtigen Weg. Jeder kann also die Welt ein bisschen besser machen. Jeden Tag. Und es kann sofort losgehen.»

Verbrauchermacht organisieren

313 «Jeder, der ab und zu in einem Supermarkt einkauft, kann die Welt verbessern. Vorausgesetzt, die Verbraucher werden sich viel stärker der unglaublichen Macht bewusst, die sie in einer Marktwirtschaft besitzen – und nutzen sie für eine lebenswertere Welt für alle. Schlicht mit Kauf oder Nichtkauf von Produkten und Marken kann jeder Einzelne darüber bestimmen, wie Artikel produziert werden, wie Menschenrechte oder Tierschutz bei der Produktion berücksichtigt werden, ob politisch fragwürdige Eigentümer von Marken Erfolg haben oder nicht. Nie war es für Verbraucher so einfach wie heute, sich zu organisieren, sich

★ **Ralf Heuel**
ist Geschäftsführer Kreation
und Partner der Werbeagentur
Grabarz & Partner

auszutauschen, Transparenz zu erzeugen und dann Produkte und Marken zu boykottieren oder zu belohnen. Alles, was man dafür braucht, ist Interesse. Und einen Internetanschluss.»

Schön versiegelt

314 Es gibt inzwischen alle möglichen Biosiegel, und wer ein ganz besonders mieses Produkt anpreisen will, knallt ein möglichst ähnliches Signet von einem Phantasie-Verband drauf, um Käufer zu narren. Achte daher auf die Originale:

1.

2.

3.

4.

5.

6.

7./8.

9.

10.

11.

1. das Biosiegel des Bundesministeriums für Ernährung, Landwirtschaft und Verbraucherschutz 2. das Bioland-Siegel 3. das Demeter-Logo 4. das Biopark-Logo 5. Naturland 6. der Gäa-Verband 7./8. der Biokreis hat zwei Logos 9. Fairtrade (gerechter Handel) 10. FSC (Holz) 11. MSC (Fisch)

Frische ernten und mit der Zeit gehen

315 «Kauft keine Lebensmittel, von denen ihr wisst: Da liegt ein langer Transportweg vor – zum Beispiel argentinisches Rindfleisch, exotische Südseefische usw. Je kürzer der Transportweg, desto frischer kann das Produkt verkauft und letztlich verarbeitet werden. Und: Kocht ‹mit der Saison›, das ist eine Profiküchenregel, und damit werdet ihr auch zu Hause gut klarkommen. Soll heißen: Spargel zur Spargelzeit und nicht im Winter. Gleiches gilt natürlich für Erdbeeren usw. Und auch umgekehrt: Wirsinggemüse gehört nicht im Sommer auf den Speiseplan.»

★ **Mario Kotoska** ist Küchenchef im «La Société», Köln; er wurde mit einem Michelin-Stern ausgezeichnet und gehörte zum Team der VOX-Dokusoap «Die Küchenchefs»

Nah und gut

316 «Kauft am besten Lebensmittel so oft wie möglich von lokalen Erzeugern – wenn's geht, natürlich bio. Das spart die langen Lkw-Fahrten, unterstützt die heimische Wirtschaft, und schmecken tut's auch noch besser. Denn, mal ehrlich, wie lecker schmecken denn tagelang umhergekurvte Tomaten?»

★ **Kimsy von Reischach** ist Moderatorin

Alles hat seinen Preis

★ **Stefan Kolle** ist Geschäftsführer der Werbeagentur Kolle Rebbe

317 «Für den nächsten Einkaufszettel: Überlege genau, wo du einkaufst und was du kaufst. Kaufe lieber bei kleinen, inhabergeführten Läden als bei großen Ketten und Konzernen ein und sorge so für Artenvielfalt in den Einkaufsstraßen. Kaufe kein Mineralwasser, das mehr als 100 Kilometer gereist ist. Und verzichte auf zu Billiges. Denn jedes extrem günstige Angebot von der Discount-

Bluse bis zum Billig-Brathahn finanzierst du durch extrem ungünstige Bedingungen für Schneider und Hahn.»

Pfandspenden im Supermarkt

318 Im Supermarkt um die Ecke fragen, ob der Chef einverstanden ist, wenn Kunden ihre Pfand-Bons spenden. Wenn ja: kleine Plastikbox neben die Pfand-Automaten, daneben eine Erklärung des geförderten Projektes (z. B. eine Schulbibliothek). Einmal pro Woche (oder einmal im Monat) werden dann die gesammelten Pfandbons ausbezahlt. So kriegt man viel zusammen, weil die Kunden Geld nicht weggeben müssen, was ja keiner wirklich gern macht, sondern nur kein Geld zurückbekommen, was weniger wehtut.

Faulheit hilft

319 Du hast vielleicht keine Lust (oder Möglichkeit), deine Pfandflasche nach dem Austrinken zurückzugeben. Wirf sie nicht in den Müll, sondern lege sie gut sichtbar auf eine Bank oder stelle sie notfalls neben den Mülleimer. Die Wahrscheinlichkeit ist groß, dass jemand sie mitnehmen (und recyceln) wird, der sich über das Pfandgeld freut, egal ob Schüler oder Bettler.

Freiwillig draufzahlen

320 An fast jeder Supermarktkasse steht ein kleines Spendendöschen. Und fast jeder Supermarktpreis endet auf ,99. Wenn jeder nur einen Cent pro Woche spendete, kämen in Deutschland, Österreich und der Schweiz über 50 Millionen Euro im Jahr zusammen!

Bio-Milch lohnt sich – moralisch

321 Bei vielen Bio-Produkten ist die direkte Belastung mit Schadstoffen geringer als bei konventionell angebauten bzw. hergestellten Produkten. Das gilt vor allem für Obst und Gemüse. Wer also «Bio» in erster Linie aus unmittelbar gesundheitlichen Gründen kauft, bekommt hier am meisten Vorteil fürs Geld. Bei Bio-Milch beispielsweise ist das nicht so – im Qualitätstest schneidet sie nicht besser ab als gute herkömmliche Milch. Das Gleiche gilt (immer mit Ausnahmen nach oben und unten) für Bio-Eier und sogar für Bio-Fleisch (natürlich immer im Vergleich zu guter konventioneller Ware, nicht zu hormonprallem Gammelfleisch).

Dennoch gibt es gute Gründe, sich auch bei diesen Produkten für die Bio-Variante zu entscheiden:

1. In der Bio-Produktion werden viele Chemikalien und Arzneimittel gar nicht oder zumindest gezielt und daher in wesentlich geringerer Menge eingesetzt. Viele Tiere aus der Massenzucht bekommen z.B. Antibiotika (bei denen sich der Arzt immer ein wenig ziert, sie Menschen zu verschreiben) einfach

«vorsichtshalber» ins Futter gemischt, ebenso wie Wachstumshormone. Ein Großteil dieser Stoffe endet in Kläranlagen und im Grundwasser, erreicht so letztlich irgendwann uns alle.

2. Tiere großzuziehen, um sie zu schlachten, ist sowieso «gemein» fürs Tier. Muss es dann vorher noch mehr leiden, weil es eng eingepfercht wird?

3. Massenproduktion konkurriert immer mit der Massenproduktion von nebenan – das heißt, es herrscht ständiger Preisdruck. Beim Bio-Anbau soll es auch den Bauern möglich sein, ein vernünftiges Auskommen zu finden.

Der Grund, z. B. zu Bio-Milch zu greifen, ist also eher moralisch, politisch, grundsätzlich als unmittelbar durch die eigene Gesundheit motiviert. Nicht jedes konventionell angebaute Produkt macht die Welt schlechter. Aber jedes Bio-Produkt macht sie ein klein wenig besser. Der Hauptgrund ist die geringere Schadstoffbelastung sowohl für Konsumenten als auch für Produzenten/Umwelt/Anwohner sowie die besseren Produktionsbedingungen (größere Ställe, höhere Löhne etc.), was aber natürlich für die Discounter nur begrenzt gilt.

Politisch korrekt shoppen (leider nicht) leichtgemacht

322 Zum gleichen Preis wie konventionelle Ware im Supermarkt bekommt man Bio-Produkte beim Discounter. Sollte man lieber die nehmen? Diese Frage kann man leider nicht ganz einfach beantworten. Discounter haben ihre Vorteile, vor allem wenn das Hauhaltsbudget knapp ist. Sie behandeln aber Angestellte und Lieferanten nicht immer optimal. Die Moral sagt also: Im Zweifelsfall nicht beim Discounter kaufen. Bio andererseits ist Bio, und weil gerade die Billiganbieter sehr kritisch beäugt werden, achten sie besonders darauf, Qualitätsstandards einzuhalten. Das ist bei einem begrenzten Sortiment auch leichter zu bewerkstelligen.

Die meisten Supermärkte wiederum bieten inzwischen regionale Ware an, was aufgrund der kurzen Transportwege ebenfalls eine gute Wahl ist. Bio-Kartoffeln aus Ägypten haben eine deutlich schlechtere Öko-Bilanz, als konventionelle Kartoffeln aus der Region. Diese im Supermarkt zu kaufen ist sogar die bessere Entscheidung, als extra direkt zum Hofladen zu fahren – es sei denn, mit dem Rad.

Kurz gefasst: Qualitativ ist es egal, ob die Bioware vom Discounter stammt. Aber Wege (sowohl der Ware als auch eigene) zu vermeiden ist ökologisch sinnvoller, als jedes Einzelteil politisch korrekt einzukaufen.

Erfolgsrezept

323 «Gutes Essen macht glücklich. Schon aus wenigen Zutaten werden Erfolgsrezepte. Wer das Kochen liebt, dem sind auch die Zutaten nicht schnuppe. Das hilft allen, die Lebensmittel nicht industriell herstellen. Kochende Menschen haben auch gerne Gäste. Am Tisch entstehen Gespräche, Ideen, enge Beziehungen. Noch mehr Zutaten für eine bessere Welt.»

★ **Britta Poetzsch** ist Executive Creative Director bei McCann-Erickson

Was finde ich gut und warum?

324 «Hinterfrage Dinge aus deinem Alltag, um Dinge besser zu verstehen und Entscheidungen treffen zu können. Ist es richtig und wichtig, Erdbeeren im Winter zu essen? Habe ich schon mal gelesen, was auf der Zutatenliste meines Joghurts steht? Möchte ich Fleisch aus anderen Ländern essen, in denen die Menschen Hunger leiden? Möchte ich Kleidung tragen, die vielleicht von Kindern in meinem Alter genäht wurde? Was möchte ich mal werden, wer möchte ich sein? Was stört mich, was kann ich wie verändern? Was finde ich gut und warum?

★ **Leopold Brötzmann** ist Gründer des Blogs www.lilligreen.de, das sich mit nachhaltigem Design befasst

Um unsere eigenen Sünden klein zu halten, fahren wir viel Fahrrad, ernähren uns so gut es geht biologisch und vegetarisch, haben zwei Kinder und stellen uns gegenseitig immer viele Fragen über uns, unsere Umwelt und über unsere Zukunft! Auf ‹Lilli Green› berichten wir über spannendes Design, Produkte und Projekte, die zeigen sollen, dass Nachhaltigkeit alles andere als langweilig ist. Viel Erfolg bei deinen Fragen!»

eBay vor Ort

325 Vor noch nicht allzu langer Zeit gab es in Großstädten dicke wöchentliche Kleinanzeigen-Zeitungen. Sie sind ein Opfer der «eBayisierung» der Welt geworden – ist der Markt größer (und auf eBay ist er potenziell weltweit), steigt der Preis für die Ware. Deswegen sind zuerst die Verkäufer und im Anschluss die Käufer zu eBay abgewandert. Die Auswahl dort ist riesig – aber die Versandkosten sind es oft auch; hinzu kommt die Umweltbelastung durch den Transport. Aber eBay bietet eine Ausweichlösung: In der Suchfilterleiste links kannst du (recht weit unten) eine Entfernung zu deinem Standort definieren und auf diese Weise nur Angebote anzeigen lassen, die sich in deiner Nähe befinden. Auch in der «Erweiterten Suche» ist dieses Kriterium wählbar. Bonus: Oft ist auch eine Vorabbesichtigung möglich, was manche Enttäuschung vermeidet. Allerdings ist es vor allem bei Händlern nicht immer möglich, ersteigerte Waren selbst abzuholen – unbedingt Auktionsbedingungen lesen oder nachfragen!

Beim Onlineshoppen spenden

326 Willst du etwas bei Amazon bestellen, besuche die Seite über den Umweg www.clever-spenden.de: Dort den Button in der Mitte anklicken und wie gewohnt bei Amazon einkaufen – bis zu 5 % des Einkaufswertes werden von Amazon als «Werbekostenerstattung» an den «Clever-spenden-e.V.» überwiesen, der davon u. a. Menschen in den ärmsten Ländern der Welt mit Mikrokrediten unterstützt. Das Geld wird von Amazon ausgezahlt, der Preis der Ware verändert sich nicht. Am besten auch deinen Eltern sagen – wenn die z. B. einen 1000-Euro-Fernseher so bestellen, bringt das gleich 50 Euro.

Die Zeit ist gekommen

327 Deine nächste Armbanduhr sollte zum Aufziehen sein, statt mit Batterie betrieben zu werden – retro-chic und umweltschonend.

Faire Handys

328 «Alle zwei Jahre neuer Vertrag, neues Handy, und das alles zum Nulltarif? Zum Nulltarif für wen? Die meisten Mobiltelefone werden in Entwicklungsländern produziert, wo viele Menschen zwölf Stunden am Tag an sechs bis sieben Tagen in der Woche unsere Handys zusammenbauen. Dabei verdienen sie so wenig, dass es oft nicht reicht, ihre Familien angemessen zu ernähren. Viele der Metalle, die notwendig sind, damit dein Handy funktioniert, werden bald knapp. In einigen Regionen, wo sie abgebaut werden, wie zum Beispiel im Kongo, haben sie auch schon dazu beigetragen, Konflikte und Kriege anzuheizen. Alles in allem ein hoher Preis für ein ‹kostenloses› Handy. Du kannst etwas tun! Zum Beispiel: Das Handy etwas länger behalten. Hast du schon alte abgelegte Handys zu Hause, kannst du sie in den Laden zurückbringen, wo du sie erhalten hast. Dein Mobilfunkanbieter kann sie somit recyceln – und es werden weniger neue Rohstoffe für neue Handys gebraucht. Und beim Projekt makeITfair kannst du dich darüber informieren, was du sonst noch tun kannst, damit Handys in Zukunft fair produziert werden.»

★ **Christoph Bals** ist Politischer Geschäftsführer von Germanwatch

Weitere Informationen unter:
http://www.germanwatch.org/

Haushalt & Alltag ★

Weniger Fleisch essen

329 «Früher war es üblich, dass es nur einmal pro Woche Fleisch zu essen gab. Das lag zwar vor allem daran, dass sich nur wenige Menschen mehr als eine Fleischmahlzeit leisten konnten, aber es hatte mehrere gute ‹Nebeneffekte›. Fleisch ist ein Luxusartikel. Der Wohlstand hat uns die Möglichkeit gegeben, wenn wir wollen, täglich Fleisch zu essen. Doch auch wenn es möglich ist, ist es deshalb nicht gut: Die Produktion von Fleisch verbraucht ein Vielfaches an pflanzlichen Nahrungsmitteln, d.h., viel mehr Menschen könnten vom Ertrag einer Ernte satt werden, wenn man diesen Ertrag nicht an Tiere verfüttern, sondern den Menschen als Nahrung zur Verfügung stellen würde. Höherer Produktionseinsatz bedeutet aber auch stärkere Klimabelastung durch höheren CO_2-Ausstoß.

★ **Petra Gerster** ist Nachrichtenmoderatorin («heute») und Buchautorin («Reifeprüfung»)

Dazu kommt, dass durch die Haltung der Tiere die Umwelt massiv belastet wird. Und schließlich ist ein zu großer Fleischkonsum auch nicht gut für die Gesundheit, weil er bei vielen Menschen zu einem höheren Harnsäurespiegel (Gichtgefahr) oder zu höherem Blutdruck (Gefahr von Herz-Kreislauf-Erkrankungen) führt. Kurzum, weniger Fleisch zu essen ist nicht nur besser für die Umwelt, es ist auch besser für die Gesundheit. Auch für die der armen Tiere, weil sie ihr kurzes, freudloses Leben eingepfercht in überfüllten Ställen zubringen müssen, ohne je die Sonne oder das Gras zu sehen. Deshalb: Zurück zur guten alten Tradition, nur einmal in der Woche Fleisch auf den Tisch!»

Kurz vor Selbstversorger

330 «Wir sollten statt der vielen Tierprodukte wieder mehr Obst und Gemüse essen und nur noch regionale Lebensmittel konsumieren. Das schützt Mensch, Tier und Umwelt. Und es ist lecker und gesund.»

★ **Jan Philipp Albrecht,** Bündnis 90/Die Grünen, war Sprecher der Grünen Jugend und gehört als jüngster deutscher Abgeordneter dem Europäischen Parlament an

Ein Kilo Fleisch = zwei Jahre duschen

331 «Um ein Kilogramm Rindfleisch zu erzeugen, werden bis zu 16 Kilogramm Getreide benötigt, welches das Rind im Laufe seines Lebens frisst. Wenn dieses Getreide direkt vom Menschen gegessen würde, könnten viel mehr Menschen satt werden und müssten nicht mehr hungern. Außerdem braucht man etwa 16 000 Liter Wasser für ein Kilogramm Fleisch, vor allem um das Viehfutter anzubauen und für die Kuh selbst. Mit so viel Wasser könntest du etwa zwei Jahre lang jeden Tag duschen. Die gesamte Viehhaltung trägt mehr zum Klimawandel bei als alle Autos, Flugzeuge und Bahnen auf der ganzen Welt zusammengerechnet. Je weniger Fleisch du isst, desto mehr schützt du aktiv die Umwelt!»

★ **Irina Itschert** ist Gründerin von Rezeptefuchs.de

Rezeptefuchs (www.rezeptefuchs.de) bietet ausschließlich vegane Rezepte und ist mit 250 000 Aufrufen/Monat das größte deutsche Internetportal zu diesem Thema

Geschmacksexplosion aus dem Weltall

332 «Ich beschäftige mich intensiv mit dem Thema Ernährung und schlage daher vor, ein Weltall-Brot zu backen, dazu gibt es einen Vulkanlava-Brotaufstrich. Dieses Brot ist sehr schnell und einfach zubereitet. Ich backe es immer selbst zu Hause, hab's eben auch zum Frühstück gegessen ;-). Das Brot ist gesund und erzeugt im Mund eine Geschmacksexplosion, und das Gleiche gilt für den Brotaufstrich.

★ **Ursula Holl**
ist Fußball-Nationalspielerin

Weltall-Brot

400 g Dinkel
100 g Buchweizen
2 TL Vollmeersalz
2–3 EL Obstessig
½ Würfel Hefe
½ l warmes Wasser
1 Tasse ganze Haselnusskerne
Je eine ½ Tasse Leinsamen, Sesam,
Sonnenblumenkerne (die Saaten nicht mahlen)

Dinkel und Buchweizen fein mahlen. Hefe in etwas warmem Wasser auflösen. Alle Zutaten in einer Rührschüssel mit dem Elektrorührer verrühren. Die Masse in eine gefettete Kastenform geben. Nicht mehr gehen lassen! Backzeit: Im vorgeheizten Ofen ca. 1 Stunde bei 220 °C backen.

Während des Backvorgangs verwandelt sich der Teig in einen riesengroßen Meteoriten; wenn man den Meteoriten aufschneidet, entdeckt man Planeten, Sterne, Sternschnuppen und neue Galaxien.

Vulkanlava-Aufstrich (Paprikabutter)

250 g Butter
1 kleine Zwiebel
1 kleine Tomate
100 g Paprikaschote, rot
2 kleine Ringe Peperoni sehr fein schneiden
2 TL Kräutersalz
1 sehr kleine Knoblauchzehe

Butter schaumig schlagen. Zwiebel sehr klein schneiden, in wenig Butter dünsten. Tomate, Paprika, Knoblauch sehr klein schneiden. Alle Zutaten vermengen und abschmecken.

Schnelle Variante: 250 g Butter, 2 TL Senf, 2 TL Paprikapulver, ½ TL Vollmeersalz, ½ TL Pfeffer. Butter schaumig schlagen, mit allen Zutaten vermischen.»

Essen für die Familie

333 «Jede Familie sollte mindestens einmal in der Woche gemeinsam essen. Das gemeinsame Essen stärkt nicht nur den Familiensinn, sondern auch den Bezug zu einer gesünderen und ausgewogenen Ernährung. Das gilt sowohl für die Kinder als auch für die Eltern. Natürlich fördert das gemeinsame Essen auch den Spaß am Essen.»

★ **Ralf Zacherl** ist Koch; u. a. ist er als «Küchenchef» auf VOX und in «Planet Cook» auf Kika zu sehen

Metallfische vermeiden

334 Große Fische fressen mittelgroße Fische. Die fressen kleine Fische. Und die fressen Algen und Mikroben. In den großen Fischen (Thunfisch, Schwertfisch) reichern sich daher die gesammelten Schadstoffe aus der ozeanischen Nahrungskette an. Je kleiner der Fisch war, den du isst, desto weniger Schwermetalle und Giftstoffe nimmst du zu dir. Für Zuchtfische und -tiere gilt das nicht, weil die ja Futter vom Bauern bekommen. Ganz grundsätzlich empfehlen Fachleute aber durchaus eine Besinnung auf den Beginn der ländlichen Nahrungskette: Bohnen, Gemüse, Obst, Nüsse, Samen.

Schluss mit Tropen-Shrimps

335 Shrimps sind lecker. Leider schädigt ihre Aufzucht die Umwelt. Shrimp-Farmen boomen vor allem in Warmwasser-Regionen: Thailand, China, Indonesien, Ecuador, Indien, Vietnam, Bangladesch, Mexiko, Kolumbien und Honduras. Zunächst werden wilde Garnelen-Larven im Meer gefangen und fehlen in der Nahrungskette. Für die Zuchtbecken werden Wälder in Ufernähe abgeholzt (was bei Stürmen gefährlich werden kann). Außerdem brauchen die Shrimps viel Sauerstoff, deswegen ist der Frischwasserbedarf der Farmen hoch – der Wasserspiegel in der Umgebung sinkt. Und die Chemikalien aus dem Zuchtbecken verseuchen das Grundwasser.

Was tun? Ganz einfach: keine Garnelen aus den Tropen essen, sondern z. B. Eismeergarnelen, Bio-Garnelen (die dürfen dann auch aus den Tropen sein) oder Nordseekrabben.

Kauf keine Kiwis

336 Der Energieaufwand für Anbau und Transport eines einzigen Kilos Kiwis aus Neuseeland entspricht dem für sechs Tonnen (= 6000 Kilo!) Äpfel in Deutschland (das gilt in Neuseeland natürlich umgekehrt für deutsche Äpfel). Ein besonders krasses Beispiel dafür, besser lokal und saisonal einzukaufen. Entsprechende Übersichten findest du im Internet, z. B. auf www.brigitte.de/figur/ernaehrung/gesund-bio/saisonkalender-obst-gemuese-183919/

Schere, Stoff, Papier

337 Gönnt euch ein paar Stoffservietten, statt die aus Papier zu nutzen. Das spart nicht nur Holz, sondern vor allem auch Bleichmittel, Verpackung, Transport. Obwohl man Stoffservietten alle paar Tage waschen muss, stehen sie in der Ökobilanz weit besser da. Du kannst sie auch selbst leicht aus Stoffresten nähen (wenn dir so was Spaß macht). Und solltest du doch unbedingt mal Wegwerfservietten benötigen: Kauf wenigstens ungebleichte aus Recycling-Papier.

Nutze handbetriebene Küchengeräte

338 Erspare dir und anderen (als Geschenk) automatische Pfeffermühlen, Dosenöffner, Korkenzieher, Zwiebelhacker, Milchaufschäumer. Es geht auch auf die gute alte Tour – und wenn z. B. jeder Deutsche einen elektrischen Dosenöffner betriebe, betrügen die Stromkosten dafür mindestens sieben Millionen (!) Euro pro Monat.

Öl sparen

339 Das Olivenöl, in das getrocknete Tomaten eingelegt sind, ist meist ganz gut. Also kipp es nicht weg, sondern nutze es z. B. für das Dressing des Salats, in dem auch die Tomaten landen.

Tee tut gut

340 Loser Tee – in einem wiederverwendbaren Tee-Ei oder einem Stofffilter aufgebrüht – vermeidet Müll: kein Teebeutel, keine Bändchen und Schildchen und vor allem keine übergroße, halbleere, buntbedruckte Umverpackung, die Platz beim Transport und im Regal belegt.

Butterbrottüten und Alufolie sparen

341 Die Plastiktüten, in denen du z. B. abgepacktes Brot bekommst oder die vier Äpfel aus dem Frischebereich zur Kasse getragen hast, kannst du wunderbar weiterverwenden für dein Pausenbrot. Das ist nicht peinlich, sondern fortschrittlich – und wird u. a. empfohlen von «National Geographic», USA.

Und an allen anderen Tagen zum Verpacken des Pausenbrots Butterbrotpapier verwenden, nicht Klarsicht- oder Alufolie (bei der Herstellung von einem Kilo Alufolie werden neun Kilo CO_2 freigesetzt).

Freiheit für die Essensreste

342 Statt Speisereste mit Frischhalte- oder Alufolie abzudecken, stülpe einen umgedrehten Suppenteller darüber.

Glas statt Plastik

343 Verwendet im Haushalt Glasschalen (oder Porzellan) statt Plastikschüsseln, um Reste aufzubewahren. Plastik hält inzwischen zwar länger als früher und ist nicht mehr so giftig – aber es lässt sich nicht gut wiederverwerten und wird letztlich aus Öl gefertigt. Glas hingegen kann man einfach einschmelzen und recyceln. Außerdem halten Glasschalen oft ein Leben lang, lohnen sich also auch finanziell.

Wöchentlicher Lieblings-Speiseplan

344 Erstellt einen Lieblingsessen-Plan für eure Familie: Salat mit Putenbrust, Spaghetti mit Tomatensoße, Spiegeleier mit Spinat und Kartoffeln … Macht eine Übersicht für zwei Wochen, danach geht es wieder von vorne los. Vorteil eins: Ab sofort gibt es ausschließlich Lieblingsgerichte, die meist auch noch schnell zubereitet sind. Vorteil zwei: Wenn ihr geschickt plant, kommen reichlich gesunde Sachen auf den Tisch, ohne dass ihr dafür extra Aufwand betreiben müsst. Vorteil drei: Zeitersparnis beim Planen, Erstellen der Einkaufsliste, Einkaufen. Außerdem kauft man nichts mehr «auf Verdacht» und wirft es hinterher weg. Wichtig: Spätestens nach ein paar Monaten müsst ihr den Plan variieren, sonst ertragt ihr irgendwann diese Gerichte nicht mehr.

345 Bei der Erstellung des Speiseplans kann man, wenn man etwas geübt ist, auch für den nächsten Tag vorarbeiten. Ganz einfaches Beispiel: Montag – Pellkartoffeln, Quark, Salat; Dienstag – Bratkartoffeln (aus den Pellkartoffeln vom Vortag), Spinat, Spiegeleier. Das spart zugleich Energie, denn ein voller Kühlschrank verbraucht weniger Strom, weil beim Öffnen nicht so viel warme Luft eindringt, die runtergekühlt werden muss.

TK-Gerichte optimal zubereiten

346 Tiefkühlgerichte bis zu einem halben Liter wenn möglich in der Mikrowelle zubereiten (geht nur mit Pizza nicht so gut) – das ist wirtschaftlicher. Bei größeren Mengen eine Pfanne oder einen Topf nehmen. Die Zubereitung im Backofen verbraucht am meisten Energie. (Schon die Essensauswahl im Supermarkt beeinflusst also die häusliche Energiebilanz.) Außerdem TK-Gerichte im Kühlschrank auftauen lassen, statt sie gefroren zu erhitzen. Die Kälte bleibt im Gerät, sodass nebenbei noch Strom gespart wird.

Erst zulassen, dann auflassen

347 Geh in die Knie und prüfe den Fortschritt deines Kuchens oder deiner Pizza durch die Backofenscheibe. Bei jedem Öffnen gehen 25 Prozent der Hitze verloren.

348 Nach dem Backen den Ofen auf lassen und die Wohnung damit wärmen (statt die Wärme langsam nach hinten in die Außenwand der Küche sickern zu lassen).

Dufte Düfte

349 Statt die Dunstabzugshaube stundenlang auf Vollgas Strom ziehen zu lassen: Stell eine Schale Essig neben den Herd. Der absorbiert die unangenehmen Gerüche still, leise, kostenlos und umweltfreundlich.

Doppelt gekocht spart schneller

350 Wasser für Nudeln (oder zum Gemüsekochen) im Wasserkocher erhitzen, dann in den Topf umfüllen. Es kocht doppelt so schnell, und du hast dabei 40 Prozent Energie gespart.

351 Wichtig: In den Kocher immer nur so viel Wasser einfüllen und erhitzen, wie du auch tatsächlich benötigst.

Ganz platt

352 Ein Tipp auch für deine Eltern: Unebene oder verbeulte Böden von Töpfen und Pfannen verursachen eine Kochzeitverlängerung von bis zu 40 Prozent. Ein neuer Topf mit ebenem Boden rechnet sich also schnell.

Meiner ist kleiner

353 Töpfe und Pfannen auf eine Platte mit passendem Durchmesser stellen. Ist die Herdplatte nur ein bis zwei Zentimeter größer als der Topf, verglühen bis zu 30 Prozent Strom ziellos. Ausnahme: Induktionsherde, hier wird nicht die Platte heiß, sondern der Topfboden.

Pastazubereitung neu lernen

354 Pasta, haben wir brav gelernt, kommt in den großen Topf, mit ganz viel Wasser. Genauso gut schmecken die Nudeln jedoch, wenn du weniger Wasser nimmst – oft reicht die Hälfte der gewohnten Menge –, du musst dann nur ab und zu umrühren. Das Wasser ist schneller heiß, und du sparst Wasser, Strom und (wenn du einen kleineren Topf nimmst) Platz in der Spülmaschine. Lohnt sich vor allem, weil es bei den meisten Familien oft Nudeln gibt.

Geschirrspüler statt Handwäsche – entspannend und sparsam

355 Ein vollständig gefüllter Geschirrspüler verbraucht weniger Wasser und Strom, als das Geschirr von Hand zu waschen. Vorspülen ist nicht nötig (und verschwendet bis zu 75 Liter Wasser pro Waschgang), und bei normaler Verschmutzung reicht der sparsamste Waschgang. Man muss also kein schlechtes Gewissen haben, wenn man nicht am Spülbecken schuftet – im Gegenteil, die Maschine rechnet sich: Moderne, effiziente Geräte benötigen in ihren Energiesparprogrammen nur noch rund 1 Kilowattstunde Strom und 13 Liter Wasser pro Spülvorgang. Die Universität Bonn hat ermittelt, dass man für den Abwasch von 12 Gedecken beim Spülen von Hand durchschnittlich 46 Liter Wasser benötigt. Um diese Menge zu erwärmen, werden etwa 2 Kilowattstunden Energie benötigt. Wird das Wasser mit Strom erhitzt, liegen die Strom- und Wasserkosten für den Handabwasch bei 60 Cent. Die gleiche Menge Geschirr lässt sich in einer stromeffizient arbeitenden Spülmaschine für nur 26 Cent säubern. Bei vier Anwendungen pro Woche bedeutet das eine jährliche Einsparung von bis zu 70 Euro. (Wird das Wasser für den Handabwasch mit Gas oder Öl erhitzt, fällt die Kostenersparnis geringer aus und liegt bei nur rund 10 Euro im Jahr.)

Voll hilft mehr

356 Kinder, die im Haushalt helfen, sind super. Obersuper ist es, wenn du Waschmaschine und Geschirrspülmaschine erst anstellst, wenn sie wirklich voll sind. In der Geschirrspülmaschine muss man dafür manchmal ein bisschen puzzeln und knobeln. Die Waschmaschine soll nicht vollgepresst werden wie ein Koffer, aber auch nicht halb leer laufen. Und in beiden Fällen: Wasch- bzw. Spülmittel korrekt dosieren!

Wasser sparen aus den richtigen Gründen

357 Im Haushalt Wasser zu sparen lindert leider nicht den Durst in der Sahelzone. Dennoch gibt es gute Gründe, Wasser zu «sparen» – eigentlich müsste man sagen: Wasser sparsamer zu nutzen. Denn egal, wofür man das Wasser verwendet, die etwa 1,4 Milliarden Kubikkilometer Wasser, die es auf unserem Planeten gibt, werden weder mehr noch weniger. Und selbst wenn wir hier Wasser sparen, hat ein durstiges Kind in Äthiopien nichts davon, denn wie soll das unbenutzte Wasser von hier dorthin gelangen? Nein, das Wasser, das wir heute nicht verbrauchen, kommt einfach morgen aus unserem Hahn (denn es steht ja schon abrufbereit in der Leitung).

Die Wasserwerke empfehlen einen sparsamen Verbrauch, weil sich dadurch Kosten reduzieren lassen. Man muss weniger bezahlen, und zwar gleich zweimal – denn beim Wasser zahlt man einen Preis für das frische Wasser, das aus dem Hahn kommt, und dann bezahlt man noch die «Abwassergebühr» dafür, dass das (schmutzige) Wasser abläuft und wieder gereinigt und zu Trinkwasser aufbereitet wird. Denn diese Aufbereitung kostet Energie, und wenn sauberes Wasser in die Kanalisation gelangt, vermischt es sich mit Abwasser und muss ebenfalls gereinigt werden. Wer sich beispielsweise drei Minuten lang die Zähne schrubbt und dabei den Hahn voll aufgedreht lässt, jubelt knapp 40 Liter Wasser in die Kanalisation. Spart man hingegen jeden Tag morgens, mittags und abends tatsächlich jeweils 40 Liter, sind das an einem Tag 120 Liter und in einem Jahr 43 800 Liter bzw. 43,8 Kubikmeter, die zum Beispiel in Hamburg inklusive Sielnutzungsgebühr rund 150 Euro kosten – pro Person! Und mit dieser Einsparung lässt sich dann doch noch der Durst in der Dritten Welt lindern (denn ein Brunnen kostet «nur» 300 Euro; Direktspende z. B. bei www.sodi.de/project.php?proj_id=100).

Und wie spart man nun am einfachsten?

358 Wasser nicht laufen lassen beim Zähneputzen (s.o.), möglichst auch nicht (oder nicht die ganze Zeit) beim Rasieren.

359 Feuchte deine Zahnbürste vor dem Putzen nicht an – im Mund wird sie ohnehin nass. Klingt fast lächerlich, aber warum nicht auch einen Mini-Beitrag leisten. Nehmen wir mal an, du putzt deine Zähne zweimal täglich (hoffentlich!), und beim Anfeuchten der Bürste verbrauchst du jeweils auch nur ein halbes kleines Glas Wasser (also 0,05 Liter – wahrscheinlich ist es eher mehr). Das ergibt 36,5 Liter im Jahr pro Person. Bei 82 Millionen Deutschen sind das weitere knapp 3 Milliarden Liter sauberes Wasser jährlich, die sinnlos durch den Abfluss strudeln (in etwa das Volumen der Hamburger Binnenalster).

360 Wenn ihr eine Armatur mit Sparstellung habt, dann nutze diese Einstellung auch; man muss nicht immer «Vollgas» geben.

361 Eine Alternative: Den Eltern vorschlagen, den Wasserzulauf unterm Becken ein wenig zuzudrehen; merkt man kaum und spart viel.

Saubere Sache

362 Das deutsche Umweltbundesamt (UBA) hat ermittelt: In Privathaushalten mit gesunden Personen genügt es, die Waschmaschine auf 30 Grad zu stellen, auch für Handtücher, Bettwäsche (die oft als «Kochwäsche» mit 60 oder mehr Grad gewaschen wird) usw. Die Hygiene ist bei dieser Waschtemperatur ausreichend gewährleistet. Der Energieverbrauch und damit auch die CO_2-Belastung sowie die Stromkosten sinken durch das geringere Aufheizen des Wassers deutlich: Eine Waschmaschine verbraucht bei 60 Grad etwa fünfmal so viel Strom wie bei 30 Grad, bei 90 Grad sogar fast zehnmal so viel.

UBA-Waschmittelexperte Marcus Gast sagt: «Wir befinden uns in einem Desinfektionswahn. Häufig wird suggeriert, dass Wohnungen mit Keimen schlechte Haushalte sind und Wäsche deshalb gekocht werden muss. Eine gesunde Bakterienflora im privaten Umfeld stärkt jedoch das Immunsystem, steht doch die Verwendung von Desinfektionsmitteln in engem Zusammenhang mit der Häufigkeit von Allergien.» Er betont: «Vollwaschmittel mit Bleiche desinfizieren bereits bei niedrigen Waschtemperaturen durch die Umwandlung von Wasserstoffperoxid mit dem Bleichverstärker TAED zu Peressigsäure.» Nur wenn jemand krank ist, sollte man Vorsicht walten lassen und z.B. Bettwäsche gesondert und heißer waschen. (Wobei die meisten Infektionen ohnehin durch direkten Kontakt erfolgen.) Durch eine niedrige Waschtemperatur ist die Umweltbelastung reduzierbar, ganz zu vermeiden ist sie nicht. Jährlich gelangen allein in Deutschland 630000 Tonnen Waschmittel und 200000 Tonnen Weichspüler in die Abwässer. Der UBA-Experte rät, Flüssigwaschmittel zu meiden, weil deren organische Inhaltsstoffe die Kläranlagen besonders stark belasten. «Baukastensysteme oder Superkompaktwaschmittel im Tandemsystem erlauben es, mit geringerem Einsatz die gleiche oder sogar eine bessere Waschleistung zu erzielen.»

Besonders schädlich für die Umwelt sind Weichspüler. Sie tragen nicht zur Reinigung der Wäsche bei und sind daher für den Waschvorgang unnötig. «Wer seine Wäsche gerne kuschelig weich hat, sollte wenigstens wissen, dass er dafür eine hohe Umweltbelastung in Kauf nimmt, was bedauerlich ist», erklärt Gast. Auch der Einsatz von Wasserenthärtern ist meist unnötig: «Weiches Wasser braucht keine Enthärtung, für hartes Wasser reicht in vielen Fällen der Enthärter, der ohnehin bereits im Waschpulver enthalten ist.» Mehr: www.umweltbundesamt.de/chemikalien/waschmittel/

Reinigungskonzentrate bevorzugen

363 Weniger Reinigungsmittel ist mehr: Nutzt Konzentrate – wenn die Packung halb so groß ist, müssen auch nur halb so viele Laster aus der Fabrik zur Drogerie fahren. Aber dann bitte auch halb so viel Reinigungsmittel in den Wischeimer oder halb so viel Waschmittel in die Maschine!

364 Und nicht vergessen: Vor hundert oder gar zweihundert Jahren wurde auch schon sauber gemacht – mit weniger Duft und Chemikalien. Das war deutlich billiger und ging auch. Beispiele:

- Mit Essigwasser wischt man den Boden.
- Mische Zitronensaft und Olivenöl, um damit Möbel zu polieren.
- Mit Natron und einem feuchten Schwamm kriegst du Edelstahl, Eisen oder Kupfer blank. Vorsicht: Nicht für Aluminium verwenden (Natron greift Alu an)!
- Reiner Essig, 1:1 gemischt mit destilliertem Wasser, ist ein nahezu allmächtiges Reinigungsmittel, dazu preiswert und

ökologisch vollkommen unbedenklich (und somit auch empfehlenswerter als Öko-Reiniger). Sogar Fenster lassen sich damit streifenfrei putzen. Und keine Sorge, der Geruch verfliegt beim Trocknen.

Lasst frische Luft an eure Wäsche

365 Trocknet eure Wäsche auf der Leine statt im Trockner. Am besten an einem sonnigen, leicht windigen Ort. Stell dazu einen Wäscheständer auf den Balkon (oder vor das geöffnete Fenster auf der Sonnenseite), spanne eine Wäscheleine im Garten, nutze eine Wäschespinne. Konventionell erzeugter Strom für vier Trocknerladungen pro Woche (und das ist nicht viel für eine Familie) hinterlässt 200 Kilo Kohlendioxid – die kannst du ebenso sparen wie das Geld für den Strom. Ein Trockenvorgang benötigt etwa dreimal so viel Energie wie das Waschen in der Waschmaschine vorher.

362

366 Und wenn ihr doch manchmal den Trockner anwerfen müsst: Reinigt vorher das Flusensieb – sonst steigt der Energieverbrauch um satte 30 Prozent!

367 Übrigens: Das Gleiche gilt auch für deine Haare – lass sie wenigstens im Sommer öfter mal an der Luft trocknen, statt sie zu föhnen.

Sei (k)ein Schmutzfink

368 Hosen und Röcke müssen nicht nach einmal Tragen in die Wäsche, sogar T-Shirts kann man oft zwei Tage tragen (es muss ja nicht in Folge sein, dann merkt's kein Mensch).

Handtücher könnt ihr ebenfalls mehrmals verwenden. Wenn sie nicht schnell genug trocknen, benutze zwei im täglichen Wechsel. Bettwäsche könnt ihr durchaus zwei Wochen (oder länger) drauflassen (notfalls übereifrige Mütter an deren eigene Jugend erinnern). Spart mindestens eine Waschmaschinenladung pro Woche – inklusive Strom und Waschmittel. Die Klamotten leben länger und die Waschmaschine auch.

Tennisbälle trocknen schneller

369 Zwei oder drei Trocknerbälle aus Plastik sorgen tatsächlich dafür, dass die Wäsche schneller trocknet, das spart Strom. Also die Bälle einfach zur Wäsche in den Trockner werfen. Aber sie sind ganz schön laut – und eben leider aus Plastik. Zwei alte Tennisbälle funktionieren fast genauso gut, kosten nichts und wurden sowieso schon produziert. Frag Eltern oder Freunde, die Tennis makeITfair spielen, ob sie dir ein paar alte Bälle schenken, statt sie wegzuwerfen.

Mein wunderbarer Waschsalon

370 Klasse in Küche und Bad: Mit dem Küchenmesser einen Schlitz in den Schwamm schneiden und Seifenrest hineinschieben, statt ihn wegzuschmeißen.

Wichtig ist, was hinten rauskommt

371 Ein Blatt Klopapier weniger tut's meistens auch. Nehmen wir mal an, du gehst zweimal täglich auf die Toilette, einmal klein ($1\times$ wischen) und einmal groß ($5\times$ wischen). So kannst du mühelos sechs Blatt sparen – macht im Monat eine ganze Rolle pro Person, die nicht hergestellt, transportiert und bezahlt werden muss.

Und: Kauf zwei- oder dreilagiges Papier – vierlagiges wischt auch nicht sauberer, verbraucht aber mehr Rohstoffe und Platz.

Inhalt trumpft Aufdruck

372 Verpackungen mit dem «grünen Punkt» kommen in den «gelben Sack» (oder die «gelbe Tonne»)? Denkste!

In Wahrheit ist es komplizierter (aber auch sinnvoller): Der «grüne Punkt» ist ein Zeichen dafür, dass der Hersteller eine Gebühr für die korrekte Entsorgung bzw. das Recycling der Wertstoffe gezahlt hat. Sortiert werden müssen die Wertstoffe aber vom Verbraucher (also von uns). Und zwar so: Glas kommt in den Altglascontainer, Papier und Pappe in die «blaue Tonne» oder den Altpapiercontainer – beides gilt, egal ob ein «grüner Punkt» darauf ist oder nicht. Alle übrigen Verkaufsverpackungen aus Kunststoff, Metall oder Verbundmaterialien (z.B. Milch-, Saft- und Weinkartons, Vakuumverpackungen für Kaffee, Styroporverpackungen) kommen in den «gelben Sack» oder die «gelbe Tonne». Gegenstände aus den gleichen Materialien, die kein Verpackungsmaterial sind und keinen «grünen Punkt» tragen, dürfen nicht in die Tonnen bzw. Säcke, sondern kommen in den Hausmüll.

Bonus: Mittlerweile gibt es außer dem «grünen Punkt» noch andere sogenannte duale Systeme, beispielsweise benutzt die Firma «Landbell» ein kleines Bäumchen als Symbol. Die können ebenfalls in die «gelbe Tonne».

In der Übersicht:

- Papier und Pappe (mit oder ohne Entsorgungssymbol)
  → Altpapiertonne oder -container
- Glas (mit oder ohne Entsorgungssymbol)
  → Altglascontainer
- Verpackungsmaterial (mit Entsorgungssymbol)
  → gelber Sack bzw. gelbe Tonne.

Teebeutel entgiften

373 Bei der nächsten Renovierung oder dem bevorstehenden Wohnungsanstrich: Verteile reichlich trockene Teebeutel im Zimmer und lass sie so lange liegen, bis die Farbe trocken ist und nicht mehr ausdünstet. Giftige Chemikalien (vor allem Formaldehyd) sorgen oft für Halsschmerzen, Übelkeit und Kopfschmerzen – das Tannin im Tee absorbiert 90 Prozent der Toxine, fanden Forscher der Verbraucherzentrale Tokio heraus. Schwarzer oder grüner Tee funktioniert am besten. Hinterher aber bitte nicht genussvoll aufbrühen!

Rechnen hilft beim Malen

374 Messt vor dem Streichen Wände, Decken – und Fenster. Berechnet die Fläche: Höhe mal Breite (für Wände) bzw. Länge mal Breite (Decke) minus die Fläche der Fenster (Höhe mal Breite). Kauft dann im Baumarkt oder Farbfachhandel die richtige Menge Farbe, und ihr habt nicht nach ein paar Jahren im Keller oder in der Garage lauter halbvolle Farbeimer im Weg rumstehen, die ihr umständlich im Sondermüll entsorgen müsst.

Sand statt Salz

375 Bei Glatteis Sand statt Salz streuen. Salz sammelt sich im Boden und verschlechtert die Wachstumsbedingungen für Pflanzen. Spezielles Streusalz enthält zudem chemische Taumittel, die ebenfalls in den Boden und z. T. ins Grundwasser gelangen.

So machen's die ganz heißen Typen

376 Dreht die Heizung 30 Minuten bevor ihr aus dem Haus geht, ab. Es bleibt lange genug warm. Wenn ihr eine programmierbare Heiztherme habt, könnt ihr den Vorgang automatisieren: Wochentags geht die Heizung 30 Minuten vor eurem Abgang aus und 30 Minuten vor der Rückkehr wieder an. Mit programmierbaren Heizungsventilen kann man sogar noch genauer arbeiten und das Schlafzimmer z. B. morgens ganz auslassen und abends erst kurz vor der Bettzeit aufwärmen.

Nachdenken ist cool

377 Steh nicht ewig vor dem offenen Kühlschrank rum. Überleg dir vorher, was du essen willst.

Wärmer ist kühl genug

378 Stelle deinen Kühlschrank auf sieben Grad Celsius ein (lege zur Kontrolle für einige Zeit ein Thermometer hinein), das reicht und spart gegenüber den üblichen fünf Grad etwa zehn Prozent Strom – ohne dass man je wieder darüber nachdenken muss.

Eine Tiefkühltruhe ist mit –17 Grad Celsius ebenfalls kalt genug. Sie sollte zudem in einem möglichst kühlen Raum stehen, jedes Grad Raumtemperatur weniger spart sechs Prozent Energie.

Häufig sind dies die «wärmsten» nur möglichen Einstellungen an den Geräten. In älteren Kühlschränken ist die Temperatur zudem nicht überall gleich. Am kältesten ist es in der Nähe des Verdampfers (an der Rückwand) und auf der Glasplatte, da kalte Luft dorthin absinkt. Im Obst- und Gemüsefach sowie in den Türfächern herrschen mildere Temperaturen.

379 Damit die Lebensmittel länger halten, solltest du wie folgt einräumen:

- Obst und Gemüse in die abgetrennten Fächer im unteren Bereich des Kühlschranks;
- Fisch, Fischerzeugnisse, Wurst, Fleisch und Fleischwaren an der kältesten Stelle lagern, z. B. auf der Glasplatte;
- eine Etage höher lassen sich Milchprodukte wie Joghurt und Sahne gut aufbewahren;
- auf die oberste Abstellfläche kommen Käse, zubereitete Speisereste oder Geräuchertes wie Fisch oder Fleischwaren;

- Lebensmittel, die nur leicht gekühlt werden, sind am besten in der Kühlschranktür aufgehoben. Hierzu zählen z. B. Butter, Eier und Getränke. Neuere Kühlgeräte und sogenannte No-Frost-Geräte haben überall die gleiche Temperatur, sodass alle Lebensmittel an beliebiger Stelle einsortiert werden können.

Schlangen abstauben

380 Staub die Kühlschlangen hinter eurem Kühlschrank regelmäßig ab, spart 30 Prozent Strom!

Taufrisch

381 Biete an, das Eisfach im Kühlschrank (oder die gesamte Tiefkühltruhe) abzutauen. Das sollte man mind. einmal im Jahr machen, denn mit jedem Millimeter Eisschicht steigt der Stromverbrauch. (Ausnahme: Nagelneue Geräte mit Abtauautomatik.)

Warm ist zu warm

382 Wenn sich eure Warmwassertherme (der große Tank, meist im Keller, in dem Heizungswasser erwärmt wird) von außen warm anfühlt, ist sie nicht gut genug isoliert. Sag deinen Eltern, sie sollen sich vom Heizungsinstallateur beraten lassen!

Heiß geliebt und sinnlos gekühlt

383 Stelle – zusammen mit deinen Eltern – die Temperatur eurer Heiztherme und/oder eurer Heißwassertherme niedriger. Experimentiert so lange, bis das Duschwasser zu kalt wird (oder nicht lange genug reicht) bzw. bis die Heizung nicht mehr ausreichend heizt. Sonst heizt ihr das Wasser in der Therme nämlich nur auf, um es anschließend durch die Beimischung von kaltem Wasser auf die gewünschte Temperatur zu bringen.

384 Und wenn ihr in den Urlaub fahrt, schaltet das Gerät ganz ab (oder dreht es wenigstens auf die Minimaltemperatur). Es dauert nur maximal eine Stunde, bis es nach eurer Rückkehr wieder voll aufgeheizt hat.

Kein Weg umsonst

385 «Sehr oft am Tage laufen wir die vielen Treppen von der Wohnung auf die Straße und zurück, um zur Schule, zu Freunden, zum Einkaufen, zum Kiosk oder zum Sport zu gehen. Fast immer stehen oben oder unten Dinge, die transportiert werden wollen. Der Müll, eine Leiter, der Einkauf der Nachbarin, Blumenerde, ein alter Bildschirm oder die Altflaschen für den Container. Meistens hat man noch eine Hand

★ **Axel Siefer**
ist Schauspieler («Danni Lowinski») und Regisseur

frei und kann, ganz ohne zusätzliche Mühe, was mit runter- oder hochnehmen.»

Eierzünder

386 Spart euch teure und meist auch umweltschädliche Grillanzünder. Leg je ein Grillbrikett in die Mulden eines Eierkartons und klapp ihn zu. Stell den Karton im Grill auf einige Bögen zusammengeknülltes Zeitungspapier und zünde dieses an.

387 Alternativ als Grillanzünder keine Chemiebomben nehmen, sondern mit Wachs getränkte Holzfasern (gibt's im Baumarkt und in vielen Supermärkten).

Leise Fitness

388 Jeden Sonnabend das gleiche Spiel. Die Maschine wird ins Freie geschoben und donnernd angeworfen. Bei den Nachbarn ebenfalls. Die eine ist größer, die zweite lauter, die dritte hat am meisten Power. Stunden später ist das grausige Schau-

388

spiel vorbei. Der Rasen ist gekürzt, der Komposthaufen gewachsen. Der Traum vom eigenen Aufsitzmäher verblasst; Stille kehrt ein. Großartige Alternative voll lässigem Understatement: der gute alte Handrasenmäher. Ist leise, braucht weder Strom noch Benzin, wirkt retro-cool und hält tatsächlich fit – beim Mähen wie beim Grasrechen danach.

389 Oh, und Laubbläser sind für Warmduscher; echte Männer greifen zum Rechen, statt die Blätter energieaufwendig zum Garten des Nachbarn zu pusten.

Rettet Batmans kleine Brüder

390 «Egal ob Schuppen oder Herrenhaus – Platz für Fledermäuse ist in der kleinsten Hütte. Jeder kann den unter Wohnungsmangel leidenden Flugakrobaten helfen. Spalten im Giebel, Hohlräume hinter Verkleidungen oder Dachböden sind beliebte Verstecke der Fledermäuse. Leider fallen sie meist aus Unkenntnis Renovierungen zum Opfer oder existieren in Niedrigenergiehäusern gar nicht.

★ **Thomas Voigt**
im Namen der Stiftung Naturschutz Schleswig-Holstein

Der Bau einer sogenannten Fledermaustafel ist eine einfache Möglichkeit, die Wohnungsnot der fliegenden Kobolde der Nacht zu lindern. Mit etwas handwerklichem Geschick ist so ein Fertighaus mit verhältnismäßig geringem Arbeitsaufwand aus sägerauem, unbehandeltem Holz hergestellt. Fledermaustafeln sollten auf der von der Sonne beschienenen Gebäudeseite – möglichst unterhalb des Dachüberstandes (Wetterschutz) – in mindestens 3 – 4 m Höhe angebracht werden. Den Bauplan gibt es hier: www.fledermausfreundliches-haus.de/bauplaene/index.php»

Schwimmen lernen

391 Die Zahl der Nichtschwimmer in Deutschland steigt. Ein Viertel aller Kinder und Jugendlichen sind Nichtschwimmer, über 30 Prozent können sich nicht sicher im Wasser bewegen, und noch jeder fünfte Erwachsene kann nicht oder nur schlecht schwimmen, ermittelte die Deutsche Lebens-Rettungs-Gesellschaft e. V. (DLRG). Fast jedes fünfte Kind kann keine 25 Meter (eine normale Schwimmbadbahn) zurücklegen; nahezu 40 Prozent (knapp die Hälfte!!) aller Achtjährigen sind immer noch Nichtschwimmer.

Bringt diese Statistik ins Wanken! Vorteil eins: Es wird unwahrscheinlicher, dass du ertrinkst. Vorteil zwei: Schwimmen erhält und fördert die Beweglichkeit – ist also gut für die Gesundheit, nachdem man nicht ertrunken ist. Vorteil drei: Freibäder und Badeseen sind ausgezeichnete Kontaktbörsen gemäß dem Motto WYSIWYG (what you see is what you get – man sieht, was man kriegt).

Wenn du noch nicht (gut) schwimmen kannst, frag Freunde oder Verwandte, mach einen Kurs, geh in den Verein. Peinlich ist nicht, was man nicht kann, sondern es zu verschweigen. Wenn du schon gut schwimmst, bring es jemand anders bei und/oder belege einen Rettungsschwimmerkurs!

Kein Helm beim Spielen

392 Nie mit Helm auf den Spielplatz: Beim Klettern und Spielen kannst du hängen bleiben, dich verletzen und sogar ersticken, betont die «Hannelore Kohl Stiftung für Verletzte mit Schäden des Zentralen Nervensystems».

393 Und bei der Gelegenheit: Schutzhelme mögen doof aussehen und sind auch nicht sonderlich bequem. Aber wenn man sie nun schon aufhat, dann auch richtig – sonst bringen sie nämlich gar nichts. Oft werden Helme wie Schirmmützen viel zu weit nach oben geschoben oder sitzen zu locker. Dann lösen sie sich bei einem Unfall, und die Verschlussbänder können sogar noch Schaden anrichten. Zudem sollte man die für den jeweiligen Sport geeigneten Helme verwenden. Fahrradhelme sind vorne rund und hinten spitz, sie schützen vor allem Stirn und Schläfen, der Hinterkopf ist fast frei. Helme für Skater sind hinten rund und reichen viel tiefer, sodass der gesamte Hinterkopf bedeckt ist.

Insekten statt Menschen vernichten

394 Meide Insektenvernichtungsmittel. Kinder, die in Haushalten aufwachsen, wo Pestizide eingesetzt werden, erkranken mit deutlich höherer Wahrscheinlichkeit an Leukämie. Die giftigen Gase aus nur einem einzigen Sprühstoß lassen sich noch 72 Stunden danach in der Luft nachweisen. Personen, in deren Haushalt regelmäßig Pestizide zum Einsatz kamen, litten später mit einer 70 Prozent höheren Wahrscheinlichkeit an der Parkinson-Nervenkrankheit.

Schuhe aus

395 Zieh die Schuhe an der Tür aus. So lässt sich vermeiden, dass sich in Teppichböden Schadstoffe ansammeln, die mit dem Staubsauger nicht mehr entfernt werden können. Bis zu 50-mal mehr Pestizide als in Erdproben aus der unmittelbaren Umgebung wurden im Teppichstaub gemessen und 30 verschiedene Gifte.

Mit virtuellen Anrufen Strom sparen

396 Die meisten Telefonanbieter haben «virtuelle Anrufbe-
antworter» im Angebot, mit denen man oft auch gleich noch
Faxe oder SMS bekommen und/oder verschicken kann. Die
meisten Eltern wissen nicht, wie sie da rankommen und welches
Lämpchen ihnen signalisiert, dass eine neue Nachricht da ist.
Finde es heraus, erklär es ihnen und schlag den Wechsel vor –
denn eine solche zentrale Mailbox braucht 27-mal weniger
Energie als ein häusliches Kombigerät, das zudem 66-mal mehr
Müll erzeugt. Und oft ist das Angebot ohnehin schon kostenlos
im Anschlusspreis enthalten und muss nur noch aktiviert wer-
den.

Um mehr herauszufinden, frag deine Eltern, bei welchem Telefonanbieter ihr seid und in welchem Tarif, die Infos holst du
dir dann aus dem Internet und von der kostenlosen Hotline.

Notfallnummer leicht auffindbar im Handy speichern

397 Speichere einen Notfallkontakt in deinem Handy unter
dem Namen «ICE» – das internationale Kürzel für «In Case of
Emergency». Solltest du einen Unfall haben und bewusstlos
werden, können die Sanitäter so z. B. deine Eltern oder einen
engen Freund kontaktieren. (Manchmal wird in Kettenmails behauptet, über diesen Eintrag könnten sich «Handy-Viren» verbreiten, deshalb sollte man ihn löschen. Das ist Quatsch!) In
Deutschland sollte eigentlich die Abkürzung «IN» («im Notfall») eingeführt werden, hat sich aber nicht durchgesetzt. Mit
ICE bist du auch im Auslandsurlaub auf der sicheren Seite.

Mehrere solche Einträge kannst du durchnummerieren oder
z. B. als «ICE Eltern», «ICE Tante» usw. bezeichnen. Optimal,
aus Sicht des Rettungspersonals, wäre es zudem, wenn jeder
zusätzlich einen kleinen Zettel mit Notfallnummern im Porte-

monnaie trägt, weil Handys bei Unfällen schnell verloren- oder kaputtgehen.

Telefonieren ohne Blumenkohlohr

398 Handys und schnurlose Telefone strahlen. Ist ja auch logisch, wie soll sonst die Info zur Basis oder zum Sendemast kommen? Eindeutig ist: Intensive Handynutzer weisen häufiger (ungefährliche) Knoten in Hirn und Ohr auf. Welche Gefahren darüber hinaus bestehen und ob es überhaupt welche gibt, ist noch unklar. Auf die sichere Seite kommst du jedoch einfach und preiswert: Vielen Handys liegt inzwischen ein Kopfhörer mit Mikro bei, verwende den (aber leg das Mobiltelefon bei der Nutzung dann nicht in den Schoß). Und für die meisten schnurlosen Telefone gibt es ebenfalls Headsets. Entlastet zugleich Arm- und Schultermuskulatur.

(PS: Schnurlose Bluetooth-Headsets müssen nicht so weit funken und sind daher besser als gar nichts, aber dann bitte wenigstens nach dem Gespräch abnehmen. Sieht sonst außerdem lächerlich aus.)

399 Lade zudem dein Handy nicht im Schlafzimmer und nutze es auch nicht als Nachttisch-Wecker. Falls beides doch mal sein muss: Schalte das Gerät aus oder (je nach Modell) auf Flug-Modus.

Umschlagplatz für Umschläge

400 Luftpolsterumschläge sollte man wiederverwenden. Aufkleber mit der nächsten Adresse drauf, fertig. Spart Geld für Umschläge und schont die Umwelt, weil weniger Polsterfolie aus Plastik hergestellt werden muss.

Reisen & Verkehr ★

Einmal prüfen, doppelt sparen

401 Wenn ihr beim Tanken mit seid, bietet an, den Reifendruck zu prüfen. Leicht platte Reifen fahren sich schneller ab, müssen also früher ersetzt werden – ein Recycling-Albtraum. Und man verbraucht bei gleichem Tempo drei Prozent mehr Sprit. Bei 20000 Kilometern Laufleistung im Jahr sparen eure Eltern fast eine ganze Tankfüllung, wenn der Reifendruck stimmt.

Klimaschutz tut fast nicht weh

402 «Fahrt Rad statt Auto, nehmt die Bahn statt das Flugzeug, esst kein Fleisch und wenig tierische Produkte, dreht die Heizung runter oder dämmt eure Häuser. So reduzieren wir die CO_2-Emissionen in Industrieländern auf einen Schlag um rund 50 Prozent – Klimaschutz ist also weder teuer noch technisch schwierig, und wir leben sogar gesünder.»

★ **Prof. Dr. Felix Ekardt** ist Jurist, Philosoph und Soziologe

Zeit zum Radfahren

403 «Ich habe mir angewöhnt, alle Strecken in der Stadt mit dem Fahrrad zurückzulegen. Ich plane dementsprechend etwas mehr Zeit zwischen zwei Terminen, sodass ich auch längere Strecken relaxed mit dem Bike fahren kann. In Berlin bietet sich das an. Das schont die Umwelt, spart Geld und hält mich fit.»

★ **Ole Tillmann** ist Schauspieler und Moderator (bis 2006 u. a. «Top of the Pops»)

Nicht einfach über den Zebrastreifen brettern

404 Der Zebrastreifen heißt eigentlich «Fußgängerüberweg» – streng genommen müssen Autofahrer für Radfahrer nicht anhalten, und wenn man spontan abbiegt und schnell rübernagelt, schaffen sie es auch gar nicht. Deshalb: Absteigen und rüberschieben (so ist es vorgeschrieben) oder wenigstens ganz langsam ranfahren und genau gucken, ob alle sehen, was du vorhast!

Parkplatzparty

405 Die Städte sind voller Autos und werden doch immer lebloser. Feiere dagegen an: Stecke Kleingeld für eine Stunde in eine ganze Reihe Parkuhren, stelle einen Ghettoblaster auf und feiere mit deinen Freunden auf den Parkplätzen eine Party. Wenn du Lust hast, verteile Flugblätter an Passanten – oder lade diese spontan zur Parkplatzfete ein. Jeder, der vorbeigeht, wird einsehen, dass der Raum besser genutzt ist als für Blechkarossen.

Sieh an, sieh an

406 Beim Gehen hochzuschauen statt nur auf den Weg bessert die Laune um elf Prozent.

Blinken und bei Rot stehen bleiben

407 «Autofahrer, die keinen Blinker setzen, sind uncool. Es kommt leider immer öfter vor, dass Autofahrer es scheinbar nicht mehr als nötig empfinden, bei einem Spurwechsel ihren Blinker zu setzen. Es wirkt auf mich fast schon so, als sei es uncool, wenn sie dies täten. Genau das Gegenteil ist aber der Fall, sage ich – da man dadurch das Leben unschuldiger Menschen mit aufs Spiel setzt.

408 Eine rote Fußgängerampel ist rot und bleibt rot, bis sie grün ist! Wir haben's ALLE mal eilig, aber das erlaubt uns nicht,

★ **Dominic Saleh-Zaki** ist Schauspieler («Verbotene Liebe») und Sänger

bei Rot zu gehen. Kleine Kinder könnten dort stehen und es bei einem abgucken und nachmachen. Kinder sind so. Nun, Kinder lernen von den Großen, und deshalb trägt jeder die Verantwortung für sie mit. Bei Rot bleib ich stehen!»

Sparen beim Fahren

409 Klimaanlagen und Scheibenheizungen verbrauchen Benzin – schaltet sie daher ab, wenn sie nicht (mehr) benötigt werden.

410 Kofferraum leer räumen. Extragewicht benötigt extra Kraftstoff.

411 Offene Sonnendächer und Fenster sowie Dachgepäck und Heckträger erhöhen den Luftwiderstand. Die Lösung ist leicht: Ungenutzte Gepäckträger abnehmen und bei höheren Geschwindigkeiten Fenster und Dach schließen.

Langsam Leben retten

412 Schau mal auf den Tacho deiner Eltern, wenn sie dich mitnehmen. Wie schnell fahrt ihr in der 30-Zone? 40? 50? Schneller? Eltern haben es oft eilig – schließlich sollen die Sprösslinge pünktlich zur Schule, und Papa muss nach dem Abwurf zack, zack ins Meeting. Aber sind diese Leute gegen 30-Zonen? O nein – denn ihre *eigenen* Kinder sollen natürlich nicht überfahren werden! Was man in der Alltagseile gern verdrängt:

- Bei 30 km/h beträgt der Reaktionsweg (also die Strecke, die man fährt, bis man aufs Bremspedal tritt) 9 Meter, der Bremsweg weitere 9 Meter. Bis der Wagen steht, ist man 18 Meter weit gefahren. Das alles unter Optimalbedingungen (sprich: Straße trocken, und man sucht nicht grade einen neuen Sender im Radio).
- Bei 40 km/h fährt man in der gleichen Reaktions*zeit* natürlich einen weiteren Reaktions*weg*, nämlich etwa 12 Meter. Danach braucht das Auto aber auch länger zum Abbremsen, nämlich 16 Meter – macht zusammen 28 Meter.
- Bei 50 km/h ist der Reaktionsweg bereits 24 Meter lang, der Bremsweg beträgt 64 Meter, der gesamte Anhalteweg ist 88 Meter lang.

Sieht man also 15 Meter vor dem eigenen Auto ein Kind vom Fahrrad kippen, kann man selbst mit 30 km/h einen Unfall nicht mehr vermeiden, ist aber beim Aufprall bereits sehr langsam. Mit 50 km/h hingegen hat man nach 15 Metern noch die volle Geschwindigkeit. Und wenn man jemand anfährt, ist die Wahrscheinlichkeit, dass der Unfall tödlich endet, mit 50 km/h zehnmal so groß wie mit 30 km/h. Sag deinen Eltern, dass du lieber zu spät kommst, als das zu riskieren.

Autostopp lohnt sich doch

413   Leider ist es noch immer ein Glaubenskrieg, ob man den Automotor beim Anhalten (z.B. an Ampeln oder Bahnübergängen, aber auch im Stau) ausschalten soll. Dabei ist das längst erforscht (und das solltest du bitte deinen Eltern sagen): Je nach Motor lohnt es sich bereits ab wenigen Sekunden. Wenn ihr ein ganz normales Auto mit einem ganz normalen Motor habt, spätestens bei einer anzunehmenden Wartezeit über

30 Sekunden. (An der Ampel sollte man die Zündung anlassen, damit Blinker und Licht funktionieren und man schnell wieder starten kann – die Zündung ist sozusagen die «erste Raste» des Zündschlosses.)

Das rechnet sich sogar: In der Stadt spart man auf diese Weise 13,4 Prozent Benzin, bei Überlandfahrten mit weniger Haltepunkten immer noch 3,4 Prozent. Hochgerechnet auf einen Staat wie die Schweiz wären das 280 000 Liter Benzin und 120 000 Liter Diesel jährlich. Viele neuere Wagen haben eine Start-Stopp-Automatik bereits eingebaut. Das oft gehörte Argument, die Zündung oder der Motor litte unter dem ständigen An/Aus, ist schlicht falsch, betont der ADAC.

Zusammen fahren

414 Müssen sich wirklich alle einzeln in halbleeren Autos zum Sport, zum Konzert, von der Party nach Hause fahren lassen? Fragt Schulkameraden oder Mitspieler, ob eure Eltern Fahrgemeinschaften bilden könnten, einer hin, einer zurück, spart selbst bei kleinen Umwegen noch richtig Sprit.

Wann können wir los?

415 Wenn ihr Tante Uschi in Wanne-Eickel besuchen wollt, trödelt nicht rum, sondern fahrt lieber ein bisschen früher los: Bei 100 km/h verbraucht man auf der Autobahn im Durchschnitt 27 % weniger Benzin als bei 130 km/h.

Keine Sitzerhöhungen ohne Nasen

416 Habt ihr kleine Geschwister, die manchmal auf Sitzerhöhungen sitzen (statt in einem richtigen Kindersitz)?

Dann zeigt euren Eltern bitte den folgenden Text:

Einfache Sitzerhöhungen aus Styropor (billig zu kaufen in jedem Baumarkt) sind zwar in der EU zugelassen, schützen aber nicht so gut wie vollwertige Kindersitze. Bei einem Unfall können sie einfach nach vorn unter dem Kind herausrutschen, was die Verletzungsgefahr noch erhöht. Dagegen helfen die «Nasen» (offiziell «Gurtführung» genannt) von besseren Sitzen/ Sitzerhöhungen, unter denen der Gurt durchgezogen wird. Besser einen älteren, gebrauchten vollwertigen Sitz verwenden als eine neue (aber schlechtere) Sitzerhöhung. Das gilt gerade auch für «Zweitsitze» in Papas oder Omas Auto. Denn die meisten Unfälle geschehen auf den kürzesten Strecken (zum Kindergarten, zur Schule, zum Einkaufen), weil diese viel häufiger gefahren werden. Und nur richtige Kindersitze mit Rückenlehne und Kopfstütze bieten auch Schutz im Falle eines seitlichen Aufpralls – also wenn z. B. jemand aus einer Ausfahrt geschossen kommt oder die Vorfahrt nicht beachtet.

Das geht wie gelackt

417 Weniger Autowäschen sparen Geld, Wasser, Chemie. Biete deinen Eltern an, Käferleichen, Teerspritzer und Dreck mit Backpulver (oder Küchennatron) auf einem feuchten Lappen zu entfernen. Hinterher Lack mit Wasser abspülen.

Essig gegen Scheiben-Eis

418 Mischt Essig (der billigste tut's) und Wasser 1:1. Füllt das Gebräu in eine Sprühflasche und benetzt im Herbst und Winter die Windschutzscheibe. Voilà – am nächsten Morgen ist sie nicht vereist. Vorteil: keine kalten Finger vom Kratzen, kein Chemiekeulen-Enteiser.

Licht an – auch am Tag

419 Wenn die Scheinwerfer leuchten, sind Autos besser zu sehen, und man kann besser einschätzen, wie weit herankommende Fahrzeuge noch entfernt sind. Andere Verkehrsteilnehmer können besser – und früher – reagieren. In einer niederländischen Studie wurde zudem ermittelt, dass auch Fußgänger und Fahrradfahrer besser erkannt werden.

Eine Studie der Bundesanstalt für Straßenwesen besagt, dass sich durch das Fahren mit Licht am Tag etwa drei Prozent aller Unfälle vermeiden ließen. Das wären dann nicht nur weniger Blechschäden, weniger Versicherungskosten, weniger Verletzte, sondern auch 130 Verkehrstote weniger.

Das gilt natürlich auch für Fahrräder – und wer einen Nabendynamo hat, kann das Licht ohne Zusatzmühe (wie beim Dynamo) immer anlassen!

Ökofliegen

420 Noch eine Suchmaschine für Flüge – diese aber dient einem guten Zweck: www.oekoflug.de vergleicht zahlreiche Fluglinien und kassiert bei Buchung statt der üblichen «Agenturpauschale» eine «Ökoflugpauschale». Ein Großteil davon wird an Klimaschutzprojekte abgeführt. Biete deinen Eltern an, die Urlaubsflüge hier zu überprüfen – vielleicht ist ja sogar ein Schnäppchen dabei. Und sonst ist zumindest das gute Gewissen im angezeigten Endpreis inklusive.

Außerdem möglichst die Faustregeln von WWF, Verbraucherinitiative und Verkehrsclub Deutschland beachten:

- Unter 700 km: Zug nehmen
- Ab 700 km: mind. acht Tage bleiben
- Ab 2000 km: mind 14 Tage bleiben

420

Tankstelle anzünden und über das Viertel fliegen

421 Wenn eine 747 startet, ist das laut einem Boeing-Techniker so, «als würde man die Tankstelle um die Ecke in Brand stecken und dann damit über das Viertel fliegen». Und Dan Imhoff, Autor von «Paper or Plastic», veranschaulicht dasselbe auf andere Weise: Allein während des zwei Minuten dauernden Startvorgangs benötigt eine 747 so viel Benzin wie 2,4 Millionen Rasenmäher in 20 Minuten. Experten befürchten, dass der Luftverkehr im Jahr 2050 für 10 bis 17 Prozent des Kohlendioxidausstoßes verantwortlich sein wird (2008 waren es noch zwei Prozent), weil immer mehr Menschen mit dem Flugzeug reisen.

Wenn ihr also nicht fliegen müsst, sondern stattdessen auf Tante Inges langweiligen 60. Geburtstag per Webcam gratuliert und euch am Wochenende im Garten sonnt statt auf Mallorca, dann ist das eine gute Entscheidung. Muss es doch sein, beruhigt euer Gewissen mit einer CO_2-Ausgleichszahlung an Klimaschutzprojekte, z. B. über www.myclimate.org. Für München – Mallorca und zurück werden beispielsweise pro Person rund 13 Euro fällig. Aber selbst wenn das deine Familie finanziell nicht juckt: Es ist wie beim Kranksein – sich das Bein brechen und einen Gips kriegen ist nicht so gut wie kein Beinbruch. Entsprechend ist *kein* Flug auch besser für die Umwelt als Flugreise und Ablasszahlung.

Pack (nur) die Badehose ein

422 Nimm weniger Gepäck mit in den Urlaub. Je schwerer das Flugzeug, desto mehr Sprit verbraucht es. Erleichtert zudem das Einchecken und den Transfer. Man braucht im Urlaub nie so viel, wie man denkt, und was man doch braucht, kann man vor Ort kaufen.

Erst pinkeln, dann starten

423 Gehe auf die Toilette, bevor ihr abhebt. Jeder Spülvorgang an Bord eines Flugzeugs verbraucht einen Liter Flugzeugbenzin. Außerdem werden, um Wasser und damit Gewicht zu sparen, fäulnishemmende Chemikalien (meist blau gefärbt) benötigt.

Mein Kopf gehört mir

424 Nimm deine eigenen Kopfhörer mit ins Flugzeug. Kaufe ggf. vorher einen Adapter für den bei Airlines beliebten Doppelstecker (Technikkaufhaus oder Flughafenshop). Dann sparst du ein für alle Mal das Geld für die Schrottkopfhörer, die euch die Stewardessen andrehen sollen, und schmeißt die hinterher auch nicht immer wieder weg (nur um das nächste Mal neue zu kaufen).

Lehrreicher Zeitvertreib

425 Nimm die «Trivial Pursuit»-Fragekarten mit auf lange Reisen, befrage deine Eltern – erstaunlich, was die alles nicht wissen.

Über den Wolken an die Erde denken

426 Wenn du die Erdnüsse oder Brezeln im Flugzeug sowieso nicht isst, winke gleich ab, sonst werden sie am Ende nur weggeworfen.

427 Auf vielen Billigflügen kannst du Snacks und warme Gerichte kaufen. Bring dir stattdessen ein Sandwich mit – schmeckt besser, ist billiger und spart Plastik- oder Alu-Verpackung.

428 Falls es ohnehin ein Gericht gibt: Bestelle die veganische oder vegetarische Option. Schmeckt meist besser und verfügt über die günstigste Ökobilanz. Außerdem wird sie oft zuerst serviert, sodass du sogar nach dem Essen noch als Erster Hände waschen gehen kannst, während die anderen noch vor dem halbvollen Tablett sitzen.

Hauptsache, Tomatensaft

429 «Erst letzte Woche ist mir im Flugzeug aufgefallen, dass es immer noch Plastikbecher gibt. Warum eigentlich? Altpapierbecher wären auch total okay, sind für die Umwelt besser, und dem Verbraucher ist es am Ende doch egal, aus welchem Becher er seinen Tomatensaft schlürft!»

★ **Sandra Blesser**
ist Model und Moderatorin

Vorsicht sorgt für Übersicht

430 Achte darauf, wo sich die Notausgänge befinden. Nicht nur im Flugzeug, auch im Hotel, im Einkaufszentrum, in der Schule. Dann kannst du z. B. bei einem Brand sogar noch anderen helfen!

Wandern statt fliegen

431 «Klar, eine Reise mit dem Flugzeug ist eine aufregende Sache. Weit entfernte, exotische Urlaubsziele bereichern unsere Erfahrungen. Aber muss es wirklich immer gleich das Flugzeug sein? Viele wunderschöne Urlaubsziele liegen fast vor unserer Haustüre. Besonders spannend sind die Berge!

★ **Michael Knoll**
ist Bundesjugendleiter und
Vizepräsident des Deutschen
Alpenvereins

Wandern, Mountainbiken, Klettersteiggehen, alpines Felsklettern oder Hochtouren, Tiere beobachten und Pflanzen bestimmen – die Alpen bieten für jeden etwas. Welches Abenteuer du in den Bergen wagst, liegt ganz in deiner Hand: Vollpension mit Bergführer in einer gut ausgebauten Hütte? Oder vielleicht eine einsame Abenteuertour mit Biwak und großem Rucksack? Das einmalige Erlebnis ist oft näher, als du denkst.

Also: Rein in den Zug und ab in die Berge! Du tust nicht nur der Umwelt etwas Gutes, sondern erlebst sie auch noch hautnah. Deshalb: Überlege dir doch vor der nächsten Reise, ob du die Flugtickets nicht mal gegen eine Wanderkarte tauschst!»

Reisen bildet immer noch

432 «Schon als Kind bin ich oft im Ausland gewesen – und diese Aufenthalte haben mich bis heute geprägt und sind mir beruflich immer zugutegekommen. Zu meiner Kindheit in Deutschland gehören untrennbar die intensiven Erinnerungen an die Ferien mit meiner Großmutter, einer imponierenden Frau, die mal in Lausanne (Schweiz), in Brüssel oder anderswo geschäftlich zu tun hatte und die mich und meine Geschwister mitnahm. Es war weniger das Gefühl, eine ‹Grenze› zu überschreiten oder im ‹Ausland› zu sein, sondern mehr, einfach eine Zeitlang woanders zu leben und mit anderen Menschen und anderen Sprachen zu tun zu haben.

★ **Prof. Dr. Babette Simon** ist Präsidentin der Universität Oldenburg

Spätere langjährige Auslandsaufenthalte – in der Schulzeit, im Studium und auch im Berufsleben – waren daher für mich ganz selbstverständlich. Und sie wurden es ebenso für meine Kinder.

Reisen bildet, sagte man früher. Aber Reisen und Begegnungen mit fremden Menschen und Kulturen bilden nicht nur, sondern sie machen uns reich – reicher, als wir es mit allen materiellen Gütern sein könnten. Deshalb möchte ich alle jungen Menschen ermutigen: Wagt euch hinaus, lasst euch von eurer Neugier treiben – es warten viele wunderbare Erlebnisse auf euch. Mit vielen wunderbaren Menschen. Auf der ganzen Welt. Und übrigens: Der Blick von Sydney oder Shanghai oder Süd-Indien oder Nordafrika aus auf das eigene Leben in Deutschland tut einfach nur gut.»

Raus aus dem All-inclusive-Ghetto

433 «Wer in einem Land, in dem große Armut herrscht, einen Traumurlaub unter Palmen verbringt, sollte dem All-inclusive-

★ **Dr. Marita Haibach** ist Beraterin für Fundraising und Management; sie wurde 2009 mit dem Bundesverdienstkreuz ausgezeichnet

Touristen-Ghetto für ein paar Tage entfliehen und erleben, unter welchen Umständen die Menschen dort wirklich leben – oft kein fließendes Wasser, immer wieder langanhaltende Stromausfälle, zehn Menschen oder noch mehr in einer baufälligen Hütte,

kein Brot, weil dem Bäcker das Mehl ausgegangen ist, und anderes mehr. Dann denkt man möglicherweise darüber nach, dass die Selbstverständlichkeiten unseres Alltags eigentlich nicht selbstverständlich sind. Gleichzeitig lernt man schätzen, dass die Menschenwürde und die Lebensfreude trotz der existenziellen Alltagsnöte nicht verlorengehen.»

434 All-inclusive-Hotels haben noch einen weiteren Nachteil. Normalerweise würde man im Ort wenigstens mal einen Kaffee trinken, Kitsch kaufen oder sogar essen gehen. Das stärkt die Wirtschaft im Urlaubsland. Bleibt man dagegen bloß im Hotel und haut sich dort den Wanst voll, konsumiert man einerseits meist mehr, als gut für einen ist, andererseits bleibt der Großteil des Gewinns beim Reisekonzern hängen.

Seife und Shampoo im Hotel verweigern

435 Verwende die aufwendig einzeln verpackten Mini-Seifen und -Shampoos in Hotels nicht, sondern beschwere dich darüber. Mit Hilfe nachfüllbarer Seifen- und Shampoobehälter im

433

Bad könnten ohne Komforteinbuße Millionen Tonnen Müll weltweit vermieden werden.

Ausweiskopien weltweit

436 Urlaub in New York, São Paulo oder auch nur Fuerteventura bedeutet: Pass oder Personalausweis, Kreditkarten, Reiseunterlagen mitnehmen. Großer Mist, wenn das alles geklaut wird oder verlorengeht. Eine echte Hilfe bedeutet im Krisenfall wenigstens der Zugriff auf Kopien. Das lässt sich weltweit leicht realisieren: per Internet. (Ist übrigens auch sehr hilfreich bei einem Brand- oder Wasserschaden.) Vor Reiseantritt scannt ihr die relevanten Ausweise und Bank-/Kreditkarten aller Familienmitglieder bzw. Reiseteilnehmer. Am besten mit einer Auflösung von «300 dpi» oder «300 ppi». Abspeichern, wenn möglich, im Format PDF. Notfalls geht auch JPG. Dateien sinnvoll benennen, z. B. «NAME_Reisepass», «NAME_Personalausweis», «NAME_Visum_USA» usw.

Dann ladet ihr die Dateien in einen kostenlosen, geschützten Bereich im Internet, z. B. das MediaCenter von www.gmx.de oder auf eine Onlinefestplatte von www.adrive.com oder www.humyo.de. Zugriff ist nur möglich mit Benutzernamen und Passwort. Wenn du aber irgendwo festsitzt, kannst du ins nächste Internetcafé gehen und die Dokumentkopien herunterladen und ausdrucken.

Auch Reiseunterlagen lassen sich auf diese Weise sichern, ebenso wie die Buchungsbestätigungen von Onlinebuchungen: E-Mail als PDF abspeichern und online sichern. Alternativ Bestätigungsmail ausdrucken und scannen.

437 Bonus-Tipp: Wenn du ein Smartphone hast, kannst du die Daten zusätzlich auf dem Gerät sichern. So hast du eure Buchungs- oder Ausweisnummern immer zur Hand.

Schuhschachteln zu Schulschachteln

438 Wenn du deinen Urlaub in einem der ärmeren Länder dieser Welt verbringst, dann pack vor der Abreise eine Schuhschachtel voll mit Schulsachen: Bleistifte, Buntstifte, Kreide, Papier, Radiergummis, Klebestifte, Kinderscheren usw. Halte vor Ort Ausschau nach Schulgebäuden oder frage danach. Wenn es sich nicht gerade um eine stinkreiche Privatschule handelt, gib deine Schachtel einem Lehrer oder dem Direktor. Ging schnell, und du hast noch was gesehen, oder? Genieße den Rest eures Urlaubs.

Nie wieder

439 Besuche eine KZ-Gedenkstätte (es gibt ja leider genug davon): Dachau, Buchenwald, Neuengamme, Bergen-Belsen ...

Zukunft ★

Wahlrecht für Kinder

440 «Als man uns in der Schule zum ersten Mal erklären wollte, was Demokratie ist, schrieb die Lehrerin diesen einen Satz an die Tafel: ‹Jeder Mensch hat eine Stimme.› Ich glaube, ich war damals 14 Jahre alt. Und ich meine mich auch daran zu erinnern, dass mein Banknachbar Florian damals fragte: ‹Aber warum darf ich dann erst in vier Jahren wählen?›

★ **Dr. Dominik Wichmann** ist Chefredakteur des «Süddeutsche Zeitung Magazins»

Die Antwort, die Florian daraufhin bekam, habe ich längst vergessen. Wahrscheinlich, weil sie schon damals so selbstherrlich und langweilig klang, wie es auch heute fast immer klingt, wenn uns Politiker und Beamte erklären, warum sie so vieles besser zu wissen glauben als das Volk, das ihnen ihre Gehälter zahlt.

Säuglinge, Kinder und pubertierende Jugendliche haben Rechte und haben Pflichten. Sie können zum Beispiel ein Konto besitzen, eine Villa in Hamburg-Blankenese oder beides zusammen – selbst wenn sie noch nicht mal einen Löffel halten können oder jeden Tag besoffen an der Haustür stehen (in beidem unterscheiden sie sich übrigens nicht immer von den Erwachsenen). In solchen Fällen nehmen die Eltern stellvertretend für das Kind dessen Rechte als Eigentümer wahr – und niemand wundert sich darüber. Wählen dürfen sie jedoch nicht, solange sie nicht volljährig sind – und auch darüber wundert sich niemand.

Was aber würde passieren, wenn in Zukunft auch Kinder wahlberechtigt wären – und ihr Wahlrecht bis zum 18. Geburtstag stellvertretend von ihren Eltern ausgeübt werden würde? Zunächst einmal hätten wirklich alle Bürger dieses Staates eine Stimme; kinderreiche Familien stellten unversehens eine ziemlich attraktive Klientel dar – und zwar für alle Parteien; mit den neuen Wählergruppen rückten unmittelbar auch jene Themen ins Zentrum der politischen Auseinandersetzung, die für die Zukunft unseres Gemeinwesens so wichtig sind: der Umweltschutz, die Bildungspolitik, die Sanierung der Staatsfinanzen und die Gerechtigkeit zwischen den Generationen. Den derzeit etwa 20 Millionen Wahlberechtigten über 60 Jahre stünden plötzlich ungefähr 14 Millionen Wähler unter 18 Jahren entgegen. ‹Die fehlende Fähigkeit, ein Recht auszuüben›, schreibt dazu der Verfassungsrechtler Paul Kirchhof, ‹hindert nicht die Berechtigung.› Mehr Wettbewerb um diese Stimmen wäre das Ergebnis. Mehr Diskurs innerhalb der Familien. Mehr Zukunft im Alltag. Mehr Chancen für alle.»

Partei nehmen

441 «Engagiert euch bei einer politischen Partei. Dann könnt ihr Ideen einbringen und eure Zukunft konstruktiv mitgestalten.»

★ **Dirk Niebel,** FDP, ist Bundesminister für wirtschaftliche Zusammenarbeit und Entwicklung

Wählen gehen (lassen)

442 Wir verbringen Stunden damit, auf eBay und Preisvergleichsportalen Schnäppchen hinterherzujagen. Handys zu vergleichen. Bedienungsanleitungen für Spielekonsolen durchzuackern. Da müssen dann auch mal ein paar Minuten für Politik übrig sein.

Sich vor einer Wahl über die wichtigsten Positionen zu informieren, um kompetent zu entscheiden, dauert nicht lange: Für www.wahl-o-mat.de stellt die Bundeszentrale für politische Bildung den Parteien konkrete Fragen zu aktuellen Sachverhalten. Man kann dann die eigenen Ansichten anklicken und erhält eine Wahlempfehlung nach Übereinstimmung. Und wer zu faul ist für einen Spaziergang am Wahlsonntag, beantragt Briefwahl. Denn Politik ist überall, und je mehr mitmachen, desto lebensnaher muss sie werden.

Wenn du noch nicht wählen darfst: Mach dich trotzdem schlau und diskutiere mit deinen Eltern – überzeuge sie vom Wählen und/oder deiner Position!

★ **Thomas Krüger**
ist Präsident der Bundeszentrale für politische Bildung bpb (www.bpb.de)

Nicht meckern, mitmachen

443 «Weniger Politik an die Politikprofis delegieren – mehr Politik selber machen und sich einmischen!»

Zum Beispiel kann jeder konkrete Verbesserungsvorschläge machen. Der «Petitionsausschuss des Deutschen Bundestages» ist verpflichtet, sie zu prüfen (und nicht einfach abzuheften), und leitet sie ggf. an die zuständige Stelle weiter oder lässt sie im Bundestag beraten. Der Antrag geht kurz und schmerzlos elektronisch unter http://epetitionen. bundestag.de/

Werde Baustein einer Welt ohne Grenzen

444 «Ich wünsche mir eine Welt ohne Grenzen, Menschen ohne Hass und Neid, eine Welt ohne Gewalt am Mitmenschen

★ **Prof. Dr. Joachim Piepke**
ist Rektor der Phil.-Theol. Hochschule SVD St. Augustin

und an der Natur. Ich fange heute an, meine Welt, meine Mitmenschen und die Natur mit Aufmerksamkeit und Rücksicht zu behandeln. Ich bin der erste Baustein, um die Welt zu verändern.»

Schon im Antrag liegt die Kraft

445 «Die internationale Staatengemeinschaft (UNO) sollte beschließen, dass bei Kriegen, Terroranschlägen oder ihrer Bekämpfung die Zivilbevölkerung nicht attackiert werden darf. Denken wir an Tausende getötete, verletzte und auf Lebenszeit traumatisierte Kinder, Frauen, Männer in Afghanistan, im Irak, in Palästina–Israel, Nordafrika etc. Alle verantwortlichen Politiker und Militärs sowie auch die Täter selbst müssen wie gewöhnliche Verbrecher vor einem internationalen Gericht verurteilt werden. Die Ausrede, auf Befehl oder in Notwehr gehandelt zu haben, darf nicht als mildernder Umstand gelten. Es gibt keine Notwehr gegen unbewaffnete Zivilisten, und Kriegsverbrechen sind grundsätzlich nicht befehlbar.

★ **Carlos Obers** ist Werbetexter

Da die globale Finanz- und Warenwirtschaft zunehmend für alle Staaten lebensnotwendig wird, können Sanktionen heute mehr denn je durchgesetzt werden. Interessant wäre, zu erleben, welche Staaten sich einer solchen UNO-Resolution widersetzen. Ich fürchte: nicht nur Nordkorea, vielleicht sogar die USA und Russland. Der Weltbevölkerung dies vor Augen zu halten wäre aber schon der erste Schritt zum Erfolg.»

Lass krachen!

446 «Nicht alle Kinder haben gleiche Chancen im Leben – selbst wenn sie sich alle Mühe geben. Herkunft bestimmt oft die Zukunft. Zum Beispiel haben es Hauptschüler schwerer als andere, eine Ausbildung oder Arbeitsstelle zu finden. Statt diese Ungerechtigkeit zu beklagen, wollten Studierende der Zeppelin Universität in Friedrichshafen das einfach selbst ändern. Sie gründeten 2008 das erfolgreiche

★ **Dr. Stephan A. Jansen** ist Präsident der Zeppelin Universität in Friedrichshafen

Sozialunternehmen ‹Rock Your Life! gGmbH›. Sie bilden Studierende aus, jeweils einen Hauptschüler zwei Jahre lang auf seinem Weg in den Beruf zu begleiten. Zwei junge Menschen auf Augenhöhe mit einem Ziel: Das Leben rocken. Die Fragen: ‹Was kann ich, wofür brenne ich, wohin will ich, wie kann ich das schaffen?› Das Programm: Bewerbungsunterlagen perfektionieren, die richtigen Praktikumsplätze finden, schulische Schwierigkeiten anpacken, aber auch einfach mal zusammen Fußball spielen. Das Angebot: Ein Netzwerk von Unternehmen stellt diese Rock-Your-Life!-Schüler ein, denn die Unternehmen wissen: Tolle Talente sind überall – nicht nur an Gymnasien und Unis –, wenn man an sie glaubt. Rock Your Life! gibt es jetzt auch in anderen Städten. Immer das gleiche Prinzip: Jeder soll seine Zukunft selbst in die Hand nehmen und mit ein wenig Begleitung einfach das eigene Leben ‹rocken›.»

Rock Your Life!: www.rockyourlife.de

Redet über alles und mit jedem

447 «Redet! Egal ob über Telefon, Handy oder von Angesicht zu Angesicht, aber redet. Hört zu, beteiligt euch, sagt, was ihr denkt und was euch nervt. Was ihr mögt

★ **Prof. Dr. Martin Erhardt**
ist Rektor der Hochschule
Pforzheim

und was nicht. Redet über alles und vor allem mit jedem. Setzt euch selbst keine Grenzen oder Fesseln, sondern bleibt offen für alles. Bildet euch selbst eine Meinung und vor allem: Sagt es!»

Glaub nichts, was sie dir raten wollen

448 «Glaube nichts von all dem, was dir in diesem Buch geraten wird. Verlasse dich auf dich selbst und mache deine eigenen Erfahrungen. Dein Lebensweg, dein Glück und deine Selbstachtung hängen nur von dir ab.

★ **Claudia Kerns** und **Richard Häusler** sind Gründer und Geschäftsführer der Firma «stratum», die Organisationen berät, die die Welt verbessern wollen, und Vorstandsmitglieder des Bundesverbandes TuWas e. V.

Du musst die Welt nicht retten. Denn sie wird dich und auch deine Kinder (falls du welche haben wirst) und alle, die danach kommen, auf jeden Fall überleben. Wenn du uns immer noch zuhörst und einen Tipp haben möchtest, wie man sich das Leben leichter macht: Interessant wird es, wenn du dich dafür interessierst, wie das, was du denkst, meinst und sagst, bei anderen ankommt. Kommunikation fängt erst dann an, wenn du dich dafür interessierst, was beim anderen ankommt. Der Empfänger entscheidet über die Botschaft, nicht der Sender. Viele Menschen um uns herum kämpfen ständig darum, so verstanden zu werden, wie sie selbst sich verstehen. In Wirklichkeit verstehst du dich erst, wenn du begreifst, wie andere dich verstehen.

Rede mit der Welt. Du wirst sehen, dass du mit deinen Ängsten und Hoffnungen, deiner Freude und deinem Leiden, deinem Wissen und deiner Dummheit nicht allein bist.

Du bist ein Gewinner. Du musst nicht auf anderen herumtrampeln und andere verachten, um dich stark zu fühlen. Du brauchst keine Verlierer, um dich stark zu fühlen. Du fühlst dich nicht immer stark? Kein Problem! Die Welt braucht keine Helden, die sie retten oder verbessern wollen. Such dir eine lohnendere Aufgabe.

Und glaube nichts von dem, was wir dir raten wollen. Ruf einfach an. Schau hin. Geh los.»

Hör nicht auf die Experten

Dr. Stefan Duhr und **Dr. Philipp Baaske** sind Geschäftsführer von NanoTemper Technologies

449 «Wenn alle Experten behaupten: ‹Das geht nicht, das kann man nicht machen›, dann ist das genau das, was du ausprobieren solltest. Wer Grenzen und festgefahrene Meinungen hinter sich lässt, kann so Neuland entdecken.»

Entdecke den nächsten Miles Davis

Ashley Hicklin ist Musiker («Eskimos to Astronauts»)

450 «Geh in deinen Musikladen und kauf dir ein rotes Kazoo. Gratuliere! Jetzt hast du dir ganz offiziell das lebenslange Geschenk der Musik gemacht, und vielleicht wird das dein Leben verändern. Miles Davis' erstes Instrument war ein Kazoo, und er hat ganz sicher die Welt verändert. Jedes kleine bisschen hilft ...»

Ideenkraft

Wolfgang Hohlbein ist mit 35 Millionen verkauften Büchern einer der erfolgreichsten deutschen Schriftsteller

451 «Wenn man eine wirklich gute Idee hat, dann sollte man sie nicht in seinem Ideenordner abheften – sondern sie mit aller Kraft umsetzen.»

Macht Wellen!

Prof. Dr. Ludger Hünnekens Archäologe und Kulturmanager

452 «Ihr wollt die Welt verbessern? Na klar, da machen wir doch mit! Aber wo sollen wir ansetzen, unsere Welt ist doch überall so erschreckend unvollkommen. Gerade ihr dürft deshalb aber nicht resignieren. Denn ihr könnt tatsächlich doch mit einem ganz persönlichen Beitrag in eurer unmittelbaren Umgebung ein wenig dazu beitragen, die Welt zu verbessern und sie humaner und schöner zu machen. Zeigt Zivilcourage, engagiert euch für die Gemeinschaft, baut Brücken mit Kunst und Kultur – dann werden wir eine Zukunft haben. Auch wenn einen dabei die täglichen Nachrichten erschrecken und verdrossen machen können, es gibt doch auch so viele Lichtblicke, um die zu kämpfen es sich lohnt. Das fängt aber nun einmal bei einem selbst an, also macht mit, werft euren Stein ins Wasser, auf dass er viele Wellen auslösen möge.»

Überzeugungsarbeit leisten

453 «Sich informieren, tagtäglich – Zeitungen, Kommentare, Nachrichten – damit man den eigenen Horizont erweitert und in möglichst viele Diskussionen und Fragen Position beziehen und im besten Sinne Überzeugungsarbeit leisten kann.»

★ **Tatjana Clasing** ist Schauspielerin («Danni Lowinski», «Alles was zählt», «Gute Zeiten, schlechte Zeiten»)

Menschenrechte einfordern

454 «Wenn man in bestimmten Ländern auf der Welt offen seine Meinung vertritt und zum Beispiel sagt, dass alle Menschen gleich behandelt werden sollten – Stichwort Menschenrechte –, dann wird man ins Gefängnis gesteckt. Meist ohne faires Gerichtsverfahren und ohne Hoffnung darauf, jemals wieder freizukommen. Damit diese politischen Gefangenen (also Leute, die nach unseren Gesetzen keine Verbrechen begangen haben) nicht in Vergessenheit geraten, erheben beispielsweise die Unterstützer von Amnesty International ihre Stimme. Freundliche Briefe an die verantwortlichen Regierungen machen diesen klar, dass ihr Tun in der Welt nicht unbe-

★ **Ralph Caspers** ist Moderator u. a. von «Wissen macht Ah!» und der «Sendung mit der Maus» in der ARD sowie Autor von Sachbüchern wie «Ich hab's dir ja gesagt» und «Scheiße sagt man nicht!»

obachtet bleibt und dass sie unbequeme Menschen nicht einfach unbemerkt verschwinden lassen können.

Als ‹Menschenrechte› bezeichnet man Rechte, die jedem Menschen gleichermaßen zustehen sollten, z. B. das Recht auf Leben und körperliche Unversehrtheit; Schutz vor Folter; Recht auf Freiheit, Eigentum, Sicherheit der Person; Meinungsfreiheit; Unschuldsvermutung; Gleichberechtigung. Amnesty International (www.amnesty.de) gehört zu den bekanntesten Menschenrechtsorganisationen. Der Jahresmitgliedsbeitrag beträgt 48 Euro, ermäßigt 24 Euro.»

Bewunderung zum Ausdruck bringen

455 «Ich glaube, die Welt wäre ein schönerer Ort, wenn wir alle in der Lage wären, Bewunderung und Respekt für unsere Mitmenschen zum Ausdruck zu bringen, wenn wir den Menschen, die uns nahe sind, und letztlich allen Menschen auf der Welt Respekt entgegenbringen.»

★ **Romero Britto** ist ein brasilianischer Neo-Pop-Art-Künstler (www.britto.com)

Problembewusstsein für männliche Gewalt wecken

456 «Der Kriminalforscher Prof. Dr. Joachim Kersten sagt: ‹Gewalt ist männlich dominiert.› Der Anteil der Frauen an der weltweiten Gewalt und bei globalen Kriegsgeschehen ist vernachlässigbar. Es gilt, mit vereinten Kräften dafür zu sorgen, dass man die Männer lehrt – dass man sie von klein auf lehrt und dazu erzieht, ihre Aggression in den Griff zu bekommen Die ist mit dem hohen Testosteronspiegel nicht zu entschuldigen, eher mit sozialer Schieflage und gesellschaftlichen Missständen. Ich habe bis dato nicht gehört, dass Frauen

★ **Lisa Fitz** ist Kabarettistin, Schauspielerin und Sängerin (www.lisafitz.de)

in diesem Ausmaß Kriege anzetteln oder voller Machtgier ihre Verantwortung missbrauchen und Gelder missverwalten – aber sie empfinden sich oft als zu schwach, und sie interessieren sich viel zu wenig für Politik.

Da Weltfrieden und globale Gleichstellung der Frau in unerreichbarer Ferne zu sein scheinen, braucht es eine Weltregierung, die per Gesetzeserlass dafür sorgt, dass Männer sowohl in ihrer Kriegsbereitschaft wie auch ihrem martialischen Denken und in ihren patriarchalischen Sicht- und Verhaltensweisen limitiert und gebremst werden. Weil nicht zu erwarten ist, dass das durch Freiwilligkeit geschieht, muss zuerst das Problembewusstsein gefördert werden, indem man das Problem benennt und eingrenzt, also nicht sagt: die ‹Gewalt in der Welt›, sondern die ‹*männliche* Gewalt›. Das Streben nach Weltfrieden darf man nicht als Öko- und Müslifresser-Gequatsche abtun, wir sollten es so ernst nehmen, wie es nur geht.»

Frauen an die Macht

457   «Ich versuche meine Welt jeden Tag zu verbessern, indem ich den Menschen, die ihre Kreise um mich ziehen, ein gutes Gefühl gebe. Mein Partner, meine Familie und meine Freunde bekommen dann ein ‹Ich liebe dich›. Mein Team und meine Mitarbeiter hören dann ein ‹Danke, dass ihr für

★ **Marcel Ostertag**
ist Modemacher
(www.marcelostertag.com)

mich da seid und mit mir weiterkämpft›. Generell kann die Welt nur verbessert werden, wenn wir alle Männer, die in Führungspositionen arbeiten, durch Frauen ersetzen.»

★ **Jörn Wunderlich,** Die Linke, ist Mitglied des Deutschen Bundestages

Spielen erlaubt

458 «Mein Vorschlag ist, Schilder abzuschaffen, die das Ballspielen auf einer Wiese verbieten.»

★ **Klaus Baumgart** ist Autor («Lauras Stern») und Professor für Gestaltung an der Berliner Hochschule für Technik und Wirtschaft Berlin

Fundsache

459 «Verliere nie das Kind in dir!»

★ **Xavier Naidoo** ist Sänger («Dieser Weg»)

Mit Liebe global

460 «Denke global, handle lokal. Auf Deutsch gesagt: Kehre mit Liebe vor der eigenen Haustür.»

★ **Tom Buhrow** ist erster Moderator bei den «Tagesthemen» in der ARD

Kostbarer Moment

461 «Jeden Tag kurz innehalten und dreimal tief durchatmen. Dabei denken: ‹Was für ein kostbarer Moment!› Ich garantiere: Du wirst für deine Umwelt ein verträglicherer Zeitgenosse.»

★ **Thomas Anders** ist Musiker (u.a. «Modern Talking»); mit über 120 Millionen verkauften Tonträgern gehört er zu den erfolgreichsten deutschen Sängern aller Zeiten

Jedem Morgen Möglichkeiten geben

462 «Versuche jeden Morgen, dir die Möglichkeit zu geben, etwas zu bewegen und Gutes zu tun. Auch eine Reise von tausend Meilen beginnt immer mit dem ersten Schritt.»

Schluss mit der Versicherungs-Gesellschaft

463 Probier es selbst aus. Was fürchtest du mehr: 1000 Euro zu verlieren, die du bereits besitzt – oder 1000 Euro nicht zu bekommen, die du noch verdienen musst? Wofür würdest du mehr Kraft, Zeit und Energie aufwenden? Um zu schützen, was du hast – oder um neuen Besitz zu erwerben? Die meisten Menschen engagieren sich intensiver für den Erhalt des Status quo als für eine mögliche Verbesserung der Situation. Mit anderen Worten: Wir leben in einer Versicherungs-Gesellschaft, in der wir schützen, was wir haben, statt zu überlegen, wie es weitergeht im Leben. Dabei kannst du die Vergangenheit nicht mehr beeinflussen, die Zukunft aber schon. Deswegen: Weniger Besitzstandswahrung, mehr Lebensplanung.

Woodstock ist wieder da

★ **Matthias Matussek** ist Journalist (u. a. «Spiegel») und Buchautor (u. a. «Wir Deutschen. Warum die anderen uns gern haben können»)

464 «Meditieren, beten, innehalten – verlangsamen. Der Planet, fürchte ich, ist nur noch durch einen radikalen Paradigmenwechsel zu retten, wir müssen neue Bescheidenheit einüben. Das übrigens war bereits eines der Motive der Woodstock-Generation.»

Ganz entspannt im Hier und Jetzt

★ **Simon Beckett** ist ein britischer Krimi-Bestsellerautor (u. a. «Die Chemie des Todes», «Verwesung»)

465 «Vor ein oder zwei Jahren litt ich am chronischen Erschöpfungssyndrom (Burnout). Sechs Monate lang saß ich zu Hause im Rollstuhl und hatte nicht die geringste Ahnung, ob – und wenn ja, wann – ich mich erholen würde. Glücklicherweise bin ich jetzt wieder gesund, aber die Erfahrung hat mich trotzdem etwas erkennen lassen. Die meisten Menschen – mich eingeschlossen – verbringen viel zu viel Zeit damit, über die Vergangenheit zu brüten oder sich Sorgen um die Zukunft zu machen, was meist auf Kosten der Gegenwart geht. Die verliert man leider leicht aus den Augen, und ich will ganz sicher auch nicht dem reinen Hedonismus das Wort reden. Aber ich glaube, es würde den meisten von uns guttun, sich weniger um Dinge zu sorgen, die wir ohnehin nicht ändern können oder die vielleicht nie geschehen werden, und sich stärker darauf zu konzentrieren, zu genießen, wie unser Leben hier und jetzt gerade ist.»

Hauptsache, die Arbeit wird gemacht

466 «Wir sollten uns nicht fragen: ‹Was will ich?› oder ‹Was sind meine Ziele?›, sondern: ‹Was würde mich begeistern?› Dann müssen wir heute den ersten kleinen Schritt in diese Richtung tun. Dinge, die wir ‹morgen› anfangen wollen, machen wir am Ende nie.

★ **Markus Albers** ist Journalist und Autor («Morgen komm ich später rein»)

467 Wir können heute arbeiten, wann und wo wir wollen – Hauptsache, die Arbeit wird gemacht. Sich von der Tyrannei des Schreibtischzwangs im Büro zu befreien ist der erste Schritt in ein selbstbestimmtes Leben.»

Wider die Stümper

468 «Wenn Menschen, die nicht dazu befähigt sind, Gutes (Kunst, Musik, Literatur, Gedanken, Konzepte, Ideen) zu produzieren, aufhören würden zu versuchen, es trotzdem zu tun, wäre die Welt schon ein wesentlich besserer Ort.»

★ **Stefan Vonderstein** ist Creative Director der Werbeagentur BBDO Düsseldorf

Drei Seiten Wahrheit

469 «Jede Geschichte hat drei Seiten: deine eigene, die des anderen und die Wahrheit. Das Interessante dabei ist, dass alle drei wahr sind.»

★ **Helmut Zerlett** ist Musiker und Komponist. Er ist u. a. Bandleader bei «Harald Schmidt»

Keine Schubladisierung

470 «Die Zeit der Schubladisierung eines jeden Einzelnen in Schichten wie ‹arm› (der ist schlecht) und ‹reich› (der ist gut) ist vorbei. So scheint es. Doch vor allem heute, in unserer materialistischen Welt, geht das ‹Klassendenken› den meisten nicht mehr aus dem Kopf. Warum sollten sozial Schwache nicht endlich dieselben Chancen haben wie finanziell besser Situierte? Höchste Zeit zum Umdenken! Denn: Jeder Mensch hat das Recht auf Bildung und verdient Respekt, völlig gleich, ob er Designerkleidung trägt oder nicht!»

★ **Philipp Isterewicz** ist Moderator bei Radio Feierwerk

Lass die Alten reden

471 «Viele Erwachsene reden in diesen Jahren mit düsterer Miene von ‹der› Krise (der Finanzen, der Zukunftsfähigkeit, des Gesundheitssystems und überhaupt). Das taten Erwachsene immer schon. Solches Reden bringt zum Ausdruck, dass etwas sich ändert, wovor sie Angst haben. Dabei kommt die Chance nur aus der Krise, und sie trägt schon eine neue Zukunft in sich. Eure Zukunft! Grund genug, optimistisch zu sein, denn ihr seid stark und gut!»

★ **Professor Dieter Lenzen** ist Präsident der Universität Hamburg

Leben in der Nische

★ **Martin Theben** ist Geschäftsführer des Outdoor-Anbieters Bergfreunde.de und wurde als «Start-up» für den Gründerpreis 2009 nominiert

472 «Konzentrier dich auf eine Nische, ein Projekt, an das du glaubst. Steck alle Energie in dieses Projekt und sei dort der Beste. Bist du der Beste in deiner Nische, hast du Erfolg.»

Das Neue Ökotum

473 «Ich plädiere für einen Öko-Faktor im Lebensstil. Es geht dabei nicht um tugendhaftes Verhalten. Es geht auch nicht allein um Klimaschutz oder nur um CO_2-Minderung. Es geht um eine neue Kultur. Dazu braucht es eine individuelle Veränderung des Denkens. Oder manchmal auch nur eine Weiterentwicklung: Es geht darum, das kritische Denken und das Kaufen nicht als zwei unabhängig voneinander ablaufende Prozesse zu begreifen, sondern miteinander kurzzuschließen. Der Einstieg in ein Neues Ökotum ist der bewusste Konsum, aber er ist viel mehr als Kaufen. Er ist eine lebensverändernde Bewusstseinserweiterung, führt definitiv zu einem schöneren Leben und potenziell in der Allianz mit anderen durch Druck auf Wirtschaft und Politik zur Energiewende, also letztlich zur Bewahrung der Schöpfung.»

★ **Peter Unfried** ist Chefreporter der taz und Autor von «Öko. Al Gore, der neue Kühlschrank und ich»

Forschen statt nachverhandeln

474 «Setzen wir der OPEC die OSEC entgegen, die Organisation der Sonne exportierenden Länder. Große Solarparks am äquatorialen Gürtel, ausgestattet mit neuartigen, effizienter arbeitenden Speicherzellen, würden mehr umweltfreundliche

★ **Frank Schätzing** ist Schriftsteller («Limit», «Der Schwarm»)

Energie denn je einfangen und die Äquatorstaaten zudem aus der Armut holen. Wie man den Überfluss an Energie speichert und exportiert, ist eine reizvolle Aufgabe für die Forschung und allemal besser, als in zehn Jahren die nächste Laufzeitverlängerung für AKWs herauszuschlagen, also ran.»

Die OPEC ist die Organisation erdölexportierender Länder (Organization of Petroleum Exporting Countries).

Diät fürs Klima

475 Dicksein ist ungesund, das wissen wir alle. Es schadet der Gesellschaft, weil übergewichtige Menschen häufiger krank sind, Diabetes entwickeln usw. – und die Behandlungskosten über die Krankenkassen auf alle umgelegt werden. Dicksein schadet aber auch der Umwelt: Das «Center for Disease Control» (die amerikanische Gesundheitsbehörde) hat errechnet, dass allein in den USA pro Jahr 1,5 Milliarden (!) Liter Benzin zusätzlich verbraucht wurden, weil jeder Bürger (statistisch gesehen) fünf Kilo schwerer war als noch Anfang der Neunziger. Das macht 3,8 Tonnen Kohlendioxidausstoß, die ausschließlich durch Übergewicht bedingt sind.

Ist ja auch logisch: Wenn ein Auto mit Urlaubskoffern vollgestopft ist, verbraucht es mehr Sprit, als wenn der Kofferraum leer bleibt. Das Gleiche gilt für das Gewicht der Passagiere. Wer abnimmt, spart also Benzingeld und schont die Umwelt.

★ **Sonja Zietlow**
ist ausgebildete Lufthansa-Pilotin und TV-Moderatorin (u. a. «Ich bin ein Star – holt mich hier raus»)

Dauerkarte fürs Paradies

476 «Begegnet den Tieren und der Natur mit Respekt, dann werdet ihr auch nicht aus diesem wunderbaren Paradies rausgeworfen.»

Frohe Botschaften findest du überall

477 «Schau ganz genau hin und hör gut zu. Denn dann wirst auch du sie entdecken, die frohen Botschaften. Sie sind überall

★ **Christine Reichmann**
betreibt die Webseite ‹Die frohe Botschafterin›

zu finden und machen jeden Tag noch ein bisschen schöner. Und wenn du diese positiven Botschaften an deine Freunde und an deine Familie weitergibst, verschönerst du auch schnell ihren Tag.

Ich mache das schon seit über einem Jahr in meinem Weblog www.die-frohe-botschafterin.de. Hier stelle ich inspirierende Geschichten, Bücher, Filme und Ideen in Form von kleinen Artikeln vor. Die kann jeder, der meine Webseite besucht, lesen und seine Meinung dazu schreiben. Ich habe schon viele E-Mails von Menschen bekommen, die sich über diese frohen Botschaften gefreut und die so ihren Tag schöner gemacht haben.

Und wenn du auf deine ganz eigene Weise alles, was du gut findest, an andere weitergibst, können wir gemeinsam jeden Tag unsere Welt ein kleines bisschen besser machen.»

Spiele spielen, Opfer bringen

478 «Vor kurzem hatte ich Geburtstag und habe einen Spruch geschenkt bekommen, etwas sehr Schönes von Platon. Es trifft sehr genau eine Lebensweisheit, und ich möchte ihn gerne weiterreichen:

★ **Sebastian Reusse**
ist Schauspieler (u. a. «Marienhof», «In aller Freundschaft»)

Welches ist die richtige Lebensweise?
Das Leben muss wie ein Theaterstück gelebt werden.
Man muss Spiele spielen, Opfer bringen,
singen und tanzen. Dann kann ein Mensch
die Götter besänftigen, sich gegen seine Feinde
verteidigen und den Wettstreit gewinnen.»

Maßhalten beim Weltverbessern

479 «Große Ideen und große Entwürfe sind schön, auch notwendig. Ich glaube aber, dass es mehr bringt, wenn jeder für sich im Kleinen beginnt, an drei Punkten zu arbeiten. Ich übe:

• dankbar zu sein. Dafür, dass ich zwei gesunde Beine habe, um zu gehen, dass ich die Natur genießen kann, dass ich ausreichend zu essen und zu trinken habe, dass ich genügend sauberes Wasser zur Verfügung habe, dass ich lieben kann. Dankbar zu sein ist die Voraussetzung dafür, geben zu können und geben zu wollen.

★ **Gabriele Strehle**
ist eine der wichtigsten deutschen Modeschöpferinnen («Strenesse»); sie ist Trägerin des Bundesverdienstkreuzes

• das richtige Maß zu halten. Vermessenheit schadet. Sie bedeutet Raubbau an Rohstoffen, Gesundheit, Umwelt. Das Zu-viel-Wollen ist an vielen Leiden und Problemen schuld, auch was den Umgang mit Geld und Macht betrifft.

- mit Zeit umgehen zu lernen. Geduld und Gelassenheit machen uns behutsamer, achtsamer, aufmerksamer. Das Bewusstsein der eigenen Endlichkeit befreit uns von der Gier. Wer über Zeit nachdenkt, wird außerdem humorvoll.»

Poesie der Moderne

480 «Ich bin der Überzeugung, dass wir in einer gänzlich anderen Welt leben könnten – einer Welt, die voller zeitgemäßer,

★ **Karim Rashid** ist Designer; seine Werke stehen u. a. im Museum of Modern Art in New York und im San Francisco Museum of Modern Art

anregender Gegenstände wäre, Orte, Räume, Welten, Erfahrungen und Gedanken. Design hat unsere Welt von Anbeginn geprägt und geformt. Wir haben Systeme entworfen, Städte, Konsumgüter. Wir haben uns den Problemen der Welt zugewandt. Doch Design ist nicht dazu da, Probleme zu

lösen, sondern unsere Umgebung zu verschönern. Beim Design geht es um die Verbesserung unserer Umwelt im poetischen, ästhetischen, empirischen, sensorischen und emotionalen Sinne. Ich wünsche mir sehnlichst, die Menschen in unserer Zeit leben zu sehen, dass sie teilhaben an der modernen Welt und sich lossagen von Nostalgie, antiquierten Traditionen, alten Ritualen, Kitsch und Belanglosigkeiten. Wir sollten uns ganz bewusst auf die Welt zum gegenwärtigen Zeitpunkt einstellen. Und wenn es zur Natur des Menschen gehören sollte, in der Vergangenheit zu leben – müssen wir den Menschen ändern, um die Welt zu verändern!»

Nichts bereuen

481 80 Prozent aller Menschen bereuen nicht etwa Dinge, die sie getan haben, ermittelten Forscher der Universität Nebraska, sondern Dinge, die sie *nicht* getan haben. Fasse dir also ein Herz und tue, was du nicht lassen solltest.

Kleine Ziele machen zufriedener

482 Ein großes Ziel – die Welt retten, einen Bestseller schreiben, Krebs heilen – ist eine tolle Sache. Macht aber unzufrieden, weil man selten bis nie Erfolgserlebnisse verzeichnen kann. Um 22 Prozent zufriedener mit dem Leben sind diejenigen, die einen steten Strom kleiner Erfolge erleben. Setze dir also zumindest Zwischenziele oder achte vielleicht einfach mal darauf, was heute geklappt hat.

Brauch ich nicht

483 «Die Welt verbessern ... Da frage ich mich gleich, ob die Welt ohne uns nicht besser zurechtkäme. Auch ein Fetzen eines Gedichts, das in meinem Gedächtnis hängengeblieben ist (ich weiß jetzt den Autor nicht mehr, Arnfrid Astel?): ‹... geh Wege, die noch niemand ging, damit du Spuren hinterlässt, und nicht bloß Staub›.

★ **Johannes Habla** ist Schauspieler (u. a. «Die Anrheiner», «Marienhof»)

Ja, so sieht sie aus, unsere Welt: Kaputt getrampelt, verseucht, abgeholzt, ausgebeutet, durch Menschen, die Spuren hinterlassen wollten und wollen. Der Spielraum, die Welt zu verbessern, so gesehen, scheint mir knapp bemessen.

Aber probieren wir es mal mit Sokrates: ‹Wie zahlreich sind doch die Dinge, deren ich nicht bedarf.› Unterstützt durch Buddha: ‹Alles Leid kommt aus der Begierde.›

Jetzt schlussfolgern wir mal: Demnach könnten wir die Welt verbessern, wenn wir alle weniger wollen. These: Wenn wir die Welt verbessern wollen, müssen wir nicht außen, sondern in uns selbst anfangen!

Die Lösung könnte lauten: ‹Brauche ich nicht!› Das ist in meinen Augen ein wirklich revolutionärer, wenn auch kein neuer Ansatz. ‹Brauche ich nicht!› Macht das Leben sehr viel einfacher. Wenn diese Einstellung mehr und mehr Anhänger finden könnte, lösen wir damit ein paar der dringlichsten Probleme (Abfall, Wasser- und Luftverschmutzung, Ressourcenverbrauch). Davon abgesehen gibt es jede Menge Zeit obendrauf.

Und lasst euch nichts vormachen: Von den Jobs, die ihr sucht, gibt es auch jetzt kaum noch genügend. Dieser Gedanke kann natürlich kein Alibi sein, sich in der Schule zurückzulehnen und alles Lernen und alle Mühe einzustellen. Im Gegenteil: Wissen ist das Einzige, auf das man nicht und niemals verzichten kann!!!

Aber vielleicht lässt sich auf der Basis des Gedankens ‹Brauch ich nicht!› ein Leben einrichten, welches letztlich an Qualität dazugewinnt. Dass diese Überlegungen tauglich sind für ein Jugendbuch, kann ich mir eigentlich nicht vorstellen. Der Kommerz wird sich doch nicht selbst ein Bein stellen. Anstoß für diese Überlegung war jedoch eine Äußerung und das Verhalten meines Sohnes (16) und seiner Freunde. Die Jungs sind so frei und verweigern sich allem, was ihnen zu teuer erscheint (‹... was? So viel kostet das? Nöö, kommt überhaupt nicht in Frage, wir zahlen dem doch nicht seine goldene Nase!›). Das hat Zukunft.»

Schluss mit dem Gemecker

484 24 Stunden nicht rummeckern. Man hat das Gefühl, als fehle einem etwas. Aber in Wahrheit bereichert es. Regeln des Meckerfastens: Wenn du etwas ändern kannst, ändere es. Wenn du etwas nicht ändern kannst oder willst, schweig dazu.

Europa ernst nehmen

485 Die Europäische Union (EU) ist längst Realität, weit über eine (weitgehend) gemeinsame Währung hinaus. Nationale Gesetze müssen zum EU-Recht passen, die Grenzen werden immer durchlässiger. Natürlich bringt das Nachteile mit sich, davon liest man ja genug. Aber auch Vorteile: Frieden, Reisefreiheit, freie Wahl des Wohnortes und Arbeitsplatzes und in vielen Ländern auch ganz schlicht noch eine Sicherung der demokratischen Freiheit. Höchste Zeit also, die EU ernst zu nehmen – sie zu erleben und zu erfahren, vielleicht auf einer Urlaubsreise in ein noch unbekanntes Land. Oder du fragst die neue Mitschülerin mal, wo sie eigentlich groß geworden ist und wie man dort so lebt.

Die EU besteht aus 27 Staaten mit 23 offiziellen Sprachen. Hier einige der wichtigsten Wendungen:

Europäisch für Anfänger

Deutsch	Hallo	Entschuldigung	Danke
Englisch	Hello	Excuse me	Thank you
Bulgarisch	Здравей	Извинявайте	Благодаря
(Aussprache)	(sdraßti)	(Isvinete)	(blagodarja)
Dänisch	Hej	Beklager	Tak
Estnisch	Tere	Palun vabandust	Aitäh
Finnisch	Hei	Anteeksi	Kiitos
Französisch	Bonjour	Excusez-moi	Merci
Griechisch	Γεια σου	Με συγχωρείτε	Ευχαριστώ
(Aussprache)	(Gia sou)	(Me sigchorite)	(Efcharisto)
Irisch	Dia dhuit	Gabh moleithscéal	Go raibh maith ag
Italienisch	Ciao	Scusi	Grazie
Lettisch	Sveiki	Piedod	Paldies
Litauisch	Labas	Atsiprašau	Ačiū
Maltesisch	Bonġu	Jiddispjaċini	Grazzi
Niederländisch	Hallo	Sorry	Bedankt
Polnisch	Bonġu	Przepraszam	Dziękuję
Portugiesisch	Olá	Desculpa	Obrigado
Rumänisch	Bună ziua	Mă scuzaţi	Mulţumesc
Schwedisch	Hej	Förlåt	Tack
Slowakisch	Ahoj	Prepáčte	Ďakujem
Slowenisch	Živijo	Oprostite	Hvala
Spanisch	Hola	Perdón	Gracias
Tschechisch	Ahoj	S dovolením	Děkuji
Ungarisch	Szia	Elnézést	Köszönöm

Ja	Nein	Auf Wiedersehen	Ich liebe dich
Yes	No	Goodbye	I love you
Да	Не	Довиждане	Обичам те
(da)	(ne)	(dowischdane)	(obitscham te)
Ja	Nej	Farvel	Jeg elsker dig
Jah	Ei	Tšau	Ma armastan sind
Kyllä	Ei	Moi	Minä rakastan sinua
Oui	Non	Au revoir	Je t'aime
Ναι	Όχι	Γεια	Σ' αγαπώ
(Ne)	(Ochi)	(Gia)	(S' agapo)
Is ea	ar bith	Slán leat	Táim i ngrá leat
Sì	No	Ciao	Ti amo
Jā	Nē	Atā	Es tevi mīlu
Taip	Ne	Viso gero	Aš tave myliu
Iva	Le	Saħħa	Jien inħobbok
Ja	Nee	Daag	Ik houv van jou
Tak	Nie	Do widzenia	Kocham cię
Sim	Não	Adeus	Amo-te
Da	Nu	La revedere	Te iubesc
Ja	Nej	Hej då	Jag älskar dig
Áno	Nie	Ahoj	Ľúbim Ťa
Da	Ne	Adijo	Ljubim te
Sí	No	Adiós	Te quiero
Ano	Ne	Tak ahoj	Miluji tě
Igen	Nem	Viszlát	Szeretlek

Ministerium für eine bessere Welt

486 «Ich selber habe beruflich jeden Tag mit Kreation und Ideen zu tun. Ich stelle aber immer wieder aufs Neue fest, dass

★ **Kai Röffen**
ist Kreativchef bei Kemper Trautmann (KT West)

es hier in Deutschland eine Kultur gibt, die neue Ideen eher versucht zu verhindern, als sie zu unterstützen, damit sie irgendwann auch verwirklicht werden können. Ich finde, das sollten wir ändern, da kreative Ideen nötig sind, um die Welt zu verändern.

Deshalb: Jeder Mensch ist aufgefordert, seine Ideen für eine bessere Welt an das neugeschaffene ‹Ministerium für eine bessere Welt› zu schicken. Das Ministerium prüft und gibt dann Projekte frei, die mit der Unterstützung von Staatsmitteln verwirklicht werden. Um die Menschen zum Mitmachen zu motivieren, werden Ideen, die in die Tat umgesetzt werden, mit Steuerboni/-vorteilen belohnt. So ist in Zukunft jeder involviert, wenn es darum geht, die Welt ein Stückchen besser zu machen.»

Lesen bringt Frieden

487 «Mahatma Gandhi sagt: ‹Ihr Christen habt in eurer Obhut ein Dokument mit genug Dynamit in sich, die gesamte Zivilisa-

★ **Eva Jung**
ist Geschäftsführerin und Kreativdirektorin der Werbeagentur gobasil

tion in Stücke zu blasen, die Welt auf den Kopf zu stellen, dieser kriegszerrissenen Welt Frieden zu bringen. Aber ihr geht damit so um, als ob es bloß ein Stück guter Literatur sei, sonst weiter nichts.› Darum

mein Vorschlag zur Weltverbesserung: einmal im Leben die Bibel durchlesen.»

Nur die Sprache ist unterschiedlich

488 «Ist Mahmoud anders als ich, weil er fünfmal am Tag niederkniet und Worte murmelt, die ich nicht verstehe? Papa sagt, das sei dasselbe wie unser Beten. Mahmoud und ich sind seit Jahren dicke Freunde. Wenn wir Fremde ärgern wollen, sprechen wir beide einen breiten Hamburger Dialekt und lachen, wenn man uns nicht versteht.

★ **Jo Brauner**
war 30 Jahre lang «Tagesschau»-Sprecher sowie lange Stadionsprecher des HSV

Beide schwärmen wir auch für denselben Fußballclub. Jetzt haben wir beschlossen, dass ich ihn einmal in seine Moschee begleite, und er will mit mir in unsere Kirche gehen. Mein Vater sagt, dann würden wir feststellen, dass wir fast das Gleiche tun. Nur die Sprache sei unterschiedlich.»

Glaube verbindet

489 «Vor allem durch meine Arbeit im Menschenrechtsausschuss des Bundestages ist mir eines sehr bewusst geworden: Wenn es gelingen könnte, dass die Menschen die Religion als verbindendes und nicht nur als trennendes Element begreifen würden, könnte das 21. Jahrhundert ein

★ **Ute Granold,**
CDU, ist Mitglied des Deutschen Bundestages

Jahrhundert des Friedens und der Toleranz werden.»

Religionen sollen wie Märchen sein

490 «Endlich Selbstdenker werden! Denn wenn wir weiterhin glauben und blind folgen, anstatt selbst zu denken und verantwortlich zu handeln – wenn wir uns also weiterhin in religiöse Auslegungen flüchten, sehe ich keine Hoffnung auf Besserung. Religionen sollten wie Märchen sein,

★ **Beate Dölling**
ist Jugendbuchautorin («Sommerglück und Idiotenpech»)

jedoch kein Leitmotiv für das Leben. Also: Lasst uns endlich ZU-SAMMEN leben und uns als Selbstdenker gegenseitig respektieren. Dieses auch im pragmatischen Sinne – denn wem haben Götter schon geholfen außer denjenigen, die sich eh nur durch Ausübung von Macht definieren können, sprich den Fundamentalisten?»

★ **Susanne Steidle** ist Schauspielerin (u. a. «Marienhof»)

Probleme mit Gott

491 «Ein afrikanisches Sprichwort:
Du darfst Gott erzählen,
wie groß deine Probleme sind.
Aber danach
musst du deinen
Problemen erzählen,
wie groß
Gott ist.»

Die Nächstenliebe in den Zeiten der Globalisierung

492 «Ich denke, dass Nächstenliebe nie so wichtig war wie in den Zeiten der Globalisierung. Wenn man gibt, wird man sich seiner Rolle im Geschehen bewusst und muss nicht in virtuellen Welten nach Hoffnung suchen. Meistens hilft reden.»

★ **Laith Al-Deen**
ist Sänger («Bilder von dir», «Keine wie du»)

Religionsrundgang

493 «Wenn du Christ bist, lass dir mal von einem Muslim eine Moschee zeigen und seinen Glauben beschreiben. Zeig du ihm im Gegenzug einmal deine Kirche und erkläre ihm deinen Glauben. Mach das einmal im Jahr.»

★ **Florian Grimm**
ist Geschäftsführer Kreation der Werbeagentur Grimm Gallun Holtappels

490

Niemand muss die ganze Welt auf einmal retten

494
- «Menschen stets in die Augen sehen. Allen Menschen, sooft es geht.
- Als Erster lächeln, auch ohne Grund. Die Welt wird dadurch wärmer.
- Mitmenschen nicht mehr blockwartmäßig zurechtweisen (‹Du da! Es ist aber Rot!›), sondern auf den Ton achten; der Kleinkrieg auf den Straßen ist unnötig.
- Mit Kritik geizig sein, mit Lob aber stets verschwenderisch. Wir sind zu knickrig in guten Worten und glauben Kleinmachern mehr als Bewunderern – wieso eigentlich?
- Nicht mehr das Wort ‹liebe› im Satz ‹Ich dich auch› weglassen.
- Den Rucksack im Bus abnehmen, statt ihn anderen in die Schnute zu stoßen.

★ **Nina George**
ist Schriftstellerin und Journalistin. Sie schreibt unter dem Pseudonym Anne West Sachbücher über Sexualität und Partnerschaft, als Nina Kramer Wissenschaftsthriller;
www.ninageorge.de

- NRO (Nichtregierungsorganisationen) in Afrika direkt unterstützen – da weiß man, wo das Geld hingeht. Z. B. http://www.villageaid.org oder http://www.freunde-von-nonna.de
- Ein kleines Ehrenamt annehmen.
- Nestlé und Coca-Cola boykottieren: Sie graben in wasserarmen Ländern wie z. B. Indien den Bewohnern das Wasser für ihre Flascheninhalte ab und verkaufen es teuer.
- Niemand muss die ganze Welt auf einmal retten. Es reicht, wenn man für einen einzigen Menschen wirklich da ist.
- Saisonprodukte essen, anstatt z. B. Erdbeeren im Frühwinter ankarren zu lassen – weniger Transport quer durch die Welt minimiert den CO_2-Ausstoß.
- Lesen. Lesen gefährdet die Vorurteile.»

Coca-Cola baute 1998/1999 eine Abfüllanlage im indischen Plachimada. Über 60 Tiefbrunnen ließen den Grundwasserspiegel in der Umgebung gefährlich absinken – ein Problem für die Bauern dort. Von Aktivisten wurde das Vorgehen des Konzerns als «Wasserpiraterie» bezeichnet.

498

*Dem Konzern Nestlé wird u. a. vorgeworfen, die natürlichste Ernährungs-
form für Kleinkinder – das Stillen – zu behindern und zu verdrängen durch
aggressive sowie subtile Vermarktungspraktiken für seine Flaschennah-
rung. Gerade in Entwicklungsländern sinken die Stillraten, doch dort ist
das Wasser oft verunreinigt, und so steigt durch kontaminierte Flaschen-
nahrung die Säuglingssterblichkeit (Fachleute schätzen, dass so etwa
1,5 Millionen Kinder jährlich umkommen). Darüber hinaus wird Nestlé
vorgeworfen, den öffentlichen Zugang zu sauberem Trinkwasser zu
erschweren. Der Konzern fülle Wasser in Flaschen ab, dadurch sinkt der
Grundwasserspiegel – und das Flaschenwasser ist für Arme unerschwing-
lich.*

Glück und Erkenntnis als Erfolgsmaßstab

495 «Eine tolle Idee wäre, denke ich, dass man die Welt nicht
im Wesentlichen in ‹Bruttosozialprodukt› misst, sondern anderen Kennzahlen, z. B. mit Hilfe eines Glücks-
sindex oder eines Erkenntnisindex. Diese
oder ähnliche Ideen hatten sicher schon
viele – ich finde sie aber trotzdem gut :).»

★ **Lukasz Gadowski**
gründete u. a. das Unternehmen
«Spreadshirt» und agiert heute
vor allem als Risikokapitalgeber

★ **Sebastian Fitzek**
ist ein erfolgreicher
deutscher Krimiautor
(«Das Kind», «Splitter»)

Der kleine Unterschied

496 «Nimm das, was du tust, wichtig –
aber dich selbst nicht so ernst.»

Treue und Beständigkeit

497 «Ein Weltverbesserer zu sein war für mich immer eine an-
maßende Vorstellung. Aber täglich das mit sich herumtragen,
woran man glaubt, wird auf andere abstrahlen. Ich glaube an
Liebe, Treue und Beständigkeit. Und so kann ich jeden Tag an
jedem Ort der Welt, an dem ich mich gerade befinde, Objekte

meiner Liebe und Zuneigung finden und ihnen meine Wertschätzung entgegenbringen. Das kann ein kleiner Hund sein, ein ratloser alter Mann, ein verängstigtes Kind oder ein blühender Baum. Ich versuche diesen Dingen mit einem tiefempfundenen Lächeln entgegenzugehen. Die Quelle dieser Kraft, dieser Liebe in mir, ist meine Familie, an die ich glaube.

In meinem Beruf als Schauspieler habe ich viele Umwege gebraucht, um jetzt immer mehr diese alten Werte zu leben und nicht nur davon zu reden. Und was ich lebe, wird die Welt verändern. So bin ich seit 30 Jahren verheiratet mit einer Frau, die ich liebe, und habe eine 22-jährige Tochter, die aus dieser Liebe geboren wurde. Und ich bin ein Krieger, wenn es darum geht, diese Werte zu verteidigen, wenn Menschen immer wieder versuchen, diese zynisch ins Lächerliche zu ziehen.»

Liebt!

498 «Der Sinn des Lebens ist, jemanden zu lieben. Fragt nicht, was jemand ist oder hat, wenn ihr euch verliebt. Entscheidet euch für jemanden aufgrund eurer Liebe. Nur Menschen, die sich lieben, haben die Chance, gemeinsam alt zu werden. Glaubt nicht den Menschen, die behaupten, Streit gehöre zu einer guten Beziehung. Zu

★ **Anke Gebert**
ist Schriftstellerin und Drehbuchautorin (u. a. «Für alle Fälle Stefanie»); www.ankegebert.de

schnell werden im Streit Dinge gesagt, die man nicht mehr zurücknehmen kann. Zu schnell wird der Ton verletzend. Sprecht rechtzeitig miteinander! Und sprecht mit euren Freunden, euren Eltern, euren Geschwistern nur so, wie ihr möchtet, dass mit euch gesprochen wird.

Trennt euch endlich von Leuten, die euch schaden! Ihr werdet sie nicht zu besseren Menschen erziehen. Und ihre Gegenwart hindert euch am Glücklichsein.

In unzähligen Zeitschriften, Fernsehsendungen und Ratgebern wird darüber debattiert, was eine gute Beziehung ausmachen oder weshalb die Scheidungsrate so hoch sein könnte. In keiner dieser Debatten kommt das Wort Liebe vor. Keine Beziehung kann ohne Liebe überdauern. Liebt!»

Zaubern lernen

499 «Mit

einem offenen Ohr –
einem netten Wort –
einem Lächeln –
verzauberst du einen Menschen
Mit
ganz viel Wärme –
ganz viel Liebe –
ganz viel Zusammenhalt –
verzaubern wir die ganze Welt

★ **Ariane Mucha** Zusammenhalten in liebevoller Art und Weise, nicht nur zu bestimmten Anlässen, nicht ist Modedesignerin (www.arianemucha.com) nur zu bestimmten Menschen – jeden Tag, in jedem Moment und zu jedem Menschen –, das bedeutet für mich, die Welt zu verzaubern und sie somit zu verbessern.»

Langsam runter vom Holzweg

500 «Weltverbessern sollte erst mal sofort ein Schulfach werden. Außerdem sollte es Weltverbesserer-Seminare geben und jede Menge Ratgeberbücher, damit man langsam, aber sicher von dem holzwegigen ‹Hauptsache, mir geht's gut – alles andere kommt später oder ist mir egal›-Trip runterkommt. Der ist so schief und kaputt und funktioniert genauso wenig wie der tote Kapitalismus. Denken und Fühlen helfen auch beim Weltverbessern – und nicht so viel fernsehen.»

★ **2raumwohnung**
(Inga Humpe und Tommi Eckart)
sind eine deutsche Popband

Nachwort

Nichts ist mächtiger als eine Idee, deren Zeit gekommen ist. Wir wollten nicht nur ein Buch schreiben, wir wollten etwas bewirken. Es sollte vollkommen selbstverständlich werden, so zu handeln, dass wir damit die Welt verbessern. Wenn jeder seine Stärken zum Einsatz bringt, dient das allen. Denn wir tragen eine größere Verantwortung für den Zustand unserer Gesellschaft und der ganzen Welt als jemals zuvor in der Geschichte der Menschheit. Keiner von uns kann behaupten, er hätte von nichts gewusst, wenn die Sprache auf Armut, Kriege und Naturkatastrophen kommt, auf menschliche Schicksale oder globale Krisen. Ob Kindernot in Deutschland oder Hunger und Vertreibung in Darfur, ob Minenopfer in Afghanistan oder das Abschmelzen der Pole. Wir wissen davon.

Doch wir sind auch die Generation, die wie keine zuvor die Möglichkeit hat, sich zu engagieren. Gutes zu tun. Zu helfen. Wir können heute sowohl im Großen als auch im Kleinen die Welt verändern wie niemand vor uns. Wer will, kann täglich dazu beitragen, dass Menschen ein besseres Leben führen, dass Arten vor dem Aussterben gerettet werden, dass Kinder überleben, dass sich das Weltklima bessert – geophysikalisch wie zwischenmenschlich.

Man kann sich dazu moderner Technik bedienen oder auf alte Tugenden besinnen. Tätige Nächstenliebe ist ein ebenso gutes Mittel wie ein cleveres Weblog, das zum Nachdenken anregt. Man kann sich ehrenamtlich engagieren oder Geld spenden. Man kann sich selbst bewegen – oder andere. Es gibt Millionen von Möglichkeiten, tagtäglich die Welt zu verbessern. Die besten und effektivsten, hoffen wir, sind hier versammelt. Wirklich gute Ideen und praktisch Bedeutsames. Wir wollten möglichst viele neue Ideen zusammentragen, aber auch solche, an die man vielleicht schon länger nicht gedacht hat. Tipps, die global ansetzen, und solche, die mit dem persönlichen Umfeld zu tun haben. Anregungen für jede Generation.

«Wer nur ein Buch im Jahr liest, der möge zu diesem greifen», urteilt der ekz.bibliotheksservice über die Erwachsenenausgabe «1000 Ideen, täglich die Welt zu verbessern» und empfahl somit allen deutschen Bücherhallen die Anschaffung.

«500 JUNGE Ideen, täglich die Welt zu verbessern» soll ebenfalls ein Spiegelbild unserer Gesellschaft sein – und die zahlreichen prominenten Teilnehmer setzen ein Zeichen, dass jeder etwas tun kann und tun sollte.

Wir sind überzeugt, dass die Zeit für diese Idee gekommen ist. Sie ist in ihrer Einfachheit vielleicht kraftvoller und demokratischer als jede zuvor: Wenn alle mitmachen, dann schaffen wir's!

Danke!

Daniel Westland

Mein Lieblingsvorschlag: Nr. **7**
Besonders interessant: Nr. **495**
Mache ich schon: Nr. **146**

Dank & Grüße

Shary Reeves

Dieses Buch widme ich allen Kindern dieser Welt, denen ich Liebe, Hoffnung, Glaube, sich erfüllende Träume und eine soziale Gerechtigkeit für eine faire Globalisierung wünsche.

Auch möchte ich dieses Buch meiner Oma Elfriede Tesch und meiner Mom Karin Herzog widmen, zwei besonders liebenswerten und charismatischen Seelen, die mir mit all ihrer Kraft, Stärke, ihrem Mut und ihrer Liebe immer wieder gezeigt haben, dass man auf allerlei Abzweigungen im Leben mit seinen Entscheidungen, egal ob leicht oder schwer, nie alleine ist. Durch euch habe ich gelernt, dass die Liebe einem die Kraft verleihen kann, selbst seinen ärgsten Feind zu lieben und manchmal auch verzeihen zu können. Ihr habt mir beigebracht, sich selbst zu begegnen und das Leben gerne mal sowohl mit einem lachenden als auch mit einem weinenden Auge zu betrachten – und es zu genießen. Ich liebe euch.

«Unsere Wünsche sind die Vorboten der Fähigkeiten, die in uns liegen.» (J. W. von Goethe)

Ahsante sana! Shary Reeves geb. Nyasani

Daniel Westland

Für meine Kinder!

Personenregister

A

Abedi, Isabel   88
Aichinger, Daniel   179
Albers, Markus   264
Albrecht, Jan Philipp   205
Al-Deen, Laith   279
Alex/Tatwaffe, Die Firma   161
Anders, Thomas   262
Angerer, Nadine   180
Apitzsch, Anne   104
Arcuri, Robin   186
Arkona, Malte   106
Arnold, Christof   101
Arold, Marliese   107
aVid   148

B

Baaske, Dr. Philipp   258
Babendererde, Antje   30
Bach, Patrick   32
Baldacci, David   147
Bals, Christoph   201
Barcal, Tom   102
Barth, Philipp   77
Baumgart, Klaus   262
Baydar, Tayfun   161
Bayer, Stephan   61
Bechtel, Aleksandra   94
Becker, Ben   183
Beckett, Simon   263
Beckmann, Prof. Dr. rer.nat. habil.
   Astrid   50
Belitz, Bettina   165

Benecke, Mark   174
Blank, Harry   81
Blesser, Sandra   244
Block, Eugen   176
Bömecke, Klas   191
Bond, Michael   119
Borde, Prof. Dr. Theda   55
Brandes, Eberhard   52
Brauner, Jo   277
Brezina, Thomas   145
Brigger, Patrick   158
Britto, Romero   260
Brötzmann, Leopold   199
Brück, Claudia   61
Buggenhagen, Marianne   99
Buhrow, Tom   262
Bund, Lisa   57

C

Caspers, Ralph   259
Christiansen, Sabine   66
Clasing, Tatjana   259
Class, Anna Lena   172
Czeschner, Olaf   183

D

Dalai Lama   159
Danz, Gerriet   113
Denalane, Joy   157
Deubzer, Dr. Barbara   164
Diekmann, Kai   179
Dierks, Christiane   186
Dittmann, Titus   70

Dölling, Beate   277
Duhr, Dr. Stefan   258
Dumitru, Marc   117
Duschl, Gary   151

E

Eckart, Tommi   285
Ehlers, Michael   170
Eichinger, Nina   43
Eilfeld, Annemarie   18
Ekardt, Prof. Dr. Felix   234
Endres, Prof. Dr. Egon   117
Engelmann, Gabriella   151
Erhardt, Prof. Dr. Martin   256

F

Fehse, Kai   191
Fitzek, Sebastian   282
Fitz, Lisa   260
Fleinghaus, Prof. Dr. Helmut   99
Flower, Bo – Flo Bauer   107
Frank, Ulrike   115
Friege, Dr. Christian   40

G

Gadowski, Lukasz   282
Gast, Katharina   86
Gather, Prof. Dr. Ursula   50
Gebert, Anke   283
George, Nina   280
Gerster, Petra   204
Gesthuysen, Anne   174
Gockel, Anja   106
Goeske, François   112
Goodhart, Prof. Charles   128
Gottschalk, Meike   75
Granold, Ute   277
Grap, Klaus-Peter   72
Grimm, Florian   279
Günther, Per   71
Guptara, Jyoti und Suresh   60

H

Habla, Johannes   271
Hahlweg, Barbara   32

Hahn, Prof. Dr. Daphne   109
Haibach, Dr. Marita   246
Härle, Michael   116
Harmsen, Lars   128
Hasselbusch, Birgit   90
Häusler, Richard   257
Heuel, Ralf   192
Hicklin, Ashley   258
Hinrichsen, Gepa   26
Hirsch, Wilbert   107
Hoecke, Susan   93
Hoffmann, Mike   103
Hoger, Hannelore   46
Hohlbein, Wolfgang   258
Hoßfeld, Dagmar   19
Hubertz, Heiko   144
Humpe, Inga   285
Hüneke, Eddi, Bariton-Sänger der
    Wise Guys   169
Hünnekens, Prof. Dr. Ludger   258

I

Ihne, Prof. Dr. Hartmut   57
Isau, Ralf   149
Isenbügel, Felix   149
Isterewicz, Philipp   265
Itschert, Irina   205

J

Jahr, Angelika   89
Jansen, Dr. Stephan A.   255
Jantz, Isabella   184
Jung, Eva   276

K

Kaloff, Constantin   63
Karthee, Renée   160
Kayadelen, Silke   158
Kerns, Claudia   257
Kilius, Marika   173
Kinkel, Dr. Tanja   173
Klimsa, Matthias   21
Klinner, Andreas   173
Knoll, Michael   244
Kolle, Stefan   194

Köppen, Jan   83
Kossmann, Andrea   120
Kotoska, Mario   194
Kramer, Jens Johannes   167
Kramer, Ramon   43
Krätschmar, Tania   118
Kronzucker, Susanne   99
Krüger, Thomas   254
Kuckero, Ulrike   100
Kugelmann, Irene   188

L

Lafer, Johann   54
Lang, Christof   20
Lehel, Tom   143
Lenzen, Professor Dieter   265
Lewicki, Marie-Luise   142
Loebell, Prof. Dr. Peter   156
Lufen, Marlene   184
Lunik   86
Lütje, Susanne   68

M

Maffay, Peter   82
Marquardt, Lutz   181
Martins, Benjamin   181
Marwitz, Michael   282
Matussek, Matthias   263
McGonigle, Dr. Andrew   38
McKain, Kelly   91
Medellín, Rodrigo   46
Meixner, Silvia   74
Mewes, Tino   175
Meyer, Kristin   114
Modern Talking   262
Molcho, Prof. Samy   166
Mucha, Ariane   284

N

Nahles, Andrea   58
Naidoo, Xavier   262
Nehberg, Rüdiger   76
Neid, Silvia   142
Netenjakob, Moritz   152
Niebel, Dirk   253
Nierhoff, Klaus   51

O

Obers, Carlos   255
Oldigs, Olaf   191
Ostertag, Marcel   261
Otto, Alexander   64
Otto, Frank   112
Özdemir, Cem   104
Özkan, Hülya   92

P

Panghy-Lee, Nela   33
Pede, Miriam   143
Peltzer, Tine   118
Perrin, Prof. Dr. Daniel   183
Pfaus, Roland   162
Pfeiffer, Dr. Joachim   39
Piepke, Prof. Dr. Joachim   254
Pott, Prof. Dr. Elisabeth   104
Prell, Tim   64
Preradovic, Milena   67
Probst, Maja Celine   95
Pross, Martin   153
Pum, Christina   46

R

Rashid, Karim   270
Regner, Tobias   103
Reichenbacher, Franziska   143
Reichmann, Christine   268
Reina, Evelyn   152
Reinhardt, Janin   62
Reischach, Kimsy von   194
Rennert, Prof. Martin   56
Reusse, Sebastian   269
Revolverheld   175
Ried, Meike   44
Röffen, Kai   276
Romm, Nic   148
Rörtgen, Barbara   64
Rosin, Volker   157
Rudolph, Elena   98

S

Sabersky, Annette   188
Saleh-Zaki, Dominic   236

Salié, Katty 147
Sauer, Oliver 95
Schalaudek, Alexandra 35
Schätzing, Frank 266
Schellnhuber,
    Prof. Hans Joachim 36
Schierhorn, Jan 45
Schlenz, Kester 96
Schöneborn, Lena 152
Schropp, Jochen 69
Schulz, Georg 169
Schwan, Prof. Gesine 98
Setlur, Sabrina 120
Siefer, Axel 226
Siegner, Ingo 172
Simon, Prof. Dr. Babette 245
Slomka, Marietta 78
Smudo 74
Sommer-Bodenburg, Angela 184
Sosniok, Jan 94
Spaetgens, Matthias 98
Sprenger, Dr. Reinhard K. 156
Stahr, Johannes 35
Steeger, Janine 168
Steenfatt, Margret 163
Steidle, Susanne 278
Steinbach, Laura 165
Steiner, Inge 66
«Sternblut», Mona und Debo von 150
Stolberg, Niels 157
Strehle, Gabriele 269
Szymanski, Achim 184

T
Taylor, Tibor 100
Theben, Martin 266
Theil, Adelheid 102
Thörner, Cordula 75
Thümer, Prof. Dr.-Ing. Reinhard 144
Tillmann, Antje 118
Tillmann, Ole 234
Traub, Franziska 47

U
Ubach, Alanna 91
Uebel, Tina 108
Ullrich, Hortense 97
Unfried, Peter 266

V
Voigt, Thomas 228
Vonderstein, Stefan 264
Vorbrodt, Nina 18

W
Wachowiak, Daniel 112
Weiger, Prof. Dr. Hubert 138
Weil, Jo 171
Weil, Stefan 40
Weiss, Florian 146
Weitzel, Willi 89
Weizenegger, Birgitta 154
Weizsäcker, Prof. Dr. Dr. hc. Ernst
    Ulrich von 37
Wichmann, Dr. Dominik 252
Wohlfahrt, Harald 73
Wolff von, Steffi 51
Wöltje, Gregor 190
Wörz, Nina 177
Wunderlich, Jörn 262

Z
Zacherl, Ralf 207
Zerlett, Helmut 265
Zietlow, Sonja 268
Zillgens, Gerlis 97
Zoche, Pater Dr. Dr. Hermann-
    Josef 145
Zorlu, Haydar 92
Zschaler, Stefan 160
Zupancic, Prof. Dr. Dirk 119
2raumwohnung 285

Sachregister

A
Abfall 18
Abi 61
Ablehnungen 147
Abrechnungen 123
ADAC 238
Afghanistan 71
Aids 110
Aikido 165
Akkus 41
Alkohol 104
Alkoholmissbrauch 118
All-inclusive-Hotels 247
Altersheim 94
Altpapier 25
Altpapierbecher 244
Alufolie 210
Amazon 200
Ameisen 33
Amnesty International 260
Ampel 236
Angst 95, 103, 152
Anrufbeantworter 231
Antibiotika 34
Äpfel 209
Apple 43
Arbeit 164, 264
Ärger 115
Armut 57, 246
Arzneimittel 34
Aufmerksamkeit 100
Ausweiskopien 248
Autobahn 238
Autofahrer 235

Autoritäten 183
Autos 235, 238
Autostopp 237
Autowäschen 239

B
Backofen 212
Bank 189
Batterien 41
Baum 43, 70
Baumwolle 187
Behinderte 58, 99
Berge 245
Bibel 276
Bilder 134
Billigflüge 243
Bio 194, 196, 198
Biofleisch 34
Bio-Siegel 193
Bitte 120
blaue Tonne 221
Blinker 235
Blog 124
Brief 127
Briefwahl 254
Brille 28, 80
Brot 206
Bruttosozialprodukt 282
Bücher 63, 72
Bundeszentrale für gesundheitliche Aufklärung 104
Burn-out 263
Butterbrottüten 210

C

Cadmium 41
CD 31, 132, 133
Christ 276, 279
Computer 124, 125, 134

D

Dank 72, 120
Demokratie 61
Design 270
Deutschland 82
Diät 267
Discounter 198
downloaden 133
Dreck 26
Drehtüren 42
30-Zone 236
Drogen 111, 118, 153
Druck 131
Drucker 53, 129
Dunstabzugshaube 212
DVD 31, 132, 133
Dynamo 240

E

eBay 200
Ego 173
E-Grußkarten 127
Ehrenamt 82
ehrlich 174
Einfluss 171
Einkauf 191, 194
Einweg 24, 188
Eis 26, 239
Eisfach 225
Eltern 112
E-Mail 127, 128, 131
Empathie 101
Energie 37, 212
Energiesparen 33, 39, 125
Entschuldigung 119
Erderwärmung 36
Erfahrung 169
Erfindung 144
Erinnerungen 89

Erkenntnis 282
Ernährung 54, 207
erneuerbare Energien 39
Essen 22, 153, 199, 207
Essig 212, 239
Essstäbchen 31
Europa 273
Europäische Union 273
Experten 258

F

Facebook 134
fahren 236
Fahrgemeinschaften 238
Fahrrad 234, 240
Fairtrade 61
falsch 111
Familie 33, 112, 118, 207
Farbe 222, 223
Faxgeräte 53, 231
Fehler 99
Fenster 42, 44
Fernsehen 104, 172, 285
Fisch 20, 208
Fitness 152, 227
Flatratesaufen 105
Fledermäuse 228
Fleece 188
Fleisch 204, 205
Flohmarkt 35
Flug 242, 243, 244
Fördermittel 61
Form 186
Fotos 89
Fragen 50
Frauen 136, 261
Freude 145
Freunde 102, 118, 172
Freundlichkeit 98
Freundschaft 100
Frieden 276
Friedhöfe 173
Frische 154
Frischhaltefolie 210
Früchte 45

Frust   165
FSC-Siegel   52
Funktion   186
Fußball   142
Fußgänger   240
Fußgängerüberweg   235

G
Gandhi   276
Garnelen   208
Geburtstag   269
Gedanken   184
Geduld   91
Gegner   98
gelber Sack   31, 221
Geld   189
Gemüse   205
Gentleman   117
Gepäck   242
Geschirrspüler   214
Geschlechtsverkehr   111
Gesellschaft   92
Getreide   205
Gewalt   260
Gewohnheiten   176
Glas   188, 211, 221
Glatteis   223
Globalisierung   279
Glück   143, 161, 167, 282
Glückwunsch   88
Google   136, 137
Gott   181, 278
Grabrede   173
Grenzen   254
Grid Computing   126
Grillanzünder   227
grüner Punkt   221
Gurtführung   239

H
Habgier   147
Haltbarkeit   186
Handrasenmäher   228
Handy   42, 43, 201, 231, 232
Hausmüll   41

Heizung   42, 223, 225, 226
Helm   229
Herzen   120
Hilfe   82, 103
HIV   110
Hoax   127
Holzweg   285
Hotel   247
Hund   34
Hunger   123

I
Idee   144, 258, 269
Insekten   46, 230
Internet   104, 126, 134, 135, 138
Internetbrowser   123
iPod   43
Israel   82

J
Jetzt   170, 263
Judo   165
Jungs & Mädels   136

K
Kampfsport   165
Karate   165
Katalog   25
Kavalier   117
Kazoo   258
Kerze   172
Kettenbriefe   127
Kind   255, 262
Kindergarten   94
Kindersitz   238
Kirche   172, 279
Kiwis   209
Klimaschutz   37, 234
Klopapier   221
Knopfzellen   41
Kochen   188
Kofferraum   236
Kohlendioxid   39, 44
Komasaufen   105
Kommerz   272

Kommunikation 63, 112, 257
Kompliment 103
Kompostieren 31
Kondome 111
Konsum 21, 148, 190
Kontaktlinsen 28
Konzentrationslager 164
Kopfhörer 243
Kopierer 53
Körpersprache 167
Kosmetik 18
Krise 265
Kuchen 63, 212
Küchengeräte 209
Kühlschrank 211, 224, 225
Kultur 259
Kunst 259
KZ 249

L
Lachen 97, 106, 152
Lack 239
Langeweile 94
Laubbläser 228
Leben 156
Lebensmittel 194
Lebensweise 269
Lehrer 49
Leitungswasser 78
Lesben 51
Lesen 179, 276, 281
Licht 240
Liebe 120, 262, 282, 283, 284
Liegestütz 177
Lippenstift 27
lokal 194
Luftpolsterumschläge 232
lügen 174

M
Mädchen 165
Mailbox 231
Make-up 27
Malaria 66
Malen 223

Männer 136
Markenklamotten 148
Marmelade 45
Maßhalten 269
Meckerfasten 273
Medikamente 22
Meditieren 263
Meer 20
Meinung 149, 256
Menschen 152, 230
Menschenrecht 259, 277
Mikrokredite 200
Mikrowelle 212
Ministerium 276
mitbringseln 108
Mitgefühl 159
Mobiltelefon 43, 201
Motor 237
MP3 133
Müll 26, 56, 72
Multikulturalität 92
Münze 168
Musik 56, 157, 169, 258
Muslim 279
Mutter 134

N
Nabendynamo 240
Nachbarschaft 118
Nachhaltigkeit 199
Nächstenliebe 279
Namen 127
Natur 114, 160, 268
Naturschutz 35
Neid 147
Netz 135
Netzwerker 117
Nichtschwimmer 229
Nike 80
Nische 266
Notausgänge 244
Notfallkontakt 231
Notfallnummern 231
Nudeln 212, 213

O

Obdachlose   74
Obdachlosenzeitschriften   72
Obst   205
Obstbäume   45
Ohren   87
Ohrenarzt   90
Öko-Faktor   266
Ökoflugpauschale   241
ökologischer Fußabdruck   34
Ökostrom   40, 138
Öl   210
Open Directory Project   139
Optimismus   74
Organspendeausweis   109
Oxfam   142

P

Palästina   82
Papier   29, 129, 221
Pappe   221
Paradies   268
Parkuhren   235
Partei   253
Partner   98
Passwort   126
Pasta   213
PC   134
PDF   131, 248
Persönlichkeit   102
Pessimismus   47
Pestizide   230
PETA   19
Pfadfinderweisheit   67
Pfand   195
Pfannen   213
Pflanzen   72
Phantasie   106, 143
pinkeln   21
Pizza   212
Plastikbecher   244
Plastikmüll   30
Plastikschüsseln   211
Plastiktüte   23, 32, 33
Platon   269

Poesie   270
Politik   111, 254
Porto   129
Probleme   278
Produkt   191
pro familia   109
Pullover   42

Q

Qualität   186
Quecksilber   41
Querdenker   157

R

Radfahrer   235
Rasierer   27
Raubkopien   132
Raubüberfälle   117
Rechnungen   124
recht haben   100, 116
Recycling   28, 30, 53, 186
Redefasten   160
Regenwald   138
Reifendruck   234
Reinigungsmittel   218
Reisen   245
Religion   172, 277
Respekt   18, 64, 114, 166, 268
Rindfleisch   205
Robinsonliste   25
Ruhezustand   125
Rundbriefe   53

S

Sahara   70
Saisonprodukte   281
Salz   223
Samenbomben   47
Sammeldrache   53
Sand   223
Sandwich   243
Schadstoffe   230
Scheinwerfer   240
Schlafzimmer   232
Schlägereien   86

Schriftart 131
Schubladisierung 265
Schuhe 230
Schulhefte 52
Schulkantine 55
Schuhschachteln 249
Schutzhelme 229
Schwächen 118
Schwimmen 229
Schwule 51
Seife 221, 247
Seitenrand 129
Selbermacher 74
Selbstbewusstsein 148
Senioren 134
Servietten 209
Sex 153
Sexualität 109
Shampoo 247
Shrimps 208
Signatur 127
singen 107
Sitzerhöhungen 238
skateboarden 71
Slipeinlage 27
SMS 231
Solarparks 266
Sondermüll 223
Sorgen 161
SOS-Kinderdorf 69
Speiseplan 211
spenden 79, 123, 195
spielen 91, 262
Spielzeug 72
Sport 64, 165, 172, 178
Sportverein 118
Sprache 277
Spülmaschine 213
Spuren 271
Standby 32, 40, 125
Star 151
Stärken 118
Stau 161
stehlen 43
Steuer 128

Stille 166
Stoff 209
Strand 21
Streit 88
Stress 152
Strom 40, 124, 214
Stromanbieter 39
Stromsparen 40
Studium 61
Stümper 264
Suchmaschine 138, 241
Supermarkt 192, 195, 198

T
Tabaluga 82
Tacho 236
Tampon 27
tanken 234, 242
Taschentuch 26
tauchen 146
Tee 210
Teppichböden 230
Theater 92
Tiefkühlgerichte 212
Tiefkühltruhe 224, 225
Tiere 268
Tierheim 68
Tierschutz 19
Tierversuche 18
Tigerenten Club 86
Tinte 53, 130
Tobin-Steuer 128
Tod 173
Toilette 91
Tomatensaft 244
Toner 53, 130
Topf 188, 212, 213
träumen 107
Treibhausgas 37
Trivial Pursuit 243
Trocknerbälle 220
T-Shirt 188
Tür 42
Turnschuhe 80
Twitter 158

U

Übertreibung 105
Uhr 170, 201
Umschläge 232
Umwelt 18, 35
Unfälle 239
Unglück 167
UNICEF 66, 78
Unkraut 33
UNO 255
Unterricht 50
Urlaub 226, 242

V

vegan 205
Verantwortung 183
Vergewaltigung 117
Verpackungsmüll 189
Versandhauskatalog 25
Versandkosten 200
Vertrauen 143
Verzichten 142
Vorsorge 153
Vorurteile 51, 57

W

wählen 252, 253
Wahrheit 99, 265
Wald 160
wandern 244, 245
Wärme 212
Wäsche 219, 220

Waschmaschine

Waschmaschine 214, 216
Wasser 205, 213, 214, 215
Wasserhahn 32
Wasserkocher 212
Webseiten 124, 139
Wecker 232
Wegwerfrasierer 27
Weihnachtsfeier 36
Weltfrieden 261
Weltlachtag 152
Weltrekord 151
Werbung 25, 191
Wikipedia 138
Wildnispädagogik 164
Wing Tsun 165
Wissen 157
Wissenschaft 125
Witz 96
WM 2011 142
WWF 20, 33, 52

Z

Zahnarzt 153
Zähne 33, 153
Zebrastreifen 235
Zeit 113, 145
Zigarettenkippe 18
Zivilcourage 259
zuhören 100
Zukunft 162
Zwergkaninchen 116

Shary Reeves
ist Moderatorin
(«Wissen macht Ah!»)
und Botschafterin der
Frauenfußball-WM 2011.
Außerdem setzt sie
sich für die Kinder-
nothilfe ein.

Jan Hofer
ist Chefsprecher der ARD-
«Tagesschau» und Moderator
und engagiert sich privat
als Botschafter und EQ-
(Ehrenamt- und Qualitäts-)
Schirmherr des Deutschen
Roten Kreuzes.

Prof. Dr. Dieter Kronzucker
gehört zu den großen
Persönlichkeiten des deutschen
Fernsehjournalismus und ist
als Korrespondent und Moderator
seit Jahrzehnten auf dem
Bildschirm präsent.